Tim LaHaye

Kennen Sie Ihren Mann?

Was viele Männer ihren Frauen
gerne sagen würden …

VLM

Verlag der
Liebenzeller Mission
Bad Liebenzell

Die Originalausgabe erschien unter dem Titel
«Understanding the Male Temperament»
bei Fleming H. Revell Company, Old Tappan/USA

Aus dem Amerikanischen durch Litera/Atzbach

ISBN 3-88002-095-7

TELOS-Paperback Nr. 1168
1. Auflage 1979

Umschlag: Litera, Wiesbaden
Satz: Schwengeler-Verlag, CH-9442 Berneck
Druck: St. Johannis-Druckerei, Lahr-Dinglingen
Printed in Germany

Inhalt

Kapitel 1

Das Ende des John Wayne-Mythos

Im Verlauf der letzten dreißig Jahre ist der riesige, schlaksige John Wayne durch die Phantasie der Amerikaner als die Verkörperung der Männlichkeit schlechthin gegeistert. Rauh in seinen Umgangsformen, stark und zäh, manchmal brutal, aber immer fair, so ist dieser überlebensgroße Held das Idol von Tausenden geworden, mehr als jeder andere Star in der Filmgeschichte. Er hat nicht nur reihenweise gebrochene Mädchenherzen und k.o. geschlagene Gegner hinter sich gelassen, sondern auch unendlich viel zerbrochenes Ich-Bewußtsein in den Männern, die erkannten, daß sie sich niemals mit diesem unerschrockenen Supermann mit den schnellen Fäusten messen konnten, der sich den Wilden Westen ganz auf sich allein gestellt eroberte.

In Wirklichkeit ist es aber eine Tatsache, daß kein Mann in seinem alltäglichen Leben diesen Mythos je verwirklichen kann, auch John Wayne selbst nicht. Dieser Maßstab der Männlichkeit, den John Wayne gesetzt hat, entsprach zu keiner Zeit der Realität, auch nicht vor 1900. Aber die technisierte Welt von heute übt einen ganz anderen Druck auf die Männlichkeit aus und verlangt dabei zum größten Teil noch mehr Mut und Vitalität als das Leben der alten Pioniere. Zugegeben, es gehört eine Menge Mut dazu, eine ganze Viehherde quer durch Texas zu treiben und auf dem Weg auch noch seinen Todfeinden zu begegnen, die es nur darauf abgesehen haben, einen umzubringen. Aber man braucht auch Mut, um tagtäglich die eigentlich verhaßte Arbeit zu tun, die doch notwendig ist, um die Frau und die drei Kinder zu ernähren, und dann auch noch einen Aushilfsjob anzunehmen, um die vielen noch offenstehenden Rechnungen zu begleichen.

Da ich nun 28 Jahre lang Männer und Frauen in ihren Sorgen und Nöten beraten habe, glaube ich doch einiges über das Wesen der Männlichkeit zu wissen, über ihre wichtigsten Charakterzüge und ihren Einfluß auf das gesamte Verhalten. Ich persönlich bin davon überzeugt, daß die meisten Männer unserer Generation so gut oder schlecht sind wie die Männer zu allen Zeiten. Sicher muß ich auch zugeben, daß es regelmäßig Berichte von Ausreißern gibt, von Männern, die sich vor ihrer Verantwortung drücken, die ihre Frauen und Kinder oder ihr Land im Stich lassen; aber was ist daran neu? Die Geschichte zeigt uns, daß es immer feige Tagediebe oder Männer, die ihre Familien im Stich ließen, gegeben hat.

Es mag sein, daß die allzu liberalen Grundsätze eines sogenannten Humanismus, der auch zu große Nachsichtigkeit Kriminellen gegenüber mit einschließt, daß außerdem soziale Hilfeleistungen, die manchmal auch die Faulheit unterstützen können, daß ein erzieherisch bankrottes Schulsystem, das zum Teil verantwortungslose Bürger heranzieht, daß all das die Zahl der modernen Drückeberger erhöht hat, aber wir können auf der anderen Seite immer noch Millionen von echten Männern in allen Lebensbereichen finden, die, wenn sie in den Spiegel blicken, noch voller Selbstvertrauen von sich sagen können, daß sie Männer sind.

Anstatt über die zwei Millionen Männer zu jammern, die sich im letzten Jahr in der USA scheiden ließen oder ihre Frauen einfach im Stich ließen, sollten wir auch sehen, daß es gleichzeitig 47 Millionen Männer gegeben hat, die ihren Familien treu geblieben sind. Glauben Sie, daß das immer leicht für sie war? Zweifellos waren viele von ihnen zu Hause sehr unglücklich, aber sie haben ausgehalten.

In den 70er Jahren hat es echte Helden gegeben, wie etwa Bruce Jenner, den Sieger des Olympischen Zehnkampfs 1976. Um diesen begehrten Preis zu bekommen, durch den man das Ansehen hat, der größte lebende Sportler zu sein, trainierte er ein Jahr lang sechs Stunden am Tag und lief (nach dem, was seine Frau erzählt hat) nie weniger als 15 Kilometer täglich. Auch viele andere Helden unserer Tage fallen mir noch ein, zum Beispiel der Astronaut John Glenn, der nicht nur im Satelliten die Erde umkreiste, sondern jetzt auch einen Sitz im Senat hat, oder Robert Dole, der mit einem gelähmten Arm aus dem Krieg zurückkam und, von Krankheiten geschwächt, nur noch knapp fünfzig Kilo wog und der doch nicht aufgeben wollte, sondern Jura studierte, Senator für Kansas wurde und schließlich sogar zum Kandidaten für die Vize-Präsidentschaft aufstieg.

Aber außer den gefeierten Helden der Nation haben wir auch

936 000 unbesungene und doch genauso mutige Männer, die jeden Tag ihr Leben in dem Urwald unserer zivilisierten Städte als Verkehrspolizisten aufs Spiel setzen; oder 356 000 Feuerwehrmänner, die Tag für Tag zur Arbeit gehen, obwohl es in ihrem Beruf die höchste Todesquote durch Unfälle gibt; außerdem Tausende von Bergleuten, die unter Tage unter lebensgefährlichen Bedingungen arbeiten; viele engagierte Lehrer, die sich um Stellen in den Zentren der Großstädte bewerben, damit sie interessierten schwarzen Schülern die schulischen Möglichkeiten geben können, die deren Eltern nicht hatten; oder Geschäftsleute, die sichere Positionen in der Industrie mit hohem Einkommen aufgeben, weil sie in der Politik tätig werden wollen, oft für ein erheblich geringeres Gehalt, einfach weil sie etwas gegen die offensichtliche Unordnung tun wollen, der sie in ihrer Heimatstadt oder in ihrem Staat begegnen.

Wenn Sie erwartet haben, daß dieses Buch eine Schmähschrift gegen den Männlichkeitswahn wird oder eine umfassende Darstellung aller männlichen Schwächen, dann haben Sie das falsche Buch gekauft. Ich habe es für die Männer geschrieben, die sich als solche fühlen, und auch für alle die, die Männer werden wollen, außerdem für die Frauen, die den Mann in all seiner Komplexität verstehen und schätzen lernen wollen. Obwohl die Männer heutzutage einer ganz intensiven Kritik ausgesetzt sind, tun sie doch viele Dinge in der rechten Weise, und darin müssen sie bestärkt werden. Diejenigen, die ihre Männlichkeit bisher falsch gebraucht haben, können einige Vorschläge, die im Verlauf dieses Buches gemacht werden, aufgreifen und ihr Verhalten in die richtigen Bahnen lenken. Die Frauen, die dieses Buch lesen, können davon auch einen Gewinn haben, weil sie die Motive für die Handlungen eines Mannes besser erkennen lernen und auch Möglichkeiten sehen, wie sie den Männern in ihrem Leben wirksamer helfen können. Ich will nicht behaupten, daß ich die Frage, warum sich ein Mann in einer bestimmten Situation ausgerechnet so und so verhält, restlos beantworten könnte, aber ich habe die meisten Probleme der Männer in meiner Beratung schon oft überdacht und außerdem die Meinung der Experten auf diesem Gebiet dazu eingeholt, um zu praktischen Lösungen zu kommen.

Die meisten Bücher heutzutage scheinen mir vorwiegend über oder für Frauen geschrieben worden zu sein. Mein Verlag und ich glauben, daß es jetzt an der Zeit ist, ein Buch zu veröffentlichen, das sich mit Männern beschäftigt und sowohl für Männer als auch für Frauen eine Hilfe sein kann. Ein solches Buch war wirklich längst überfällig.

Seit Adam dem Beispiel Evas folgte und Gott ungehorsam wurde, ist es nie mehr so schwer gewesen, ein Mann zu sein, wie heute. Die Männer haben ein hartes Leben, geistig (durch die Fortentwicklung der Technik), gefühlsmäßig (durch Frauen und Familie) und körperlich (durch zeitraubenden, sozial bedingten Luxus und eine seßhafte Lebensweise, die es in früheren Generationen nicht gegeben hat). Ich glaube aber nach wie vor, daß Gott den Menschen als Mann und Frau geschaffen hat und jeden Mann als solchen gewollt hat. Ich habe die Hoffnung, daß die Ausführungen in diesem Buch den Männern (und auch den Frauen, die sie lieben) dazu verhelfen wird, das Beste aus ihrem Mannsein zu machen, auch wenn sie in einer hoch technisierten und oft sehr unpersönlichen Gesellschaft leben.

Zugegeben, es ist heute schwerer ein Mann zu sein, als zur Zeit unserer Väter und Großväter, denn die Lebensbedingungen und Maßstäbe haben sich grundlegend geändert. Aber manche Dinge werden sich nie ändern: Charakter, Anständigkeit, Mut, Lust am Abenteuer, Produktivität, Gefühl und Sexualität. Sie vererben sich von Generation zu Generation. Der Mythos von John Wayne ist tot. Manche Männer sind es auch, oder sie liegen im Sterben. Alle werden einmal vergehen, aber die Männlichkeit nicht. Lang lebe das Mannsein!

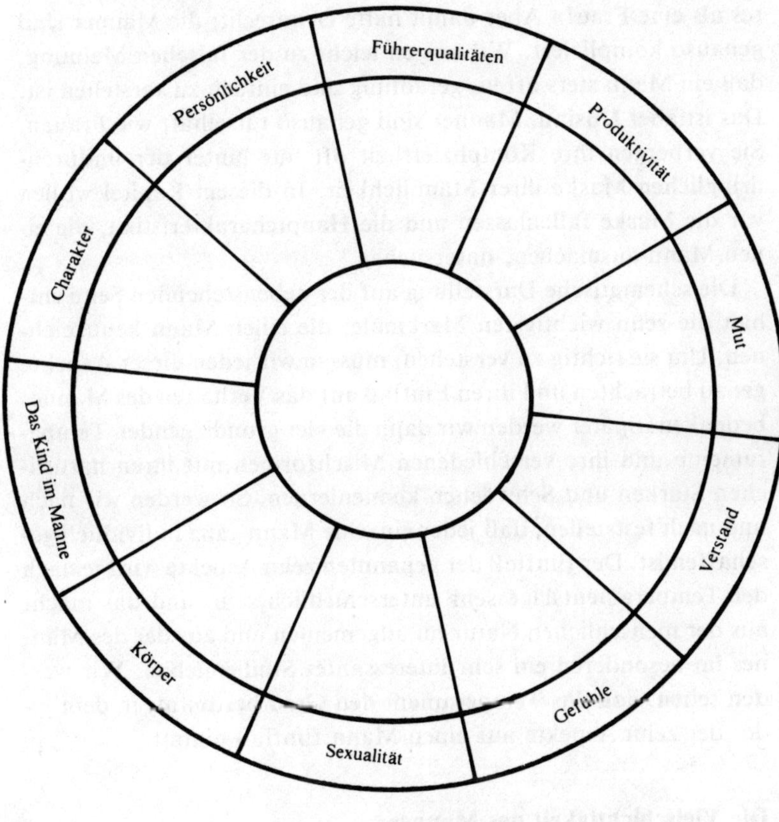

Aspekte der Männlichkeit

Kapitel 2

Aspekte der Männlichkeit

Ein Mann soll einmal gesagt haben: «Es gibt nichts Komplizierteres als eine Frau!» Aber damit hatte er unrecht; die Männer sind genauso kompliziert. Wir neigen leicht zu der falschen Meinung, daß ein Mann stets offen, geradlinig und einfach zu verstehen ist. Das ist aber Unsinn. Männer sind genauso rätselhaft wie Frauen. Sie verbergen ihre Kompliziertheit oft nur hinter der undurchdringlichen Maske ihrer Männlichkeit. In diesem Kapitel wollen wir die Maske fallenlassen und die Hauptcharakteristika, die einen Mann ausmachen, untersuchen.

Die schematische Darstellung auf der nebenstehenden Seite enthält die zehn wichtigsten Merkmale, die einen Mann kennzeichnen. Um sie richtig zu verstehen, müssen wir jeden dieser Aspekte genau betrachten und ihren Einfluß auf das Verhalten des Mannes bedenken. Später werden wir dann die vier grundlegenden Temperamente und ihre verschiedenen Mischformen mit ihren natürlichen Stärken und Schwächen kennenlernen. So werden wir nach und nach feststellen, daß jeder einzelne Mann ganz individuell geschaffen ist. Der Einfluß der genannten zehn Aspekte wird je nach der Temperamentslage sehr unterschiedlich sein, und das macht aus der menschlichen Natur im allgemeinen und aus der des Mannes im besonderen ein sehr interessantes Studiengebiet. Wir werden sehen, daß das Temperament den Grad bestimmt, in dem jeder der zehn Aspekte auf einen Mann Einfluß nimmt.

Die Vielschichtigkeit des Mannes

Seit dem Ursprung aller Zeiten werden stets mehr männliche als weibliche Kinder geboren. Vielleicht hat unser Schöpfer gewußt, daß die höhere Aggressivität des Mannes auch zu einer erhöhten Sterblichkeit führt und daß die Zahl der Männer deswegen größer sein mußte. Jetzt, einige Jahrtausende später, in denen viele Hunderte von Kriegen stattgefunden haben, die fast alle von Männern angefangen wurden, haben wir in den USA 9% mehr Frauen als Männer. Wenn es diese höhere männliche Geburtsrate nicht gegeben hätte, wären die Menschen vielleicht schon ausgestorben. Da diese Geschöpfe, die wir Männer nennen, nun einen so großen Teil der Weltbevölkerung ausmachen, lohnt es sich auch, sie genauer zu untersuchen. Um das zu tun, wollen wir die zehn Aspekte des Mannseins im einzelnen betrachten.

1. Der Charakter

Was ein Mensch tut, ist die Folge dessen, was er ist. Wenn ein Mann schwach und ohne feste Grundsätze ist, wird er, wo er nur kann, den Weg des geringsten Widerstands gehen und wahrscheinlich früh enden. Wenn er feindselig, selbstbezogen, anmaßend oder herrschsüchtig ist, wird er sich aggressiv verhalten und für die anderen lästig sein und weder die Gesetze der Menschen noch die Gottes achten. Es stimmt schon: Was man ist, bestimmt das, was man tut. In unserem Inneren liegt das, was wir hier Charakter nennen, unser wirkliches Ich, der Oberste Gerichtshof in uns. Es ist das, was wir sind, wenn uns keiner beobachtet, was unser Handeln bestimmt, wenn wir ganz allein sind. Außer unserer geistlichen Grundhaltung ist nichts von größerem Einfluß auf unser Leben als der Charakter, weil er die Art und Weise bestimmt, in der wir die anderen neuen Aspekte unserer Natur bewältigen.

Viele entscheidende Eigenschaften wirken zusammen, um den Charakter eines Mannes zu bestimmen. Hierzu gehören moralische Grundsätze, Aufrichtigkeit, Selbstdisziplin, Entschlossenheit, Verantwortungsgefühl, Zuverlässigkeit und allgemeine Motivation, ebenso ein Gefühl für Gerechtigkeit und Barmherzigkeit, das einen dazu führt, sowohl die Rechte als auch die Empfindungen anderer Menschen zu achten.

Man kann grob gesagt die Männer in bezug auf ihren Charakter in drei Gruppen einteilen: Die mit gutem oder starkem Charakter (das heißt die, die die oben angeführten Eigenschaften in fast allen Fällen aufweisen); die mit schlechtem oder schwachem Charakter (die diese Eigenschaften nur sehr selten zeigen); die mit mittelmäßigem Charakter (die gelegentlich einige dieser Eigenschaften haben). Der mittelmäßige Charakter ist am wenigsten vorhersagbar.

Man ist sich nie sicher, wie er in einer gegebenen Situation tatsächlich reagieren wird.

Drei Dinge bestimmen den Charakter im wesentlichen. Seine Stärke oder Schwäche ist nicht nur angeboren, obwohl jeder Mensch einige dieser Eigenschaften genetisch von seinen Eltern ererbt. Die wichtigsten Einflüsse, die einen Charakter zum Guten oder Schlechten wenden, sind folgende:

a) Das Temperament

Die Kombination der Eigenschaften, die ein Mensch von seinen Eltern im Moment der Zeugung erhält, bestimmen sein schließliches Temperament. Hierüber werden wir noch genauer in Kapitel 4 sprechen.

b) Intuitive moralische Grundsätze und das Gewissen

Auch wenn bestimmte philosophische Schulen des Humanismus es anders lehren, wird doch jedes menschliche Wesen mit einem intuitiven Gefühl für Gut und Böse geboren. Das unterscheidet es von den Tieren und macht aus ihm ein moralisches Geschöpf. Dieser intuitive moralische Kodex ist nicht so zwingend und auch nicht so ausgearbeitet wie die Zehn Gebote, aber doch ähnlich. Die Anthropologen haben viele primitive Volksstämme gefunden, die noch keinerlei Berührung mit anderen Kulturen hatten und die doch moralische Grundsätze hatten, die denen der jüdisch-christlichen Ethik sehr ähnlich sind, die ihnen intuitiv gegeben waren. Auch in jedem Fall, wo eine ungezügelte Moral die Regel war, ließ sich nachweisen, daß das aus einem falschen Predigen oder Auslegen der religiösen Grundsätze entstanden war. Die Priester und Medizinmänner lernten bald, daß sie sehr viele Anhänger gewinnen konnten, wenn sie an die leidenschaftlichen Begierden der Menschen appellierten und das noch im Namen der Religion taten. So wurde dann der moralische Kodex verfälscht. Dennoch gilt für sie auch das Wort, das in 1. Tim. 4, 2 steht:

«Diese Leute sind scheinheilige Lügner, die viel auf dem Gewissen haben.»

Aber die Praxis des ungehemmten Auslebens, die durchaus überall zu finden ist, widerspricht doch nicht der Tatsache, daß die Menschen mit einem intuitiven moralischen Gesetz geboren werden. Die Humanisten unserer Tage sind sich auch überhaupt nicht einig darüber, was es mit dem Gewissen auf sich hat. Sie bestehen darauf, daß der Mensch völlig neutral geboren wird und daß das Gewissen ein Resultat der Religion oder des kulturellen Einflusses ist. Solange sie aber auf diesem Irrtum beharren, werden sie niemals die Natur des Menschen in ihrem Wesen verstehen können und auch keine wirksamen Methoden finden, um seine Probleme zu lösen. Die Bibel ist in diesem Zusammenhang sehr deutlich. Sie sagt, daß alle Menschen ein Gewissen haben.

«Ihr Verhalten zeigt, daß ihnen die Forderungen des Gesetzes ins Herz geschrieben sind, und dasselbe beweist ihr Gewissen, dessen Stimme sie abwechselnd verklagt oder verteidigt» (Röm. 2,15).

Es ist zwar richtig, daß man sein Gewissen mit der Zeit abtöten kann. Dann gilt: «...hat Gott sie ihrem untauglich gewordenen Verstand überlassen» (Röm. 1, 28).

Das heißt, solche Menschen sind dann ganz den Begierden ihres Ichs ausgeliefert und zerstören damit selbst ihren Charakter. Menschen mit einem «schwachen» Charakter sind entweder solche, deren Gewissen abgestumpft ist, oder aber welche, die ein schlechtes Gewissen haben. Beides ist ein Grund zum Unglücklichsein, denn die Bibel sagt:

«Der Verächter Weg bringt Verderben» (Sprüche 13, 15).

Ein guter Charakter entwickelt sich am besten dadurch, daß man durch den Unterricht in der biblischen Weisheit die intuitiven moralischen Grundsätze in der rechten Weise verstärkt. Altes und Neues Testament sind voll von solchen Prinzipien. Doch von allen 66 Büchern der Bibel ist eins für diesen Zweck am besten geeignet, und das sind die Sprüche Salomos. Hier nur ein Beispiel:

«Dünke dich nicht weise zu sein, sondern fürchte den Herrn und weiche vom Bösen; das wird deinem Leibe heilsam sein und deine Gebeine erquicken» (Sprüche 3, 7 + 8).

Dieses Buch, das sehr praktisch ausgerichtet ist, hat 31 Kapitel, jedes für einen Tag des Monats gedacht. Es bietet ausgezeichnete Möglichkeiten, einen guten Charakter aufzubauen und zu festigen. Alle Bücher der Bibel sind eigentlich darauf bedacht, unseren Charakter zu formen.

Als Rektor eines Colleges und als Pfarrer habe ich jetzt fast dreißig Jahre Berufserfahrung, und ich habe in dieser Zeit mit Hunderten von jungen Leuten und deren Eltern gesprochen. Aus alledem habe ich folgende begründete Ansicht gewonnen: Wenn Eltern sich in der Zeit, wo ihre Kinder noch klein sind, genausoviele Gedanken um die Formung und den Aufbau ihres Charakters machen würden, wie sie es später tun, wenn es um die schulische Laufbahn und die beruflichen Aussichten ihrer Kinder geht, dann würden sie bessere und innerlich stärkere Männer und Frauen erziehen. Junge Leute, die als Kinder eine solche Charakterstärke gewonnen haben, werden später sehr viel weniger Schwierigkeiten haben, auch eine gute Ausbildung zu erhalten.

c) *Frühkindliche Erziehung*

Gott hat jedem Kind Privatlehrer in Gestalt seiner Eltern gegeben. Auch wenn sie nicht besonders gebildet sind, haben die Eltern in jedem Fall den größten Einfluß auf den Aufbau des Charakters. Der vorrangige Platz, den sie im Herzen ihres Kindes haben, gibt ihnen die einzigartige Möglichkeit, seinen Charakter für das ganze Leben verbindlich aufzubauen. Dieser Einfluß sollte vier Ausprägungen haben. Alle Eltern sind dazu fähig, ihn in dieser Weise geltend zu machen.

I. Die Liebe der Eltern

Bevor ein Kind auch nur einen Gegenstand erkennen kann oder Laute unterscheiden kann, vermag es doch schon Liebe zu erfahren. Wenn seine Eltern reif genug sind, diese ganz notwendige Zuwendung, die manche Psychologen «Streicheleinheiten» nennen, ihrem Kind auch zu geben, dann wird sein Gefühl für Selbstwert und Selbstsicherheit gestärkt. Kinder, die diese Liebe nicht erfahren haben, werden sehr leicht unsicher und in irgendeiner Weise behindert, wenn sie überhaupt am Leben bleiben. Wie ich schon in meinem Buch «Die Überwindung von Depressionen» ausgeführt habe, ist das Stillen eine von Gott gegebene ideale Art, das Kind gleichzeitig mit Nahrung und mütterlicher Zuwendung zu versorgen. Es ist sicher kein Zufall, daß die enorm hohe Zahl von psychischen Störungen und Depressionen unter den Erwachsenen unserer Tage mit der allgemeinen Propagierung der Flaschenfütterung zusammenfällt, als sie Babys waren. Glücklicherweise ist das

Stillen heute wieder modern, und die Kinder bekommen die lebensnotwendige Milch zusammen mit der Wärme und Zuwendung der Mutter, so wie Gott es ursprünglich gewollt hat.

Aber auch die Väter können das Selbstwertgefühl ihrer Kinder durch ihre Liebe enorm verstärken. Mein Vater starb, als ich noch ein kleiner Junge war, und ich habe sehr wenige Erinnerungen an ihn. Obwohl seine Mutter eine Alkoholikerin gewesen war und er nur mit Mühe und Not seinen Volksschulabschluß gemacht hatte, war er ein großartiger Vater. Ich konnte zu ihm kommen wann ich wollte, ich war immer sicher, daß er mir zuhörte. Er war zwar mit mir sehr streng und brauste oft leicht auf, aber seine Liebe zu mir habe ich niemals in Frage gestellt.

Zusammen mit der unendlichen Liebe meiner Mutter habe ich als Kind den ungeheuren Luxus des Gefühls kennengelernt, immer von Liebe umgeben zu sein. Darauf führe ich zurück, daß ich ein gesundes Selbstvertrauen und ein Selbstwertgefühl habe, solange ich denken kann. Die größte Erbschaft, die Eltern ihrem Kind hinterlassen können, ist die Liebe, die sich in dieser Zuwendung in den ersten Jahren konkret ausdrückt. Kein Kind ist damit je verwöhnt oder überfüttert worden. Vielleicht meint die Bibel das, wenn sie sagt:

«Ihr tut recht, wenn ihr nach dem Gesetz lebt, das Gott seinem Volk gegeben hat und das ihr in den heiligen Schriften findet: Du sollst deinen Mitmenschen lieben wie dich selbst» (Jak. 2, 8).

II. Die Disziplin der Eltern

Die gegenwärtige rebellierende, angriffslustige und undisziplinierte und dadurch auch sehr unglückliche junge Generation erinnert uns ständig daran, daß für den Aufbau eines guten Charakters auch die Strenge der Eltern unbedingt notwendig ist, so wie die Bibel es schon seit Jahrhunderten gelehrt hat. Ein «laissez-faire»-Stil, wie ihn Benjamin Spock propagiert hat und der sich in den letzten drei oder vier Jahrzehnten sehr verbreitet hat (den er jetzt aber selbst in Frage stellt), hat uns die undisziplinierteste Generation in der amerikanischen Geschichte beschert. Das sollte eigentlich gar nicht schwer zu verstehen sein, denn nur mit größten Anstrengungen kann jemand von sich aus den Übergang von einer fehlenden Disziplinierung im Kindesalter zu einer echten Selbstdisziplin im Erwachsenenalter schaffen, wohingegen es relativ leicht ist, aus einer guten Familiendisziplin zu einer echten Selbstdisziplin zu finden. Und die Bedeutung der Selbstdisziplin kann man gar nicht überschätzen, denn ohne sie gibt es nirgendwo Erfolgserlebnisse und sicher auch keine Charakterentwicklung.

III. Die Belehrung durch die Eltern

In den frühen Jahren der Kindheit ist es schwer, die mahnende Stimme der Mutter oder des Vaters von der Stimme Gottes zu unterscheiden. Die Stimme und Meinung der Eltern ist für das Kind ungeheuer wichtig und von größerem Einfluß als alle anderen Stimmen zusammengenommen. Es ist gut für ein Kind, wenn die Eltern dasselbe sagen wie die Stimme Gottes. Wenn es sich danach verhält — und das wird es normalerweise tun, wenn die anderen drei Aspekte des elterlichen Einflusses auch gegeben sind —, dann ist sein Leben bereichert und schon ein Grundstein für die Ewigkeit gelegt.

IV. Das Beispiel der Eltern

Bei kleinen Kindern ist ganz auffällig, daß sie sehr viel mehr imitieren und sich absehen, als daß sie bewußt lernen. Es gibt bei uns ein Sprichwort, das heißt: «Das, was du tust, spricht so laut, daß ich nicht hören kann, was du sagst.» Das ist ganz besonders für Eltern wichtig. Nichts macht gute Ratschläge und Ermahnungen der Eltern so schnell zunichte wie ihr schlechtes Beispiel. Die meisten innerlich verwirrten und unsicheren Kinder kommen nicht aus extrem strengen Elternhäusern, sondern aus solchen, in denen das Reden und das Handeln auseinanderklaffen. Ich habe oft Leute sagen hören, daß sie ihre Kinder nicht dazu zwingen wollten, in die Kirche zu gehen, aus Angst, daß sie das schließlich zu Feinden des Glaubens machen könnte. Diese Angst können Sie sich sparen. Die meisten Kinder müssen in bestimmten Phasen ihrer Entwicklung mehr oder weniger zum Kirchgang gezwungen werden, so wie man sie auch immer wieder ermahnen muß, sich in anderen Situationen korrekt zu verhalten. Was aber junge Leute viel eher dazu bringt, sich gegen Jesus und seine Gemeinde aufzulehnen, ist, daß sie sehen, wie ihre Eltern mit dem Mund biblische Grundsätze bejahen und zu Hause das Gegenteil praktizieren.

Dies ist ein Gebiet, auf dem der Einfluß des Vaters ungemein wichtig ist. Er gibt den Ton für seine Frau und seine Kinder an. Wenn er mit Paulus sagt: «Folgt meinem Beispiel, so wie ich dem Beispiel folge, das Christus uns gegeben hat» (1. Kor. 11, 1), dann werden sie sich auch wahrscheinlich so verhalten wie er.

Aber wenn er nur davon redet und völlig anders lebt, dann wird es bei ihm zu Hause bald schlimm zugehen, wenn nicht der gute Charakter und die Ehrfurcht vor Gott bei seiner Frau als das christliche Beispiel wirken, das alle Kinder in der «zweiten christlichen Generation» so dringend brauchen. Wohl der Familie, in der der Vater und die Mutter gemeinsam ihren Kindern ein gutes Beispiel vorleben.

Der unermeßliche Einfluß der Eltern beim Aufbau des Charakters ihrer Kinder ist christlichen Lehrern schon lange klar gewesen. Von ihnen habe ich schon vor Jahren die Faustregel übernommen, daß 50% vom Charakter eines Kindes feststeht, wenn es drei Jahre alt ist, und 75%, wenn es fünf Jahre alt ist.

Nicht-christliche Wissenschaftler werden sich mittlerweile immer deutlicher darüber klar, daß das so ist, und sie ermahnen die Eltern, eine aktivere Rolle in der Erziehung ihrer Kleinkinder zu spielen. Auch die atheistischen Humanisten, die oft als Erzieher in unseren Schulen wirken, sehen die Wichtigkeit dieses Grundsatzes immer mehr ein. Einer von ihnen zeigte vor kurzem unabsichtlich seine eigentliche Angst, nämlich daß die Jugend unseres Volkes auf einem so niedrigen moralischen Niveau stehenbleibt, daß sie jedem animalischen Trieb nachgibt. Er forderte bei einem Vortrag Vorschul-Tagesstätten für Kinder, die von der Regierung geleitet und kontrolliert werden sollten, und sagte dabei:

«Wir müssen die Kinder früher erreichen. Die schulische Erziehung hat uns gezeigt, daß wir trotz der riesigen Summen, die uns zur Verfügung stehen, dennoch unfähig sind, in den Jahren vom Kindergartenalter bis zur 12. Klasse den Schaden wiedergutzumachen, der an einem Kind angerichtet werden kann, bevor es zur Schule kommt.» Dieser Mann bezog sich dabei auf moralische Grundsätze, Anständigkeit, Trennung der Geschlechter, Anerkennung Gottes, Aufrichtigkeit und Charakterstärke.

Seien Sie sich ganz klar darüber: Die wichtigsten Menschen im Leben jedes Kindes sind seine Eltern. Wenn Sie diese Stellung, die

Ihnen von Gott gegeben ist, in den ersten Lebensjahren Ihrer Kinder gut nutzen, können Sie die Grundlagen eines guten Charakters wie Ehrlichkeit und Ehrfurcht Gott gegenüber in ihnen einpflanzen, die ihnen später keine noch so raffinierte Gehirnwäsche nehmen kann.

Der Charakter ist dem Menschen nicht angeboren, sondern wird in den ersten Jahren durch liebevolle Eltern geformt, die sich um ihr Kind kümmern und für sein Leben die Grundsätze aufbauen, die sie von Gott her kennen.

Gibt es dann überhaupt noch Hoffnung für Menschen, die solche Eltern nicht hatten und deren Charakter nur sehr schwach ausgebildet ist? Bis jetzt haben wir nur die Grundlagen für den Aufbau eines guten Charakters beschrieben: Das Temperament, die angeborenen moralischen Normen und die frühkindliche Erziehung durch die Eltern. Was ist aber nun mit einem Menschen, der von nicht-christlichen Eltern erzogen wurde, der in einer zerrütteten Familie aufgewachsen ist oder dessen Eltern sich überhaupt nicht um ihn gekümmert haben? Gibt es für ihn noch eine Hoffnung? Ganz gewiß! Bei Gott sind alle Dinge möglich. Wir müssen uns daran erinnern lassen, was Gottes Wille ist:

«Er hat alle, die er erwählt hat, dazu bestimmt, genauso wie sein Sohn das neue Leben zu bekommen» (Röm. 8, 29).

Und dieser Sohn Jesus Christus war die Verkörperung eines vollkommen guten Charakters. Da Gott also will, daß alle seine Kinder einen guten Charakter entwickeln, können wir sicher sein, daß er auch Möglichkeiten schenken kann, daß selbst die Menschen, denen in ihrer Jugend alle Rechte vorenthalten blieben, doch charakterstarke Männer und Frauen werden können, so wie er sie ursprünglich gewollt hat.

Die moderne Psychologie lähmt den Menschen oft gefühlsmäßig und psychisch, indem sie seine Fähigkeiten ganz eng in Beziehung mit seinem Milieu und kulturellen Hintergrund setzt und das oft auch als Vorwand benutzt, um einen schwachen oder nur mittelmäßigen Charakter zu entschuldigen. Wir werden aber später noch sehen, daß Gott Möglichkeiten hat, auch den psychisch verkümmerten Menschen wieder aufstehen und gehen zu lassen durch die Kraft der neuen Kreatur, die er in das Leben eines Menschen durch seinen Sohn Jesus Christus hineinbringt. Diese Macht ist so real, daß sie oft einen völlig verstörten Menschen in eine produktive Persönlichkeit verwandelt hat. Ich selbst habe das viele Male miterlebt. Aber das geschieht nicht plötzlich, es ist ein langer Wachstumsprozeß, der nach und nach jeden Lebensbereich eines Menschen erfaßt.

2. Die Persönlichkeit

Die Art und Weise, wie man sich einander mitteilt, soll hier Persönlichkeit genannt werden. Sie ist gewöhnlich die Grundlage dafür, welche ersten Eindrücke ein Mensch hinterläßt. Im Bereich der Psychologie wird seit langem zwischen der introvertierten oder passiven Persönlichkeit und der extravertierten oder aktiven Persönlichkeit unterschieden. Im 4. Kapitel werden wir noch sehen, daß diese zweifache Unterscheidung unvollständig ist, denn jeder dieser Typen kann noch einmal in zwei Kategorien unterteilt werden, die übermäßig introvertierten und normal introvertierten und auf der anderen Seite die übermäßig extravertierten und normal extravertierten Persönlichkeiten.

Viele Kräfte wirken zusammen, um die Persönlichkeit eines Menschen auszuprägen. Ein nicht zu übersehender Faktor ist dabei das Temperament. Die Persönlichkeit in unserem Sinne kann aber genau wie der Charakter in sehr großem Umfang durch frühkindliche Erziehung beeinflußt werden. Das trifft ganz besonders für die normal Extravertierten (Choleriker) und die normal Introvertierten (Melancholiker) zu.

Die übermäßig Extravertierten und Introvertierten (Sanguiniker und Phlegmatiker) haben aber eine so tief verwurzelte Haltung, ganz nach außen oder aber ganz auf sich bezogen zu sein, daß alle Erziehung und Lebenserfahrung die ererbten Anlagen normalerweise nicht unterdrücken können. Daraus erklärt sich vielleicht, warum manche Kinder so völlig die Persönlichkeit eines Menschen übernehmen können, den sie bewundern oder mit dem sie zusammenleben, während das bei anderen Kindern gar nicht der Fall ist. Deren natürliches Temperament in bezug auf die Persönlichkeit ist nicht so ausgeprägt wie bei den anderen.

Im Idealfall sollte die Persönlichkeit der Ausdruck des Charakters sein. Phillips meint das, wenn er von einem «transparenten

Charakter» spricht. Leider achten aber viele Leute ihr wahres Ich so wenig, daß sie falsche Persönlichkeitsformen übernehmen, die mit ihrem eigentlichen Charakter gar nicht übereinstimmen. Solche Menschen entwickeln dann häufig geistige oder psychische Störungen. Sehr viel besser ist es, sich vom Geist Gottes innerlich zu einem solchen Menschen machen zu lassen, den man akzeptieren und gern haben kann. Dann erst kann man vertrauensvoll man selbst sein. So wird man zu einer guten Persönlichkeit, nicht im Sinne von ideal oder aufgeschlossen oder ähnlichem, sondern eine Persönlichkeit, die ganz den individuellen Anlagen und Neigungen entspricht. Einer der Schlüssel zu unserer psychischen Gesundheit liegt in dem Satz, den Shakespeare schon gesagt hat: «Sei dir selbst treu!»

Wenn Sie Ihr eigenes Temperament genau kennenlernen, dann können Sie auch Ihre Persönlichkeit besser analysieren und beurteilen, ob sie wirklich Ihr wahres Ich widerspiegelt.

3. Führerqualität

Alle Männer haben mehr oder weniger die Tendenz zur Führerrolle, manche mehr, andere weniger. Im Geschäftsleben werden sie «starke Führernaturen» genannt. Solche besonders begabten Männer machen höchstens 25 % der Weltbevölkerung aus. Die meisten Männer sind nur ganz gewöhnliche Führernaturen.

Jeder Mann hat aber die Fähigkeit und auch den Wunsch nach Führung. Ich persönlich glaube, daß das ein Bedürfnis ist, das in jedem Mann steckt und das in ihm ein Gefühl des Unbefriedigtseins hinterläßt, wenn es nicht wenigstens im privaten Bereich verwirklicht werden kann. In dieser Hinsicht (wie in vielen anderen auch) unterscheidet sich der Mann grundsätzlich von der Frau. Es stimmt zwar, daß manche willensstarke Frauen (Cholerikerinnen) gerne Führerrollen übernehmen, aber sie sind doch in der Minderheit. Die meisten Frauen scheinen von Natur aus eher Führerrollen zu meiden, besonders im Bereich der Familie, und ziehen es vor, diese Rolle dem Mann zu überlassen. Leider wird im Moment in unserem Land ein unnatürlicher Lebensstil in großem Umfang propagiert, nach dem die Familien nur noch von den Frauen bestimmt werden, wodurch die Männer verantwortungslos und die

Frauen frustriert werden und ihre Kinder sich anormal entwickeln. Die meisten Männer könnten all diese Probleme dadurch lösen, indem sie sich selbst wieder mehr behaupten und ihre Führerrolle in Anspruch nehmen, die Gott eigentlich für sie vorgesehen hat.

Es steht außer Frage, daß die Bibel die Führerrolle und die Fähigkeit zur Führung dem Mann zugeschrieben hat. Die ersten Verse der Heiligen Schrift, die sich auf den Menschen beziehen, sagen aus, daß er «... herrschen soll über die Fische im Meer und die Vögel unter dem Himmel und über das Vieh und über alle Tiere des Feldes und über alles Gewürm, das auf Erden kriecht» (1. Mose 1, 26).

Die erste Sünde kam in die Welt, als der Mann seiner Frau im Ungehorsam folgte. Gott sprach darauf zu ihr: «Und dein Verlangen soll nach deinem Mann sein und er soll dein Herr sein» (1. Mose 3, 16).

Durch die ganze Bibel hindurch hat Gott Männer benutzt, um den Menschen seinen Willen kundzutun. Er brauchte gelegentlich auch Frauen dazu, aber nur dann, wenn ein Mann für diese Aufgabe nicht geeignet war. Das soll nun nicht heißen, daß Frauen in der Bibel unwichtig wären. Sie haben vielmehr in Gottes Plan eine ganz wichtige Rolle, aber eben keine führende Rolle, vor allem nicht in der Familie.

Die frustriertesten Männer, die ich kenne, sind die, deren von Natur aus passives Temperament ihre eher aggressiven Frauen dazu gebracht hat, sie zu beherrschen. Solche Familien sind unfähig zum Glücklichsein. Mir ist noch nie ein glücklicher Pantoffelheld begegnet und ebensowenig eine Frau, die glücklich darüber wäre, ihren Mann unter dem Pantoffel zu haben. Man kann sich darauf verlassen: Ein von seiner Frau beherrschter Mann wird in all seiner Enttäuschung nur ein Ziel vor Augen haben, nämlich dieser Frau das Leben schwer zu machen, wo er nur kann.

Ein Ziel, das jede Frau, die ihren Mann liebt, verfolgen sollte, ist, ihm bei der Erkenntnis und der Verwirklichung seines unbewußten Bedürfnisses nach Führung in der Familie zu helfen. Wie passiv er auch sein mag, er wird in jedem Fall seine Frau mehr lieben und sie besser behandeln, wenn er diese Führerrolle übernimmt. Nähere Ausführungen darüber, wie man ein guter Leiter seiner Familie werden kann, werden in einem späteren Kapitel noch gemacht werden.

4. Die Produktivität

Die altbekannte puritanische Arbeitsethik, die von heutigen Humanisten manchmal belächelt wird, ist eigentlich gar keine Ethik. Sie ist ein Ansporn zur Arbeit, zur Produktivität. Tief in jedem Mann steckt ein von Gott gegebenes Bedürfnis nach Arbeit, nach Erfüllung und Leistung. Vielleicht überrascht es Sie, daß dieses Bedürfnis nichts mit dem Sündenfall zu tun hat. Es ist vielmehr ein Teil von Gottes Schöpfungsplan im menschlichen Wesen. Nach 1. Mose 2, 5, zu einem Zeitpunkt, als der Mensch noch nicht erschaffen war, heißt es: «Und kein Mensch war da, der das Land bebaute.»

Gott schuf den Menschen also unter anderem mit diesem Gedanken. Nach der Schöpfung, aber noch vor dem Sündenfall, heißt es weiter, daß Gott den Menschen in den Garten Eden setzte, «... daß er ihn bebaute und bewahrte» (1. Mose 2, 15).

Offenbar hat Gott den Menschen also mit einer ursprünglichen Fähigkeit und Begabung zur Arbeit geschaffen. Er hat ihn nicht in den Garten Eden mit der Erwartung gesetzt, daß er dort von der Hand in den Mund leben sollte. Auch schon vor dem Sündenfall war der Mensch dazu da, den Garten zu bebauen und zu bewahren.

Nach dem Sündenfall war Gottes Befehl an Adam noch detaillierter. Er sagte zu ihm:

«Im Schweiße deines Angesichts sollst du dein Brot essen» (1. Mose 3, 19).

Und seitdem hat der Mann mit Arbeit sein Brot verdient. Es ist auch bezeichnend, daß die ersten zwei Kinder, die auf Erden geboren wurden, von Anfang an nach ihrem späteren Beruf benannt werden:

«Und Abel wurde Schäfer, Kain aber wurde ein Ackermann» (1. Mose 4, 2).

Von Anfang an und Jahrhunderte hindurch waren die Verantwortungsbereiche für Mann und Frau verschieden, und das wurde so als richtig angesehen und akzeptiert. Die Frauen sollten die Kinder bekommen und erziehen und das Haus und den Raum der Familie bewahren; die Männer dagegen sollten den Lebensunterhalt verdienen, für Vorräte sorgen und die Führung der Familie übernehmen. Unsere heutige technologisch hoch entwickelte Gesellschaft hat diese Rollenverteilung umgeworfen und damit mehr Enttäuschung und Unglück geschaffen als es bisher in diesem Bereich je gegeben hat, und das trotz aller modernen Wohlstandsgüter.

In einem späteren Kapitel werden wir das Bedürfnis des Mannes nach Produktivität noch einmal genauer betrachten und auch die verschiedenen Lebensbereiche, in denen dieses Bedürfnis zum Tragen kommt. Eins ist jedoch jetzt schon klar: Es ist für einen Mann unmöglich, sich selbst anzunehmen, wenn er nicht produktiv sein kann.

5. Der Mut

Ein weiterer wesentlicher Bestandteil der komplizierten Natur des Mannes ist der Mut. Dieser Charakterzug variiert natürlich je nach Temperament, wie wir später noch sehen werden, aber jeder Mann besitzt Mut. Ganz zu Anfang der Menschheitsgeschichte war es dieser Mut, der den Mann zum Beschützer der Familie, des Hauses und des Besitzes machte. Wenn man die Geschichte betrachtet, so ist sie voller Beispiele von Millionen von Männern, die den Mut hatten, sich notfalls in tödliche Gefahr zu begeben, um die zu schützen, die sie liebten. Sicher ist Mut ein Wesensmerkmal, das Frauen ganz genauso besitzen können, aber er äußert sich bei ihnen in anderer Weise. Frauen neigen eher dazu, sich im Notfall mutig selbst für ihre Kinder zu opfern, und es gibt viele historische Beispiele von Märtyrerinnen oder Frauen, die freiwillig in die Sklaverei gingen, nur um ihre Kinder zu retten. Wenn eine Frau bedroht wird, wird sie sich schützend über die Kinder werfen; ein Mann wird das nicht unbedingt tun, er neigt eher dazu, mit seinem Angreifer zu kämpfen.

Dieser Mut des Mannes brachte Kolumbus dazu, Amerika zu entdecken, oder Magellan, die Welt zu umsegeln. Er veranlaßte Lindbergh, nach Europa zu fliegen, oder Neill Armstrong, in der Rakete die Reise zum Mond zu wagen. Er ist auch der Grund dafür, daß viele Geschäftsleute ihre Existenz aufs Spiel setzen, um ein großes Ziel zu erreichen.

Mut bedeutet natürlich nicht immer, daß man sich in Lebensgefahr begibt. Manchmal drückt sich dieser Mut in einem beruflichen Wagnis aus oder auch im Kampf mit unendlich vielen Kleinigkeiten.

Oft muß man auch mutig sein, wenn man zu seinen Überzeugungen stehen will, notfalls auch um den Preis der Isolierung. Das ist bestimmt für die einen einfacher als für die anderen, aber Mut braucht man in jedem Fall dazu.

Ein wichtiger Aspekt hierbei, der vielleicht manchmal übersehen wird, ist, daß sich Mut und Angst nicht unbedingt ausschließen. Tatsächlich geben die meisten mutigen Männer zu, daß sie vor einer «Heldentat» große Angst hatten. Wenn unser Leben unmittelbar bedroht oder die Zukunft in Gefahr ist, dann reagiert man mit Furcht, aber der Mut besiegt sie und bringt einen Mann dazu, seiner natürlichen Angst nicht nachzugeben.

6. Der Verstand

Durch den Verstand unterscheidet sich der Mensch von allen anderen lebenden Wesen. Kein Tier kann sich darin auch nur entfernt mit ihm messen. Sein Gehirn ist mehr als zweimal so groß wie das jedes vergleichbaren Tieres, und es besitzt ein Vielfaches der Denkkapazität. Wissenschaftler haben festgestellt, daß ein normales menschliches Gehirn etwa 12 Milliarden Zellen enthält, aber daß die meisten Menschen im Laufe ihres Lebens nur etwa 10% dieses Potentials aktiv nutzen. Der Denkapparat im Zusammenspiel mit dem Sitz der Gefühle, den wir «Herz» nennen, macht den inneren Motor des Mannes aus. Obwohl die Wissenschaft schon große Fortschritte in der Erforschung des Gehirns gemacht hat, gibt man heute zu, daß erst ein Bruchteil seiner Komplexität bekannt ist. Irgendwie arbeitet der Verstand des Mannes im Zusammenspiel mit seinem gesamten seelischen Apparat anders als der der Frau. Das wird schon in der Kindheit deutlich, wenn die meisten kleinen Jungen ihr Interesse an Puppen und Tieren verlieren und sich mehr mit Autos, Baggern, Fahrrädern und Rollern beschäftigen, während die Mädchen noch lange mit Begeisterung Mutter und Kind spielen. Sicher ist manches davon auf das Temperament des jeweiligen Kindes zurückzuführen. Aber die Unterschiede zwischen den Geschlechtern werden doch mehr im Verhalten als in den körperlichen Geschlechtsmerkmalen sichtbar.

Nirgendwo ist der Unterschied zwischen Mann und Frau deutlicher als in dem typisch männlichen Problem der rein gedanklichen sexuellen Begierde. Wenn ein Junge die Latenzzeit (etwa 10 bis 13 Jahre) hinter sich hat, beginnt die Pubertät. In dieser Zeit fängt er an, sich körperlich zum Mann zu entwickeln. Gleichzeitig wächst in seinen Gedanken ein unerhörtes Interesse an Mädchen. Es ist durchaus nicht ungewöhnlich, daß er oft Phantasien von Liebesabenteuern mit Mädchen oder jungen Frauen nachhängt, und er ist für dieses körperliche Verlangen so ansprechbar, wie es sich die meisten Frauen nur sehr schwer vorstellen können. Es kann ganz leicht so werden, daß der Körper einer Frau für ihn das Schönste, Faszinierendste und Verführerischste ist, das er sich vorstellen kann. Es gibt sicher Ausnahmen von dieser Regel, aber sie sind doch selten. Jesus Christus hat dieses typisch männliche Problem gekannt. Das drückt sich darin aus, daß er die Männer ermahnt, keine Frau auch nur begehrlich anzusehen, weil er damit bereits mit ihr in Gedanken Ehebruch treibt (s. Matth. 5, 28). Präsident Carter hat das mehr oder weniger absichtlich in seiner Kampagne für das Weiße Haus klargemacht. Auch hier wurde zugegeben, daß sich jeder Mann schon einmal auf diese Haltung der gedanklichen Begierde eingelassen hat. Dies Problem ist ganz eng mit dem Mannsein verbunden und muß bewußt kontrolliert werden. Diese Kontrolle wird ausgeübt durch die Ehe, durch einen «guten Charakter», durch ein lebendiges geistliches Wachstum und auch durch ein Vermeiden jeder aufregenden oder pornographischen Literatur, die begehrliche Gedanken nur noch mehr entfacht. Die Gedanken müssen Jesus Christus gehorsam werden. Die Bibel sagt in 2. Kor. 10, 5:

«Wir zerstören damit Anschläge und alles Hohe, das sich erhebt wider die Erkenntnis Gottes und nehmen gefangen alle Gedanken unter den Gehorsam Christi.»

Wenn eine Frau klug ist, so bemüht sie sich, dieses typische Problem der männlichen Gedankenstruktur zu verstehen. Sie sollte bei der Auswahl ihrer Kleidung und in ihrem ganzen Verhalten Männern gegenüber daran denken. Wenn sie verheiratet ist, dann macht sie sich selbst und ihrem Mann das Leben wesentlich einfacher, wenn sie in dieser Beziehung bescheiden ist und sich zurückhält.

Auch in einem anderen gedanklichen Bereich unterscheiden sich die Männer normalerweise von den Frauen, nämlich darin, daß Männer meist ein viel zielorientierteres Denken haben. Manche wollen uns zwar glauben machen, daß das auf unserer Kultur beruht, aber ich nehme eher an, daß es das Resultat eines typisch männlichen geistigen Mechanismus ist. Jedenfalls ist es eine Realität. Frauen neigen eher dazu, hauptsächlich an ihre Familie und ihr Zuhause zu denken und an alle Dinge, die damit zusammenhängen, wie z. B. auch an die Erziehung der Kinder. Männer dagegen lassen sich leicht ganz von ihren beruflichen Zielen absorbieren. Man muß dabei beachten, daß der Beruf eines Mannes für ihn meist mehr bedeutet als ein reiner Broterwerb, denn wenn er seinen Beruf gern ausübt, wird dieser Bereich oft zum Zentrum seines Lebens. Dann aber ist der Beruf nicht mehr nur ein Mittel zum Zweck, sondern wird Selbstzweck.

Das Resultat ist dann, daß die Reihenfolge der wichtigen Dinge im Leben dieses Mannes durcheinandergerät und sein Privatleben darunter leidet. Die meisten Männer müssen von Zeit zu Zeit eine kritische Selbstprüfung halten und ihre Prioritäten neu ordnen. In manchen Fällen, wo z.B. die Arbeitsbelastung eines Mannes saisonbedingt wechselt oder wo er ab und zu unter Hochdruck arbeiten muß, können die beruflichen Pflichten eine Zeitlang sehr viel von seiner Zeit in Anspruch nehmen. Wenn ein Mann aber zum Berufs-Fanatiker wird, dann läuft etwas falsch. Der Mittelpunkt in der Tätigkeit des Mannes sollte die Erziehung seiner Kinder sein, ihre Vorbereitung auf den Tag, an dem sie die Familie verlassen. Der Mann, der seinen Kindern nur den zweiten Platz in seinem Leben einräumt und den Beruf an die erste Stelle rückt, wird das eines Tages bereuen.

7. Das Gefühlsleben

Wie wir schon vorher erwähnt haben, ist die Auffassung, daß die Männer alle ein sehr stabiles Gefühlsleben hätten, den Gefahren des Lebens unerschütterlich entgegensähen und niemals von einem leidenschaftlichen Gefühl ergriffen werden könnten, eine

Meinung, die mit der Realität herzlich wenig zu tun hat. Vielleicht sind Männer nicht ganz so gefühlsbetont wie Frauen von derselben Temperamentslage, sie haben aber auf jeden Fall stark ausgeprägte Gefühle. Es ist von großer Wichtigkeit, daß sowohl Männer als auch Frauen ihre emotionalen Fähigkeiten kennen und verstehen lernen, denn davon sind alle ihre Lebensbereiche betroffen.

Die Mediziner haben herausgefunden, daß wir alle irgendwo hinter unserer Stirne ein Gefühlszentrum haben, das durch Nervenbahnen mit jedem Organ unseres Körpers verbunden ist. Alles, was im Körper vorgeht, beginnt in diesem Gefühlszentrum. Wenn jemand «aufgeregt» ist, so ist dieser Zustand zunächst im Gefühlszentrum entstanden und dann zu den anderen Körperteilen weitergeleitet worden. Daher kann man verstehen, daß gefühlsmäßig sehr angespannte oder verkrampfte Menschen für physische Krankheiten aller Arten sehr empfänglich sind. Dr. S. I. McMillen hat in seinem ausgezeichneten Buch «Vermeidbare Krankheiten» (Aussaat-Verlag), das jeder Christ gelesen haben sollte, ganze 51 Krankheiten angeführt, für die ein Mensch besonders anfällig ist, wenn eine ständige Anspannung in seinem Gefühlszentrum vorliegt. Es sind dies Bluthochdruck, Herzanfälle, Magengeschwüre, Darmkatarrh, Gastritis, Kopfschmerzen u.v.a.m. In diesem Zusammenhang kann man aber auch beobachten, daß der ganze Körper entspannt ist, wenn das Gefühlszentrum ruhig und ausgeglichen ist. Untersuchungen haben ergeben, daß gefühlsmäßig ausgeglichene Menschen länger leben, sich einer besseren Gesundheit erfreuen und widerstandsfähiger sind als die, die in einer ständigen seelischen Anspannung leben.

Als Jesus auf der Erde lebte, sagte er öfter etwas über dieses Gefühlszentrum, das er «Herz» nannte. Er sprach davon, daß einem Menschen der Mund übergeht, wenn sein Herz voll ist, daß ein böses Herz böse Gedanken hervorbringt, daß ein gieriger Mensch ein gieriges Herz hat u.s.w. Um es mit Salomo zu sagen:

«Behüte dein Herz mit allem Fleiß, denn daraus quillt das Leben» (Sprüche 4, 23).

Man kann daraus die Konsequenz ziehen, daß man im Grunde das ist, was im eigenen Herzen ist. Wenn das Herz böse ist, dann ist der ganze Mensch böse; wenn man im Herzen «rein» ist, dann wird auch der ganze Leib «rein» sein. Aus diesem Grund sollte jeder Mann sein Herz bzw. sein Gefühlszentrum sehr sorgfältig bewahren.

Jeder weiß, daß das Herz alle möglichen Gefühle in sich hat, böse und auch gute. Wenn wir später die Aspekte der Männlichkeit im Hinblick auf die Lehre der verschiedenen Temperamente betrachten werden, so wird noch klarer werden, daß die Grundbestandteile der Gefühle geerbt sind; aber was wir damit tun, liegt in unserer Verantwortung. Bei manchen Menschen herrschen Liebe und Furcht vor, bei anderen Haß und Bitterkeit, aber alle haben die Grundlagen für ausgeprägte Gefühle, und jeder Erwachsene ist verantwortlich für die Gefühle, die ihn beherrschen. Wir werden im folgenden noch darauf hinweisen, wie man gute Gefühle regelrecht kultivieren kann. Hier sei nur soviel erwähnt, daß Gefühle niemals etwas völlig Spontanes sind. Sie gehen immer erst durch den Filter des Verstandes. Wenn Ihre Gedanken gut sind, dann werden es die Gefühle mit der Zeit auch werden, wenn Sie aber böse Gedanken säen, dann werden Sie auch feindselige, böse Gefühle ernten. Probieren Sie es einfach einmal aus. Untersuchen Sie die Gefühle, die Sie im Augenblick haben. Daraus werden Sie auch die Art Ihrer momentanen Gedanken erkennen. Wenn Sie Ihre Gefühle ändern wollen, dann müssen Sie Ihre Gedanken ändern. Allmählich werden dann auch Ihre Emotionen verwandelt werden.

Da wir hier hauptsächlich vom Mann sprechen, müssen wir noch einen wichtigen Unterschied zwischen Männern und Frauen anführen, der gerade für die Ehefrauen von Bedeutung ist. Im allgemeinen haben Frauen eine größere Fähigkeit zu lieben als Männer. Die Liebe einer Frau ist tatsächlich von solcher Tiefe, Breite und Anpassungsfähigkeit, daß die meisten Männer darüber erstaunt sind.

Vielleicht ist das von Gott so gewollt und hängt mit dem Mutterinstinkt zusammen, jedenfalls bin ich sicher, daß Männer viel mehr bewußt daran arbeiten müssen, ihre Liebe auszudrücken und zu zeigen, als Frauen das nötig haben. Das ergibt sich nicht nur aus meiner langjährigen Erfahrung als Familienberater, sondern, was bedeutend wichtiger ist, auch aus der Bibel. Sie ermahnt die Männer vielmehr dazu, ihre Frauen zu lieben, während sie das nur indirekt von den Frauen verlangt. Dieser Unterschied zwischen Mann und Frau sollte von Ehepaaren besonders beachtet werden. Jeder verheiratete Mann, der diese männliche Schwäche erkannt hat, sollte Gott um Hilfe bitten, daß seine Liebe zu seiner Frau vertieft wird, und jede Ehefrau muß lernen, diese mangelnde Fähigkeit, Liebe zu äußern, als männliche Schwäche zu akzeptieren und nicht verbittert zu werden, wenn ihr Mann gelegentlich die Liebe zu seinem Beruf, zum Sport oder etwas anderem höher zu stellen scheint als seine Liebe zu ihr. Wenn sie liebevoll und fürsorglich bleibt, dann kann sie in seinem Herzen die Liebe zu ihr vergrößern; aber davon werden wir später noch ausführlicher sprechen.

8. Der Körper

Der offensichtlichste und bekannteste Aspekt des Mannseins ist der männliche Körper. Insofern genügen hier nur wenige Hinweise. Die vielen Unterschiede zwischen Mann und Frau sind im Körperbau am sinnfälligsten. Männer sind im allgemeinen größer, schwerer und von groberem Knochenbau als Frauen. Das läßt sich schon aus einer Tabelle zum Idealgewicht entnehmen. Für Frauen ist dort entschieden weniger angegeben als für Männer von derselben Körpergröße, vorausgesetzt, daß die Emanzipationsbewegung hier nicht auch schon die Unterschiede eingeebnet hat. Männer haben einen Bart und grobere Gesichtszüge, Frauen haben im allgemeinen eine zartere Gesichtshaut und sanftere Züge. Die Begriffe «hübsch» und «gutaussehend» zeigen schon den Unterschied zwischen den Geschlechtern. Ein Mann ist nicht mehr gutaussehend, wenn er zu hübsch ist, und eine Frau, die ausgesprochen männlich wirkt, ist nicht mehr hübsch. Die weiteren körperlichen Unterschiede treten am deutlichsten in den völlig verschiedenen und sich ergänzenden Geschlechtsteilen hervor.

Außerdem sollte ein Hinweis zur Besonderheit des männlichen Körpers hier mit allem Nachdruck gegeben werden: Ein Mann braucht regelmäßige sportliche Betätigung. In den vergangenen Jahren haben Untersuchungen der Krankenkassen ergeben, daß Frauen im allgemeinen sieben bis zehn Jahre länger leben als Männer. Wenn Sie schon einmal in einem Altersheim waren, dann haben Sie bestimmt mehr Frauen als Männer getroffen, die über 80

Jahre alt waren, obwohl doch statistisch gesehen mehr Jungen als Mädchen geboren werden. Für dieses Phänomen gibt es verschiedene Gründe, z.B. daß die Männer in unserer Zeit im Beruf und im öffentlichen Leben mehr Druck ertragen müssen als die meisten Frauen, oder daß sie weniger Streß aushalten können.

Ich glaube nicht, daß diese Antworten sehr befriedigend sind. Vielmehr bin ich der Meinung, daß der Körper des Mannes an sich für harte Arbeit und viel Bewegung geschaffen worden ist. In unserer bisherigen Geschichte war das auch durch die vielseitigen Anforderungen des Lebens nötig. Heute aber ist es in den meisten Fällen so, daß ein Mann jeden Morgen mit seinem schnellen Wagen zu seinem Büro fährt, wo er bestimmte Knöpfe drückt, im Laufe des Tages eine Reihe von belastenden Gefühlen miterlebt und schließlich nach Hause fährt, ohne auch nur einmal ins Schwitzen geraten zu sein. Dort ißt er zunächst einmal, wahrscheinlich zuviel, weniger um seinen Hunger zu stillen als vielmehr seinen Berufsärger herunterzuschlucken. Seine Ernährung besteht aus zuviel Zucker, Kohlehydraten und chemischen Zusätzen, und so wird aus seinem ursprünglich großartig funktionierenden körperlichen Mechanismus allmählich ein träges Wrack, das dauernd reparaturbedürftig ist, noch lange bevor der Kilometerzähler hohe Zahlen aufweist.

Zum Glück ist mittlerweile die Erkenntnis, daß wir auf unsere körperliche Verfassung achten müssen, im ganzen Land mehr und mehr ins Bewußtsein gerückt. Die Männer fangen wieder an, Waldlauf oder Trimm-dich-Pfade zu machen, Fahrrad zu fahren und zu schwimmen. Sie aktivieren sich im Handball, Fußball, Tennis oder Golf oder anderen Sportarten, wodurch sie ihr Leben verlängern können, da sie eingesehen haben, daß sie sich um ausreichendes tägliches Training kümmern müssen, wenn ihr Beruf ihnen das nicht bieten kann. Es gibt heutzutage wieder eine größere Nachfrage nach sportlichen Veranstaltungen und Kursen, denn das ist eine reine Überlebensfrage.

Frauen verstehen dieses Grundbedürfnis der Männer sehr oft überhaupt nicht. Dadurch wird der Sport in vielen Familien zum regelrechten Zankapfel. Anstatt ihren Mann in seinen Aktivitäten zu bestärken, macht die Frau ihm Vorwürfe, daß er viel zu selten zu Hause sei, besonders, wenn sie den größten Teil des Tages zu

Hause bei den Kindern sein muß. Ihrer Meinung nach muß der Mann jeden Abend sofort nach Dienstschluß nach Hause kommen, und sie hält gar nichts davon, wenn er dann noch einmal weggehen und mit ein paar Freunden Sport treiben will. Ja, sie nimmt das sogar als ein Zeichen dafür, daß ihr Mann sie nicht mehr so liebt wie früher. Wenn sie aber nur an ihm herumnörgelt, vergrößert sie noch den Streß, der ihn sowieso schon bedrückt.

Zugegeben, es gibt Männer, die ihr Bedürfnis nach körperlicher Aktivität sehr übertreiben und nur noch von dem Gedanken besessen sind, eine hervorragende Kondition zu haben. Das geht dann eindeutig auf Kosten der Familie. Vielleicht benutzen diese Männer den Sport auch nur als Vorwand, um sich vor ihrer Verantwortung in der Familie zu drücken, oder wenn es zu Hause Streit gegeben hat, gehen sie lieber in die Sauna oder zu Sportkollegen, anstatt erst ihre Eheschwierigkeiten zu lösen. Wenn die Zeit, die sie für ihr körperliches Training verwenden, auf Kosten der häuslichen Harmonie geht, dann kann man sich natürlich vorstellen, daß ein solches Verhalten tödlich für eine Beziehung sein kann, die sowieso schon brüchig ist. Es stimmt schon, daß alle sportlichen Aktivitäten, die Männer heutzutage auf sich nehmen, um körperlich fit zu bleiben, Zeit erfordern, die sie sonst zu Hause verbringen könnten, aber wenn sie das in vernünftigem Maße tun, dann werden sie sehr viel Kraft und Vitalität gewinnen, die ihnen zu Hause auch wieder zugute kommt und die ihnen tatsächlich dazu verhelfen kann, länger zu leben. Vielleicht übernehmen sie dann sogar freiwillig Aufgaben und Pflichten im häuslichen Bereich, aber darauf sollte man sich nicht verlassen ...

Selbst wenn es vielleicht grausam klingt, will ich Ihnen von einem Beispiel erzählen, das ich selbst erlebt habe. Einer meiner besten Freunde starb im Alter von 49 Jahren, und seine Familie bat mich, ihn zu beerdigen. Gewohntermaßen ging ich vor der Traueransprache noch einmal zum offenen Sarg und betete dort. Als ich meinem Freund zum letzten Mal ins Gesicht sah und seine erkaltete Hand in meine nahm, konnte ich seine Frau, die nur ein paar Schritte entfernt saß, schluchzen hören. Ich mußte plötzlich denken: «Was für ein unnötiger Tod!»

Mein Freund und seine Frau hatten genau betrachtet beide zu diesem verfrühten Tod beigetragen. Er aß für sein Leben gern und fast nur Dinge, die schädlich für ihn waren. Obwohl ich ihn ein paarmal darum gebeten hatte, um seinetwillen eine strengere Diät einzuhalten, sagte er nur: «Ach, du weißt ja, meine Frau macht immer so leckere Sachen, daß ich einfach nicht Nein sagen kann.» Dazu kam, daß er sehr selten, wenn überhaupt einmal eine körperliche Anstrengung auf sich nahm. Er war ein großartiger Familienvater, das war unbestritten, aber er mußte schon sterben, bevor seine Kinder auch nur mit der Schule fertig waren. Seine Frau, die ihn sehr liebte, bestärkte ihn nur noch in seiner Vorliebe für Fettgebratenes, Süßes und Kohlehydrate in jeder Form, und sie machte ihm immer alles so schön wie möglich, damit er gerne gleich von der Arbeit nach Hause kommen sollte und es sich zu Hause gemütlich machen konnte. Aus all diesen Gründen mußte mein Freund schon so früh von dieser Erde in die Herrlichkeit gehen, die Gott für ihn bereitet hatte. Und doch habe ich das Gefühl, daß seine Frau — wenn sie nur noch einmal die Möglichkeit hätte — ihn jetzt dazu anhalten würde, mehr auf seine Gesundheit und auf seine körperliche Verfassung zu achten.

9. Sexualität

Ein weiteres höchst wichtiges Charakteristikum der Männlichkeit ist die Sexualität. Sie wird von den Frauen oft am wenigsten verstanden, manchmal auch von Männern selbst kaum. Nur sehr irregeleitete Verfechter des Monosexualismus bestreiten die Tatsache, die sich im Laufe der Zeit als solche erwiesen hat, nämlich, daß Männer einen stärkeren Sexualtrieb als Frauen haben. Das geht schon daraus hervor, daß die Vergewaltigungen den Statistiken nach in letzter Zeit sehr angestiegen sind. Diese Verbrechen werden Frauen von Männern angetan, niemals umgekehrt. Das soll nun nicht bedeuten, daß der Sexualtrieb der Frau wegdiskutiert werden sollte; die moderne Forschung hat klar erwiesen, daß sie am Vollzug des Geschlechtsverkehrs in der Ehe ebensolches Vergnügen empfinden kann wie ihr Mann, aber wie in sehr vielen anderen Lebensbereichen unterscheiden sich Männer und Frauen auch in sexueller Hinsicht.

Man kann die Wichtigkeit der Sexualität im Rahmen der männlichen Persönlichkeit kaum überbetonen. Der Sexualtrieb ist eine wichtige Quelle für männliches Verlangen, für Ritterlichkeit und auch Aggressivität. Wenn ein Mann seinen Sexualtrieb nicht mehr hat, wird er in jedem wichtigen Lebensbereich völlig unscheinbar. Eunuchen tun sich sehr selten in irgendeinem Bereich besonders hervor. Die verborgene Kraft, die das Denken des Mannes anregt, die ihm dreidimensionale Phantasien über Frauen ermöglicht und ihm eine ausgeprägte Empfänglichkeit für alles Weibliche gibt, all das ist eine Folge seiner natürlichen Fähigkeit, in nur einer Woche Milliarden von Samenzellen zu bilden. Der oft zitierte Kommentar von Frauen dazu gibt sehr gut das Unverständnis und die Verwirrung wieder, die Frauen in diesem Punkt zeigen: «Sexuell gesehen sind die Männer wie die Tiere.» Diese Behauptung stimmt in doppelter Weise nicht, die Männer sind keine Tiere, und sie verhalten sich auch nicht anormal, wie dieser Satz vermuten läßt. Alle normalen Männer sind sexuelle Wesen; nur das individuelle Temperament bestimmt die Art und Weise, wie sie das äußern.

Ein Unterschied zwischen Mann und Frau, der besonders in den ersten Ehejahren oft unnötige Probleme schafft, ist die Art, wie sie sexuell erregbar sind. Eine Frau hat es normalerweise gern, wenn sich der Liebesakt ganz langsam aufbaut, viele zärtliche Zwischenspiele, Liebesbeweise und Zeichen gegenseitiger Annahme in sich schließt. Sie liebt, im Bild gesprochen, am meisten eine langanhaltende stille Glut. Der Mann dagegen ist in dieser Hinsicht ganz anders. Sein Weg zum Erregungszustand geht durchs Auge zum Gehirn und über das Gefühlszentrum direkt zu seinen Geschlechtsorganen. Wenn er sich nicht eine gewisse Selbstkontrolle aneignet, und wenn sie nicht lernt, das, was ihr zunächst wie wilde Leidenschaft vorkommt, als die Art ihres Mannes zu sehen, wie er Liebe und Zuneigung zu ihr ausdrückt, dann wird es Schwierigkeiten geben. Auf diesem Gebiet müssen beide in einem Stadium des Sich-Aneinander-Gewöhnens sehr viel lernen. Das macht im allgemeinen etwa die ersten drei Jahre einer Ehe aus, bei manchen Paaren können es aber auch die ersten fünfzig sein. Meine Frau und ich haben versucht, dies und andere wichtige Themen in unserem Buch «Die Ehe» zu besprechen. Es ist von größter Wichtigkeit für beide Partner, darüber Bescheid zu wissen.

Wir haben die nähere Betrachtung des männlichen Ichs bis hierhin verschoben, denn sie paßt sehr gut in diesen Zusammenhang, da das Ich ganz eng verbunden ist mit der Annahme der eigenen Männlichkeit, die auch immer Sexualität mit beinhaltet. Zwei Dinge können das männliche Ich sehr schnell spalten oder zerstören: Bedrohliche Angriffe auf seine Männlichkeit und die Angst vor sexuellem Versagen. Die meisten Männer erkennen aber dabei nicht, daß es ihre Gefühle sind, die den Sexualtrieb kontrollieren. Ich habe oft wahre Athleten und äußerlich gesehen phantastische Ausgaben von Männlichkeit beraten, die über totale Impotenz klagten, nicht etwa, weil sie sexuell falsch veranlagt wären, sondern weil sie in manchen Situationen durch den Ärger auf eine Person oder Sache völlig unfähig wurden, ihre sexuellen Kräfte zu entfalten. Wenn das einmal vorgekommen war, waren sie von da an ständig von der Angst verfolgt, ein solches Versagen könnte sich wiederholen. Schließlich wurden sie sozusagen zu Eunuchen; der Grund dafür aber war nur ihr Gefühl. Als Heilmittel für dieses Problem kam keine Medizin oder Therapie in Frage, sondern eine Korrektur ihrer emotionalen Fehlfunktionen. Ärger und Wut können in einem Mann oft stärker als die Liebe sein. Dann wird durch eine sexuelle Unfähigkeit das Selbstbewußtsein zerstört, und die darauffolgende allgemeine Unsicherheit vergrößert das Problem nur noch. Wir werden später noch ausführlicher darüber sprechen, wie Ärger und Verbitterung den Mann sehr leicht beherrschen können.

Ob man es anerkennen will oder nicht, die Ehe ist eine Bedrohung für die Sexualität des Mannes und als Folge davon auch für sein Selbstbewußtsein. Zum Glück beginnt er meist eine Ehe, wenn sein Sexualtrieb auf dem Höhepunkt ist, etwa im Alter von 21 Jahren. Wenn er und seine Braut mit der Zustimmung der Eltern und zukünftigen Schwiegereltern rechnen können und sich keinerlei Ärger in ihnen festgesetzt hat, dann kann der Mann mit liebevoller Fürsorge, guter sachlicher Vorbereitung oder auch Beratung ein guter Liebhaber werden. Ich bin davon überzeugt, daß jeder Mann ein dynamischer Liebhaber sein kann, aber das wird man nicht ganz von selbst. Wie alles Wertvolle im Leben, so ist auch die geschlechtliche Liebe eine Kunst, die man lernen muß. Wenn ein Mann annimmt, daß das etwas ist, was jeder kann, sich in keiner Weise darauf vorbereitet und sich außerdem noch innerlich mit Haß und Bitterkeit vollsaugt, und wenn er dann in der gegebenen Situation nur das tut, was ihm seine Natur gerade zu tun eingibt, dann wird er es zwar fertigbringen, seine Frau zu schwängern, ihr aber keinerlei Befriedigung oder Vergnügen bereiten können. Und auf die Dauer werden beide von dieser Beziehung sehr enttäuscht sein.

Mancher in vieler Hinsicht nur sehr durchschnittliche Mann ist in den Augen seiner Frau ein großartiger Liebhaber, und das ist ein Ziel, für das sich jeder Mann anstrengen sollte. Solche Männer müssen nicht unbedingt mit allen äußeren Anzeichen einer ausgeprägten Sexualität herumlaufen, mit zahlreichen Heldentaten angeben oder ständig ihren Bizeps spielen lassen, um ihre Männlichkeit zu beweisen, denn sie sind sich ihrer Männlichkeit selbst sicher.

Ein Wort, das die junge Generation in den USA heute oft gebraucht, ist «Machismo». Es bedeutet soviel wie ein Mann, der sehr männlich wirkt, gutaussehend ist und auf Frauen anregend wirkt. In Venezuela lernte ich, daß dieses Wort im Spanischen eine sehr viel weniger schmeichelhafte Bedeutung hat. Es kommt von «mach», und das bedeutet «Tier». Machismo ist also eigentlich die Potenz im sexuellen Sinn oder die tierische Kraft. Daraus leitet sich die Auffassung ab, daß der Mann die Frau sexuell gebrauchen darf und sie zur Kindererziehung verpflichten kann, während er nur seine körperlichen Bedürfnisse befriedigt. In diesen Ländern findet man überall eine vom Mann bestimmte Gesellschaftsordnung. Es ist durchaus üblich, daß ein Mann dort eine Frau heiratet und sich daneben noch vier oder fünf andere hält. Und die Männer verhalten sich nicht nur von sich aus so, sondern die Frauen erwarten das auch von ihnen. Der Grad des «Machismo» in einem Mann scheint damit zusammenzuhängen, wieviele Frauen er an sich binden kann, einschließlich ihren Kindern. In Mexiko z.B. bekommt ein Mann bei einer Scheidung automatisch die Kinder aus dieser Ehe zugesprochen, es sei denn, er wird bei einem Ehebruch ertappt. «Machismo» ist so gesehen also etwa das gleiche wie ein Don Juan oder Casanova. Und das bedeutet gewiß nicht dasselbe, was wir unter Männlichkeit verstehen.

Ein wirklich männlicher Mann läßt auch immer etwas wie Ritterlichkeit Frauen gegenüber erkennen. Sie ermöglicht ihm, seinen Sexualtrieb zu kontrollieren und eine Frau nicht einfach zu gebrauchen, sondern sie zu schützen und zu lieben. In früheren Zeiten kämpften Ritter miteinander, um Ehre, Tugend und Leben einer Frau zu verteidigen. Eine solche Haltung ist in unserer Gesellschaft sehr selten geworden. In der Zeitschrift «Redbook» wurde kürzlich ein Artikel veröffentlicht, der geradezu schockierende Dinge beschreibt, wie sich verheiratete Männer in ihrem Betrieb gegenüber Arbeiterinnen verhalten, gegen deren Willen und mit der Drohung, daß sie ihren Arbeitsplatz verlieren würden, wenn sie es wagen würden, sich dagegen zu wehren. Laut diesem Artikel sagten neun von zehn Arbeiterinnen aus, daß sie von ihren Arbeitgebern schon mehr als einmal belästigt, erniedrigt oder beleidigt worden wären. Das hat nichts mehr mit Männlichkeit zu tun, sondern ist eher ein barbarisches oder frauenfeindliches Verhalten.

Doch die Ritterlichkeit ist auch noch nicht ganz ausgestorben. Ich kenne ein Beispiel von einem Maschinisten, der seinen Arbeitsplatz aufs Spiel setzte, als er spontan zu seinem Vorgesetzten ging und sich beschwerte. Er hatte beobachtet, daß eine attraktive Sekretärin von einem der Abteilungsleiter in erniedrigender und beleidigender Weise behandelt worden war, und das mehrere Male. Schließlich hielt er es nicht mehr aus, ging zu seinem Chef, machte die Tür hinter sich zu und unterrichtete ihn in ruhigem Ton von diesen lästigen Annäherungsversuchen. Zum Schluß sagte er, wenn das nicht sofort aufhörte, würde er selbst mit dem Abteilungsleiter reden und ihm Respekt vor den Frauen beibringen. Das verstehe ich unter wahrer Männlichkeit.

Vielleicht sagen Sie in einem ähnlichen Fall: «Was soll ich denn schon dagegen machen, wenn der andere viel mehr Macht hat als ich?» Dann organisieren Sie vielleicht eine Aktionsgruppe. Sie werden bestimmt andere Leute finden, die derselben Meinung wie Sie sind. Aber drücken Sie sich nicht vor Ihrer Verantwortung, sonst wird irgend etwas in Ihnen mit der Zeit zugrundegehen.

Ich habe mit Bewunderung zugehört, als mein Schwager, Bill Lyons, ein Erlebnis aus der Zeit der Invasion erzählte, als er in Deutschland war. Er war ein einfacher Infanteriesoldat und hatte mit seiner Einheit ein kleines Dorf besetzt. Sie durchsuchten die Häuser nach versteckten feindlichen Truppen, als er plötzlich Schreie hörte. Er stieß die Tür eines kleinen Hauses auf und sah dort einen amerikanischen Feldwebel, der gerade eine junge deutsche Frau vergewaltigen wollte. Bill befahl ihm mit dem Gewehr in der Hand: «Lassen Sie sofort die Frau in Ruhe!» und gab ihr ein Zeichen, daß sie gehen sollte. Er riskierte damit, sich einen Vorgesetzten zum Feind zu machen oder sogar eines Tages hinterrücks ermordet zu werden. Aber sein männlicher Instinkt brachte ihn dazu, diese hilflose Frau zu beschützen, obwohl er sie nicht kannte und sich noch nicht einmal mit ihr verständigen konnte. Dennoch weiß heute noch irgendeine Frau in Deutschland, daß es Amerikaner gibt, die Frauen achten und lieben und sie instinktiv schützen. Wenn das nicht passiert wäre, hätte sie vielleicht den Eindruck behalten, daß die Amerikaner wie Tiere sind, die nur als Männer verkleidet erscheinen, ganz gleich, welche Uniform sie auch anhaben.

Manche Wörterbücher verwechseln Männlichkeit mit Mannhaftigkeit. Sie verstehen Mannhaftigkeit als das, was zur Männlichkeit im Gegensatz zur Weiblichkeit gehört. In einer Zeit, wo manche Humanisten es darauf abgesehen haben, wahre Werte zu zerstören, und sich nun darauf verlegt haben, die natürlichen Unterschiede zwischen den Geschlechtern zu verwischen, will ich ganz besonders darauf hinweisen, wie wichtig es ist, daß Männer Männer und Frauen Frauen bleiben. Das beginnt bereits in der frühen Kindheit. Der augenblickliche Trend zur Gleichmacherei, der es schon für verkehrt hält, die Geschlechter überhaupt zu unterscheiden, ist sehr gefährlich. Wir haben schon zuviele junge Männer, die unsicher sind und unzufrieden mit ihrer männlichen Rolle und die weiblichen Haltungen und Verhaltensweisen annehmen. Eine Fernsehdokumentation hat vor kurzem festgestellt, daß über 10000 solcher Männer den Wunsch geäußert haben, ihr Geschlecht durch eine chirurgische Operation verändern zu lassen. Sie konnten keinen biologischen Grund dafür angeben, daß sie sich als Frauen wohler fühlen würden, aber seit der aufsehenerregenden Operation von Christine Jorgensen vor 20 Jahren sind solche Wünsche immer wieder und in letzter Zeit verstärkt ausgesprochen worden.

Solange medizinisch nicht einwandfrei eine Fehlfunktion der Hormondrüsen nachgewiesen werden kann, würde es der Menschheit insgesamt nützlich sein, wenn man sich auf folgende Dinge konzentriert:

1. Eltern sollten das Geschlecht ihrer Kinder ganz akzeptieren und sie das auch fühlen lassen.

2. Ein Mann oder eine Frau sollten ihre natürliche Geschlechtsanlage durch bestimmte Haltungen und Verhaltensweisen unterstreichen.

3. Junge Männer sollten positive männliche Vorbilder haben.

4. Jeder Mensch sollte sich um die Annahme seines Geschlechts bemühen.

5. Jeder sollte eine positive gedankliche Haltung gegenüber seiner Sexualität einnehmen.

Ein ganz subtiler Einfluß auf diese Zusammenhänge drückt sich schon in der Kleidung von Kindern aus. Die Mutter sucht die Kleider für ihre Kinder aus und ist sich oft nicht dessen bewußt, daß ein großer Teil unserer Damen- und Kinderbekleidung von Homosexuellen entworfen wird, von denen kaum erwartet werden kann, daß sie die Unterschiede zwischen den Geschlechtern betonen. Weil die Mutter so weiblich ist, kann das, was sie für süß und niedlich hält, vielleicht für ihren Sohn schädlich sein. Es ist für Jungen äußerst wichtig, sich wie richtige Jungen zu kleiden und schon in früher Kindheit ein jungenhaftes Benehmen zu haben.

Männlichkeit war für frühere Generationen kaum ein Problem. Ein Junge mußte rauh und unempfindlich sein, um überhaupt zu überleben. Wenn ihm auch nicht in der Schule beigebracht wurde, was Männlichkeit ist, so entwickelte sich sein Verständnis dafür ganz bestimmt zu Hause. Er ging mit zum Pflügen aufs Feld, er half beim Holzfällen, er begleitete seinen Vater auf die Jagd. Heute ist es für Jungen viel schwerer, ein männliches Verhalten zu entwickeln und sich die entsprechenden Verhaltensweisen anzueignen, da sie sich körperlich viel weniger betätigen. Aber es ist eine gute Therapie für jeden heranwachsenden Jungen, Sport zu treiben, viel an der frischen Luft zu sein und gelegentlich anstrengende, schwere Arbeit zu leisten.

Noch ein Wort zur Rechtfertigung des stillen, sensiblen und künstlerisch veranlagten Mannes oder Jungen. Man muß nicht unbedingt rauhbeinig oder übertrieben extravertiert sein, um ein wirklicher Mann zu werden. Die Geschichte zeigt uns, daß viele wahre Männer, die unser ganzes Schicksal mitbestimmt haben, von ihrer Natur her nicht besonders robust waren. Wir werden später sehen, daß diese äußeren Veranlagungen hauptsächlich auf das jeweilige Temperament zurückzuführen sind und nicht notwendigerweise ein Hinweis auf den Grad der Männlichkeit sind. Aber sensible Naturen, besonders solche, die ein wirklich männliches Vorbild von zu Hause nicht kennen, sollten zu anmutige Verhaltensweisen und Eigenarten meiden und an sich selbst ein männliches Verhalten fördern, nicht um ihre Männlichkeit zu unterstreichen, sondern um falschen Eindrücken vorzubeugen.

Ein Lehrer, dem ich große Hilfe verdanke, ist in diesem Zusammenhang ein gutes Beispiel. Er war ein ausgesprochen begabter Mathematiker und Philosoph, ein hochgradig geistiger Mensch und auch ein begeisterter Lehrer. Sein Vater war kurz nach seiner Geburt gestorben, und er wurde hauptsächlich von seiner Mutter und zwei älteren Schwestern erzogen. Er hatte so große Qualitäten, und deswegen tat es mir immer in der Seele weh, wenn ich mitansehen mußte, daß sich die Schüler hinter seinem Rücken über ihn lustig machten, weil er eine so sanfte und leise Art hatte, sich zu bewegen und zu sprechen. Eines Tages geriet die Situation in einer Klasse ganz außer Kontrolle, und ein paar ziemlich freche Rüpel äfften ihn offen nach. Der Lehrer versuchte eine Zeitlang darüber hinwegzusehen, aber schließlich riß ihm die Geduld, und er zog den drei Jungen eins mit dem Rohrstock über, den er unter seinem Pult liegen hatte. Das löste zwar das Problem für den Rest des Schuljahres, aber ich habe oft gedacht, daß ein solch begabter Mann ein noch viel besserer Lehrer sein könnte, wenn er ein allgemein männlicheres Verhalten an den Tag legte.

10. Das Kind im Manne

In den vielen Ecken und Winkeln der komplizierten Natur des Mannes hält sich irgendwo ein Kind versteckt, das sich für jede Art von Spaß begeistern kann. Zeitweise kann es sehr bestimmend sein, so daß es trotz aller erwachsenen Pflichten, die viel wichtiger erscheinen, wie ein Korken im Wasser doch immer wieder an die Oberfläche kommt.

Manche Männer sind geborene Spaßmacher, andere lieben die Gefahr und das Abenteuer. Wieder andere erzählen immer wieder gern von ihren Heldentaten als Torwart in ihrer früheren Fußballmannschaft oder als Sportkanone in der Schule. Manche halten die Autobahn für eine Art Nürburgring, andere lassen das Kind in sich hochkommen, wenn sie bei einer Fußballveranstaltung teilnehmen, wenn sie in den Zirkus gehen oder im Schwimmbad sind. Das Kind im Mann sucht immer etwas Spannendes, Aufregendes. Ein 67jähriger Psychiater, der jeden Morgen einen ausgedehnten Ritt macht, erklärte das einmal einem Reporter so: «Jeder Mann hat ein natürliches Bedürfnis nach Spannung und Aufregung, um in seiner Männlichkeit bestätigt zu werden. Manche finden das im Sport, beim Jagen oder Fischen, in irgendeiner Form des Wettbewerbs. Für mich ist es das Reiten. Das hilft mir, jung zu bleiben.»

Sie haben bestimmt auch schon die Beobachtung gemacht, daß junge Väter ihren Söhnen gern Spielzeug schenken, mit dem sie selbst spielen können. Ich habe z.B. unserem Sohn Larry, als er zwei Jahre war, eine elektrische Eisenbahn zu Weihnachten gekauft. Das war genau das, was ich brauchte, um meine Kinderträume zu verwirklichen. Vor ein paar Jahren fiel mir bei der Erinnerung an meine Kindheit plötzlich ein, daß ich mit fünf Jahren am letzten Abend vor Weihnachten heimlich die Treppe hinuntergeschlichen war und einen großen Karton entdeckt hatte, der einen Bausatz für ein wunderschönes Modellflugzeug enthielt. Und da ging mir plötzlich auf, daß ich dieses Flugzeug später niemals wiedergesehen hatte. Eine Zeitlang später, nachdem ich diese Kindheitserinnerung gehabt hatte, besuchte ich meine Mutter wieder einmal und fragte sie beiläufig danach. Sie fing schallend zu lachen an und erzählte mir, daß mein Vater an diesem Vorabend von Weihnachten das unwiderstehliche Bedürfnis verspürt hatte, den Modellsatz zusammenzubauen und das Flugzeug schon einmal auszuprobieren. Er tat es, und das schöne Stück flog in die Nacht hinaus und ward nicht mehr gesehen.

Es scheint in jedem Mann einen Bereich zu geben, in dem das Kind in ihm das Kommando übernimmt. Die Frau, die mit ihm lebt, bemerkt dann meist, daß er sich wie ein großer Junge benimmt. Es kann zwar vorkommen, daß ein Mann diesem Kind in sich soviel Platz einräumt, daß er tatsächlich niemals erwachsen wird, aber normalerweise ist es für ihn nicht mehr als eine willkommene Entspannung und Abwechslung. Dieses Kind im Mann ist z.B. dafür verantwortlich, daß ein Mann an einem Sonntag soviel Sport treibt, daß er am nächsten Morgen vor Muskelkater kaum aufstehen kann. Ab und zu braucht er so etwas.

Als wir, d.h. unsere zwei Söhne, unser Schwiegersohn und ich, wieder einmal eine Motorradtour in die Steppe vorbereiteten, war der Kommentar meiner Frau dazu: «Ich kann euch Männer wirklich nicht verstehen! Da arbeitet ihr zwei Tage lang, packt alles Mögliche und Unmögliche für eine Tour von drei Tagen ein, und dann braucht ihr wieder zwei Tage, um euch nur einigermaßen sauberzukriegen, wenn ihr dann nach Hause kommt. Ihr fahrt kilometerweit durch den heißen Wüstensand, und dann kommt ihr verdreckt, verschwitzt und völlig k.o. zurück.» Zum Glück verstand sie aber dann doch etwas von dem, was ich ihr zu erklären versuchte: «Wenn ich mich aufs Motorrad setze und starte, dann brauche ich nur 30 Sekunden, um wieder in meiner Kindheit zu sein. Dann kann ich einmal alle Verantwortung, die ich in der Gemeinde, im College oder sonstwo habe, weit hinter mir lassen. Es tut uns einfach gut, uns einmal wie Lausejungen zu benehmen, uns gegenseitig zu überholen, einfach ein paar aufregende Stunden miteinander zu erleben. Ich glaube, ab und zu brauche ich mal etwas Spannendes.» Meine Frau muß mich wohl richtig verstanden haben, denn einige Zeit später, als ich gerade ein neues Motorrad gekauft hatte, hörte ich sie zu meiner Schwiegertochter sagen: «Weißt du, Kathy, es gibt nur einen Unterschied zwischen Männern und Jungen: Die Spielzeuge für Männer sind ein ganzes Stück teurer!» Es ist wirklich schade, daß es allen Ehefrauen so schwer fällt zu verstehen, daß das Kind im Mann ein wesentlicher Bestandteil seiner Natur ist. Beide würden glücklicher sein, wenn sie das einsehen könnten.

Der augenblickliche Abschnitt dieses Buches ist in den Ferien entstanden, in der im Fußball Sommerpause ist. Aber eine Fußballfrau sagte mir vor kurzem: «Was heißt hier schon Sommerpause? Die Pokalspiele nehmen doch nie ein Ende! Warum gibt es eigentlich keinen Ehefrauenpokal, damit wir unsere Männer wieder einmal länger sehen könnten?» Ihre Klagen sind nicht ganz unberechtigt, wo heutzutage in den USA 97 Millionen Fernsehzuschauer regelmäßig montags, samstags und sonntags Fußballspiele ansehen.

Es mag für Frauen schwer zu verstehen sein, aber es ist so, daß hauptsächlich das Kind im Manne dafür verantwortlich ist, wenn er sich für Sport begeistert. Ob es Hockey, Fußball, Rugby oder Tennis ist, jedes Land und jede Kultur auf der ganzen Welt hat ein Lieblingsspiel. Wenn die Männer noch jung genug sind, dann spielen sie selbst mit, wenn sie älter werden, sind sie meist begeisterte Zuschauer und erleben das Spiel sozusagen stellvertretend mit. Heute, wo das Fernsehen uns solche Ereignisse frei Haus liefert, ist es verständlich, daß der Sport bald zum Zankapfel wird, wenn die Frau die Begeisterung des Mannes ganz und gar nicht teilen kann. In vielen Familien hat der Fußball mittlerweile schon zu einer erbitterten Feindschaft geführt. Wenn das bei Ihnen auch der Fall ist, dann lesen Sie die folgenden Ratschläge besonders aufmerksam.

Ratschläge für «Sportlerwitwen»:

Nicht alle Vorschläge, die ich hier mache, werden für jede Ehefrau anwendbar sein. Sie müssen selbst herausfinden, was sich in Ihrer Familie am besten verwirklichen läßt.

1. Wenn Sie Ihren Mann nicht vom Fernseher weglocken können, dann setzen Sie sich doch zu ihm. Die meisten Frauen, die erklären, daß sie Fußball nicht ausstehen können, verstehen die Spielregeln auch gar nicht. Sie müssen schon zugeben, daß Sie nichts wirklich genießen können, wenn Sie nichts davon verstehen. Vielleicht ist das z.B. bei mir der Grund dafür, daß ich mich nicht für Wagner-Opern begeistern kann: Ich verstehe eben kein Deutsch. Es ist eine Tatsache: Viele Frauen, auch meine eigene, haben nach und nach die Bedeutung von Strafstößen, Elfmetern und Fouls und von anderen Spielregeln begriffen, und von da an hatten sie immer mehr Gefallen am Fußball.

Meine Frau ist mittlerweile genauso verrückt danach wie ich. Jetzt ist eine Fernsehübertragung von einem Fußballspiel für uns beide ein gemeinsames Vergnügen. Manche Frau hat sich um viele solcher vergnüglichen Stunden gebracht, weil sie sich nie Mühe gegeben hat, das Spiel richtig zu verstehen. Man kann es doch einmal auch so sehen: 50 Jahre Ehe mal 3 Fußballspiele in der Woche mal 17 Saisonwochen, das macht 2 550 Spiele im Laufe eines Ehelebens (es gibt Schätzungen, daß Männer etwa 9 Milliarden Stunden während der Weltmeisterschaften vor dem Bildschirm verbracht haben). Die 2550 Spiele könnten auch sehr erfreuliche Erlebnisse statt dauernder Anlaß zum Streit sein.

2. Wenn Sie sich nicht dazu durchringen können, die Begeisterung Ihres Mannes für Sport zu teilen, dann versuchen Sie wenigstens, sein Interesse daran gelassen zu akzeptieren. Es gibt ja immerhin noch 35 andere Wochen im Jahr. Tun Sie etwas Praktisches oder etwas, was Ihnen besonders Freude macht, während er sein Spiel im Fernsehen verfolgt, und bewahren Sie sich im ganzen eine positive Grundhaltung. Dann wird Ihr Mann Sie in der Zeit, wo es keine Fußballspiele gibt, auch mehr anerkennen. Nach meiner Erfahrung bekommt eine Frau eher einen Strafstoß wegen unsportlichem Verhalten als daß sie ein Tor verbuchen kann, wenn sie ihren Mann dazu zwingt, den Sport um ihretwillen aufzugeben. Der einzige Mann, den ich kenne, der den Sport seiner Frau zuliebe aufgegeben hat, ist dabei innerlich ein Stückchen gestorben. Es gab keinen Streit mit seiner Frau, aber die innere Belastung, die dadurch entstand, daß er etwas aufgeben mußte, woran er sehr gehangen hatte, schränkte das Kind in ihm sehr ein; vielleicht mag seine Frau eines Tages diesen Mann ohne das gelegentlich hervorlugende Kind gar nicht mehr so gern.

3. Die Bibel sagt uns: «Alle sollen sehen, wie freundlich und gütig ihr seid» (Phil. 4, 5).

Zugegeben, es gibt bei den meisten Männern einen Punkt, wo das Kind in ihnen ganz außer Kontrolle gerät. Wenn das regelmäßig vorkommt, sollte die Frau offen, aber in Liebe mit ihrem Mann darüber reden. Sie sollte ihm zeigen, daß er dem Kind in ihm selbst zuviel Raum gewährt, seinem Hobby zuviel Zeit einräumt. Er braucht das Kind im Mann, um sich gelegentlich zu entspannen und von den normalen Zwangslagen des Lebens freizukommen, aber wenn das zum Entschuldigungsgrund wird, hinter dem er sich ganz versteckt, oder wenn er selbstsüchtig sein Vergnügen über die Familie oder sein geistliches Leben stellt, dann ist aus der heilsamen Abwechslung eine schlimme Angewohnheit geworden.

4. Nörgeln Sie bitte nicht an Ihrem Mann herum! Schon Salomo hat gesagt: «Ein zänkisches Weib ist wie ein ständig triefendes Dach» (Sprüche 19, 13).

Nichts bringt einen Mann schneller auf die Palme als das. Ich vermute, daß das Kind im Mann dafür verantwortlich ist, daß er auf Nörgeln und endlose Vorwürfe entweder mit Brutalität oder Sarkasmus, mit Beleidigtsein oder eisigem Schweigen reagiert, je nach seiner Temperamentslage. Vielleicht findet er solche dauernde Kritik deshalb so abscheulich, weil ihn das an seine Mutter erinnert und ihn auf eine unerwünschte Mutter-Sohn-Beziehung reduziert, wo es doch um gleichrangige Beziehung mit seiner Frau gehen sollte. Nörgeln und Schimpfen ist eine der schlimmsten Angewohnheiten, die Ehefrauen annehmen können.

5. Stellen Sie sich zusammen mit Ihrem Mann im Gebet unter Gottes Führung. Wenn Ihr Mann dem Kind in sich zuviel Platz einräumt, dann weiß Ihr himmlischer Vater das schon lange. Er wird sich für Sie einsetzen, indem er nach und nach Ihren Mann davon überzeugt und gleichzeitig Ihnen Geduld gibt. Auch wenn Sie dazu viel Überwindung und Übung brauchen, wird Unterordnung auf die Dauer das Richtige sein, da Sie damit Ihre eheliche Beziehung festigen. Denken Sie immer daran: Sie können von sich aus weder Ihren Mann noch das Kind in ihm ändern, aber Gott kann das. Geben Sie ihm nur Zeit dazu.

6. Auch wenn es um Fußball geht, seien Sie dankbar für Ihren Mann! Millionen von Witwen, geschiedenen oder unverheirateten Frauen wären froh, wenn sie nicht mehr Probleme als den Fußball hätten.

Kann ein Mann eigentlich eine vernünftige Erklärung für alles, was er tut, finden? Das Kind im Mann ist an manchen Verhaltensweisen schuld, die Frauen oft für unreif halten, während sie den Männern ganz natürlich erscheinen. Hier seien nur ein paar Beispiele genannt:

Das Kind im Mann

... macht es ihm unmöglich, seinen Motor nicht ein paarmal aufheulen zu lassen, wenn er bei Rot an der Ampel wartet.

... bringt den schon mittelalterlichen Vater dazu, sich als Torwart anzubieten, wenn die Nachbarskinder im Hof Fußball spielen.

... läßt ihn angeln gehen, auch wenn garantiert kein Fisch anbeißt, in der unerschütterlichen Hoffnung, daß er einmal einen ganz großen Fisch erwischen wird.

... bringt ihn darauf, seine Frau mit einer toten Maus zu erschrecken.

... gibt ihm die Idee ein, am 1. April Salz unter den Zucker zu mischen.

... läßt ihn eine ganze Reihe Bonbons anbeißen, bis er endlich das gesuchte Karamelbonbon gefunden hat.

... ist schuld daran, wenn er einen jungen Hund mit nach Hause bringt, wo sich seine Frau das strikt verbeten hat, und tröstet ihn auf dem Heimweg mit dem Gedanken, daß sie ihn bestimmt gern haben wird, wenn sie ihn erst einmal sieht.

... macht es ihm unmöglich, an einer Baustelle vorbeizugehen, ohne einmal in das tiefe Loch zu gucken oder wenigstens einen Blick über den Bauzaun zu werfen.

... bringt ihn auf die Idee, seine Frau im ganzen Haus nach ihrem Weihnachtsgeschenk suchen zu lassen.

... läßt ihn heimlich unter das Einwickelpapier von seinem Geburtstagsgeschenk schielen.

... ist für Sätze verantwortlich wie (zu seiner Frau): «Wenn du mal 40 wirst, werde ich dich am besten in 2 mal 20 aufteilen.»

Am Rande muß ich hier noch etwas Interessantes für die Frauen sagen. Als ich die eben zitierte Liste für typisch kindische Verhaltensweisen bei Männern zusammenstellte, bekam ich gleich von 18 Frauen die gleichlautende Antwort: «Mein Mann wird das reinste Baby, sobald er einmal krank ist.» Das hat mir auch die Frau eines bekannten christlichen Erziehers gesagt, als ich sie nach der größten Schwäche ihres Mannes fragte: «Wenn er krank wird, benimmt er sich wirklich wie ein kleines Kind.» Eine andere Frau erklärte mir: «Wir Frauen sind eher dazu geschaffen, Schmerzen zu ertragen, aber wenn ihr Männer krank werdet, dann wißt ihr gar nicht, wie ihr mit diesem Zustand umgehen sollt.» Ich bin mir nicht sicher, ob Frauen wirklich dazu geschaffen sind, mehr Schmerzen zu ertragen als Männer, außer vielleicht bei der Geburt, aber es muß zugegeben werden, daß sie unter Schmerzen eine größere Reife zeigen, als es Männer im allgemeinen tun.

Das Kind im Mann macht Ehepaaren häufig in den ersten Jahren ihres Zusammenlebens zu schaffen. Eine Frau beginnt die Ehe meist mit der Absicht, von jetzt an ganz für ihren Mann zu leben, und sie schließt damit ein, daß sie den Kontakt zu ihren früheren Freundinnen allmählich verlieren wird. Er aber wird nicht so bereitwillig darauf verzichten, sondern macht schon bald Pläne für ein Wochenende, wo er mit seinen Kameraden Ski fahren will oder reiten, angeln, Golf spielen, kegeln etc. Dann ist die junge Frau oft beleidigt und macht ihm Vorwürfe. Eine kluge Ehefrau versteht das aber als kindliches Bedürfnis ihres Mannes, mit den alten Freunden gelegentlich zusammenzukommen. Wenn sie darüber ärgerlich ist, entsteht wahrscheinlich nur eine unnötige Bitterkeit. Wenn man den Dingen aber eine Zeitlang ihren Lauf läßt, erledigen sie sich durch die vielen Ansprüche des Lebens oft von selbst. Abgesehen davon sind gelegentlich Trennungen für Ehepaare ganz gut. Schicken Sie Ihren Mann doch ruhig auf eine Angeltour zum Wochenende. Wenn er zurückkommt, wird er sehr viel liebevoller und dankbarer Ihnen gegenüber sein.

Es ist auch das Kind im Mann, das ihm oft nach ein paar Wochen Ehe plötzlich das Gefühl gibt, daß er in eine Falle geraten ist. Er redet dann von der Freiheit eines Junggesellen und von der guten alten Zeit. Aber bei den meisten Männern genügen schon ein paar Ausflüge mit den alten Freunden, um ihn davon zu überzeugen, daß es außer ein paar seltenen Momenten sehr viel erfreulicher ist, mit seiner Frau oder seiner Familie zusammenzusein. Wenn Ihre Gemeinde einmal im Jahr Männer- oder Frauenfreizeiten anbietet, dann nehmen Sie doch einmal daran teil. Sie beide brauchen gelegentlich die Gemeinschaft mit Gleichgeschlechtlichen, um sich ab und zu voneinander zu erholen.

Ein Ehepaar, das ich gut kenne, fand mit der Zeit heraus, daß beide in einer Hinsicht völlig verschieden waren: Er schwärmte für Formen des einfachen, rauhen Lebens wie Jagen, Ski fahren usw. Sie dagegen konnte sich überhaupt nicht für so ein provisorisches Leben wie etwa beim Camping begeistern. Sie konnte sich höchstens noch mit einem Wohnwagen mit fließendem Wasser abfinden. Daher lehnte sie es rundweg ab, ihn bei seinen Unternehmungen zu begleiten, und machte ihm bittere Vorwürfe, wenn er mit seinem Vater solche Touren machte. Es erübrigt sich zu sagen, daß die beiden dadurch sehr viel unnötige Belastung in ihre Ehe brachten, und ich fürchte auch heute noch um ihre gemeinsame Zukunft.

Manche kluge Frau hat mit der Zeit gelernt, sich ans Camping zu gewöhnen und eine Weile recht provisorisch zu leben, einfach um eine tiefere Beziehung zu dem Mann und dem Kind in ihm aufzubauen, mit dem sie ihr Leben verbringen will. Allmählich hat sie ihn dann auch von einigen seiner verwegenen Unternehmungen abbringen können und ihn andrerseits dazu bewegt, ganz andere Erlebnisse mit ihr zu teilen. Es ist aber sehr wichtig, daß sie nicht von vornherein von ihm erwartet, das Kind in sich selbst zu ersticken. Ein Mann ohne das Kind im Manne wird mit der Zeit nämlich sehr langweilig.

Zusammenfassung

Ja, das ist er also in seiner ganzen Komplexität, der Mann in seinen zehn verschiedenen Aspekten. Wenn Sie sich noch einmal erinnern: Ich habe Sie schon zu Anfang gewarnt, daß ein Mann durchaus nicht so leicht zu verstehen ist, wie die meisten Menschen denken, aber Sie haben auch noch nicht alles gesehen. Wir werden im folgenden noch die vier verschiedenen Temperamente in ihrer Auswirkung auf diese zehn Aspekte der Männlichkeit betrachten. Dann erst werden Sie verstehen können, warum manche Eigenschaften bei manchen Männern so vorherrschend und bei anderen nur ganz schwach ausgeprägt sind. Bevor wir aber diese Anwendung machen, wenden wir uns noch einmal dem eigentlichen Kern der männlichen Natur zu. In der Skizze, die am Anfang dieses Kapitels dargestellt war, blieb die Mitte noch leer. Dieses Zentrum aber ist für Männer und Frauen von so grundlegender Wichtigkeit, daß ich es in einem eigenen Kapitel behandeln will.

Die Skizze auf der folgenden Seite zeigt in ihrem Zentrum das Ich des Mannes, den Kern der Persönlichkeit, ohne den ein Mann unvollkommen ist.

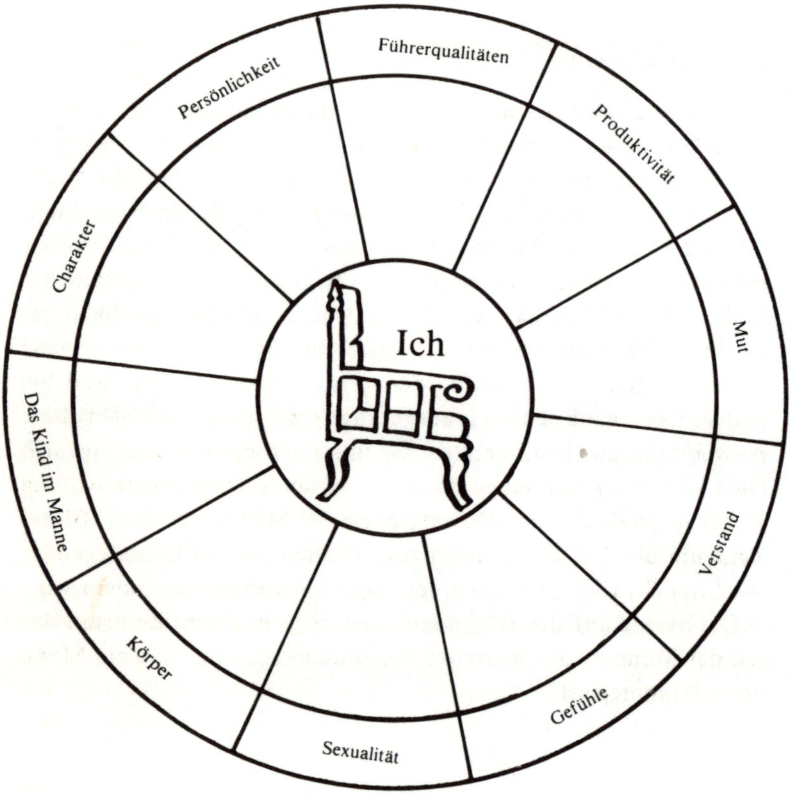

Aspekte der Männlichkeit

Kapitel 3:

Das Zentrum des menschlichen Wesens

Das Kernstück der ganzen menschlichen Natur, sowohl der männlichen als auch der weiblichen, ist das nach außen unsichtbare geistliche Leben. Es kann nicht beobachtet und wissenschaftlich lokalisiert werden, deshalb bestreiten die Humanisten z.B. seine Existenz. Von Natur aus können wir auch nichts davon begreifen, aber die Bedeutung dieses Lebens ist dennoch so groß, daß man die Komplexität des menschlichen Wesens niemals restlos verstehen oder erklären kann, wenn man auf dieses geistliche Leben nicht achtet.

Dieses Spirituelle im Menschen ist in unserem Schema in der Mitte des Kreises dargestellt, weil es das eigentliche Kernstück der Persönlichkeit ausmacht. Es steht dadurch mit allen zehn Aspekten der komplizierten männlichen Natur in Beziehung und beeinflußt jeden einzelnen davon. Man kann die Wichtigkeit dieses geistlichen Kerns der männlichen Persönlichkeit gar nicht genug betonen, denn von hier aus wird es gesteuert, wenn einige Aspekte seines Wesens verstärkt und andere ganz vernachlässigt werden, und, was noch wichtiger ist, wenn auch schwache Punkte in seiner Veranlagung verstärkt werden können.

Das lebenswichtige Kernstück in einem Mann (und genauso in einer Frau), das von Freud und seinen Schülern als das Ich und das Es bezeichnet worden ist, ist der Sitz des Selbstbewußtseins. Der Geist des Menschen umfaßt sowohl seinen Willen als auch den ganzen seelischen Bereich.

Die Tiere haben auch einen Geist, aber er ist ganz anders geartet als der des Menschen, denn sie haben weder eine Seele noch einen Willen. Diese zwei Charakteristika machen ihn unter allen anderen Lebewesen einmalig. Der einflußreichste Teil des menschlichen Geistes ist der Wille, denn die Art und Weise, wie er seinen Willen ausübt, bestimmt auch die Art, wie er alle anderen Aspekte seiner Natur behandelt. Zwei Männer von völlig identischem Temperament und gleichgearteten Eigenschaften können doch ganz verschieden sein, je nachdem, wie hoch der Grad ihres Egoismus ist. Denn die Selbstsucht bestimmt, wie wir unseren Willen einsetzen und gebrauchen. Der Mensch ist das einzige lebende Wesen, das seinen Willen frei gebrauchen kann. Er hat die Wahl, Gott zu gehorchen oder ihm ungehorsam zu sein. Denn Gott hat in seiner Allmacht dem Menschen dieses Vorrecht gegeben. Die Geschichte zeigt uns unendlich viele Beispiele dafür, daß die Mehrheit der Menschen den breiten Weg des Eigenwillens geht, obwohl doch immer wieder einige den schmalen Weg gewählt haben, der zum Leben führt. Die Seele des Menschen (der Teil der Person, der ewig ist) ist in ihrem Geschick von der Entscheidung des Willens abhängig. Er entscheidet darüber, wo die Seele die Ewigkeit verbringt. Obwohl die meisten modernen Philosophen, Psychologen, Pädagogen und Psychiater herzlich wenig von diesem wichtigen geistlichen Zentrum des Menschen sagen, so bezieht sich die Bibel doch sehr oft darauf. Warum sollten wir sie hier zu Rate ziehen? Weil es in Sacharja 12,1 heißt:

«Der Herr, der den Himmel ausbreitet und die Erde gründet und den Geist des Menschen in ihm macht ...»

Viele Bibelkenner trennen zu Recht die Begriffe Seele und Geist, aber ich habe mich hier dazu entschieden, sie zusammen zu betrachten, um die Sache zu vereinfachen und auch, weil sie zusammenwirken und oft dieselben Funktionen haben. Einige dieser Aufgaben und Bestandteile sind nicht nur der Wille, sondern auch das Herz oder der Sitz der Gefühle, das Denken, das Gewissen, die Entscheidungsfähigkeit usw. Aus dem Schema kann man ersehen, daß der Geist im Zentrum der Persönlichkeit lokalisiert ist und von dort aus den Verstand, die Gefühle, die Produktivität etc. beeinflußt. Man kann mit Recht sagen, daß die ganze Persönlichkeit sich so verhält, wie der Geist es will, und was der Wille entscheidet, das muß der Mensch tun.

Da der Wille der mächtigste Aspekt in einem Mann oder einer Frau ist, der das ganze Verhalten bestimmt, wird es gut sein, wenn wir ihn ganz besonders sorgfältig untersuchen.

Das beste Symbol zur Darstellung dieses einzigartigen Charakteristikums im Menschen ist wohl ein Thron, denn das Ich in je-

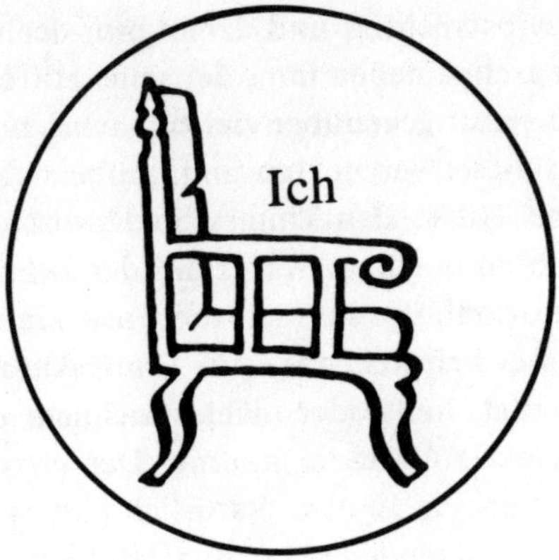

dem Mann sitzt wie ein König auf dem Thron und trifft die wichtigen Entscheidungen des Lebens, was er anzieht, was er ißt, was er tut und was er läßt. Wenn Sie ein Mensch sind, der in hohem Grade selbstbezogen ist, dann treffen Sie alle solche Entscheidungen, indem Sie ausschließlich an sich denken, ohne dabei zu erkennen, daß Sie damit auf dem besten Wege sind, sich selbst zu zerstören. Sie werden wohl niemals einen nur auf sich selbst bezogenen und gleichzeitig glücklichen Menschen finden, jedenfalls keinen, der diesen Zustand über längere Zeit erhalten kann.

Jeder Mensch hat Bereiche und Zeiten in seinem Leben, in denen er nur auf sich selbst konzentriert ist, das ist ganz normal. Auch Jesus hielt das für richtig, als er sagte:

«Liebe deinen Nächsten wie dich selbst!» (Matth. 19, 19).

Es ist nichts Schlimmes an der Selbstliebe, und man wäre anormal, wenn man sich selbst nicht gern hätte. Die Liebe zu sich selbst hängt mit der Selbstachtung und dem Selbstschutz, mit der Selbstannahme und dem Selbstvertrauen zusammen. Der Apostel Paulus hielt es auch für wichtig, seinen eigenen Körper zu lieben, denn er hat gesagt:

«So sollen die Männer ihre Frauen lieben wie ihren eigenen Leib» (Eph. 5, 28).

Aber in den beiden genannten Bibelstellen ist klar ausgesagt, daß die Eigenliebe die Liebe zum Mitmenschen nicht übersteigen darf. Der Mann, der seinen eigenen Körper besser behandelt als seine Frau, ist selbstsüchtig, und der Mann, der sich selbst mehr liebt als den Menschen neben ihm, der seine Hilfe und Beachtung braucht, ist sich selbst gegenüber viel zu nachsichtig. Was ist aber nun normal? In dieser verrückten und unübersichtlichen Welt ist es vielleicht eine Hilfe, den Unterschied zwischen normal und anormal deutlich zu machen. Aufgrund der zitierten Bibelstellen ist der Mensch normal, der sich selbst ebenso wie seinen Nächsten liebt, bzw. wenn er heiratet, wie seine Frau. Anormal ist der, der sich selbst verachtet, haßt oder nicht annehmen kann, oder aber der, der sich selbst zu wichtig nimmt. Der erste ist ein Selbstverächter, der zweite ein Egoist. Natürlich gibt es viele Zwischenformen, die in der folgenden skizzenhaften Skala dargestellt werden können.

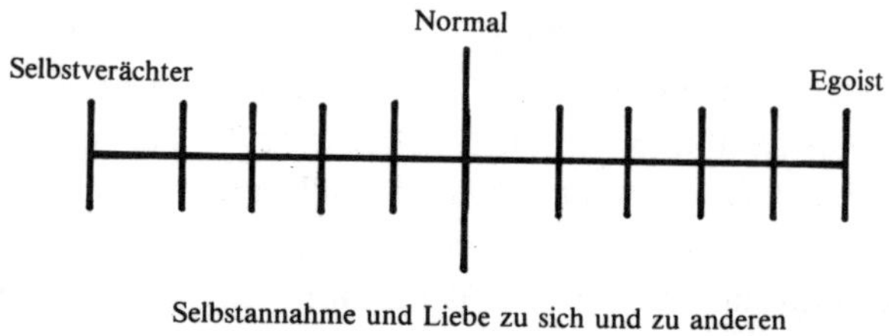

Ein extremer Selbstverächter ist im allgemeinen so völlig apathisch, daß er keinerlei Gebrauch von seinen natürlichen Begabungen und Fähigkeiten macht. In verzweifelten Momenten kann er sich sogar das Leben nehmen. Ein extremer Egoist ist dagegen ein derart unverträglicher und unliebsamer Mensch, daß er eher andere in Versuchung bringt, ihm beim Selbstmord etwas nachzuhelfen.

Es gibt eine Geschichte von einem ausgeprägt egoistischen Vater, der einige Zeit, bevor seine Tochter die Schule beendet hatte, zu Hause anrief (er lebte von seiner Frau getrennt) und die Tochter bat, die Mutter ans Telefon zu holen. Er wollte seine Frau zu einer Wiederversöhnung zwingen und drohte ihr schließlich damit, sonst Selbstmord zu begehen. Es gelang ihm nicht, sie umzustimmen, und so nahm er sich tatsächlich das Leben, während seine Frau und seine Tochter noch den Telefonhörer in der Hand hielten. Seine Ichbezogenheit hatte derartige Ausmaße angenommen, daß er jeden Selbstschutzinstinkt verloren hatte. Der Egoismus ist eine zerstörerische Kraft, die den Menschen regelrecht verschlingen kann.

Egoismus ist die größte Sünde, die es überhaupt gibt. Daher ist ein angemessener Grad von Selbstannahme, Interesse an und Liebe zu sich selbst ein ganz wichtiges Ziel, das jeder Mensch anstreben sollte. Ein solches richtiges Maß der Selbstliebe ist für ein ausgewogenes Leben äußerst wichtig, denn es sorgt für den Selbstschutz ohne ausschließliche Bezogenheit auf sich selbst, für Selbstannahme ohne Stolz und Arroganz, um den rechten Gebrauch von seinen natürlichen Gaben zu machen, und für Selbstvertrauen, das auf einen wachsenden lebendigen Glauben an Gott begründet ist, wodurch man das Unmögliche für möglich halten kann und dem Pessimismus entgegentritt. Nichts von alledem darf jedoch so stark werden, daß es auf Kosten anderer geht. Eine normale, nicht selbstsüchtige Persönlichkeit wird auch immer andere Menschen mit im Blickfeld behalten. Sie wird den aufrichtigen Wunsch haben, dem Nächsten zu helfen und zu dienen. Ein selbstsüchtiger, in diesem Sinne anormaler Mensch ist so ausschließlich an sich selbst interessiert, daß er alle Entscheidungen nach dem Maßstab trifft: «Was ist dabei gut für mich?» Solch eine Haltung akzeptieren wir ohne weiteres bei Säuglingen, aber bei Erwachsenen erwarten wir sehr viel mehr. Aus meiner langen Beratungspraxis heraus kann ich ohne Zögern sagen, daß der häufigste Grund für Eheschwierigkeiten eindeutig der Egoismus ist. Ich brauche niemals normale Menschen, die stets auch die anderen mit in ihr Denken einbeziehen, zu beraten. Nur die Menschen, die zwar äußerlich erwachsen, aber im Herzen noch Kinder sind, halten es für unmöglich, ihre Konflikte allein lösen zu können.

Der normale Reifungsprozeß

Ein allgemeines Kennzeichen aller Babys ist Egoismus. Sie sind voll und ganz davon erfüllt. Man kann von einem Säugling nicht erwarten, daß er darüber nachdenkt, daß die Mutter vielleicht um halb vier Uhr nachts noch nicht ausgeschlafen ist. Wenn sein Magen leer ist, schreit er sein Unwohlsein heraus, bis die erschöpfte Mutter endlich kommt und ihm das gibt, was er dringend braucht. Babys glauben zunächst, daß sie das einzige Wesen auf der Welt sind, und sie müssen erst in einem schmerzhaften Reifungsprozeß lernen, daß es auch andere Menschen mit ebensolchen Rechten wie sie gibt. Das verstehen wir unter Erwachsenwerden. Die Familie ist von Gott dazu bestimmt, ein Ort der Liebe zu sein, aber jedes Kind muß hier auch lernen, daß es nicht immer seinen Willen durchsetzen kann, daß seine Bedürfnisse nicht immer sofort gestillt werden können. Es muß die Kunst der Selbstlosigkeit allmählich einüben, wenn es mit anderen Kindern spielt. Sie haben bestimmt schon erlebt, wie ein kleines Kind einem anderen ein Spielzeug weggenommen hat und triumphierend «Meins!!» sagte. Dabei war es durchaus nicht verlegen, seine Eltern aber um so mehr. Zum Glück hat Gott jedem Kind Eltern gegeben, die es mit viel Liebe und durch eine bestimmte, aber verständnisvolle Art dazu bringen, daß es teilen und abgeben lernt und daß es allmählich auch daran denken muß, daß es außer ihm noch andere Menschen mit bestimmten Ansprüchen gibt. Die ersten fünf Lebensjahre sind für jedes Kind die entscheidenden, denn in dieser Zeit muß es Selbstlosigkeit üben. Alles, was es in dieser Vorschulzeit nicht lernt, wird später mit jedem Jahr schwerer zu erreichen sein. Ein Vater und eine Mutter, die ihrem Kind nicht beibringen, auch an andere zu denken und in diesen fünf Jahren sich an eine Autorität zu gewöhnen, der man gehorchen muß, werden es später ganz gewiß bereuen. Das Schmieröl, das die Reibungen in zwischenmenschlichen Beziehungen erheblich vermindert, ist Reife, die sich in Selbstlosigkeit ausdrückt. Eltern, die auf diesem Gebiet in den ersten Lebensjahren ihrer Kinder einiges erreicht haben, werden oft die gefürchteten Pubertätsjahre für ein wahres Vergnügen halten. In dieser Zeit sind die jungen Menschen einer ganzen Reihe von Kräften ausgesetzt, durch die ihre körperlichen, geistigen und gefühlsmäßigen Fähigkeiten sehr schnell reifen. Wenn sie normal sind, d.h. entsprechend ihrer Altersstufe auch an andere denken und eine positive Einstellung zu ihnen haben, dann werden sie den natürlichen Tumult von Unsicherheit, erwachendem Sexualtrieb, Labilität der Gefühle, Auflehnung gegen die Erwachsenen, Suche nach Anerkennung und einer unendlichen Anzahl weiterer Schwierigkeiten ertragen können, und sie werden diesem ganzen Sturm gewachsen sein. Die Pubertätsjahre können zu einer

Prüfung im besten Sinne werden. Am wenigsten ist ein junger Mensch für diese Zeit geeignet, der ein völlig kindisches, selbstbezogenes Leben führt.

«Wie alt muß man sein, um heiraten zu können?» fragen mich junge Leute immer wieder. Ich antworte darauf stets: «Sie können dann heiraten, wenn Sie alt genug sind, um nicht nur an sich selbst, sondern auch an jemand anders zu denken.» Bei manchen jungen Leuten ist das etwa im Alter von 18 bis 23 Jahren der Fall, bei anderen erst zwischen 95 und 125 Jahren.

Wir müssen uns der Tatsache stellen: Viele Erwachsene sind in dieser Beziehung niemals erwachsen geworden.

Fassen wir noch einmal zusammen: Wenn das Zentrum des Menschen so vom Ich bestimmt ist, daß es fast die ganze Persönlichkeit einnimmt, dann werden die Kreativität, der Verstand und alle anderen natürlichen Anlagen fast völlig lahmgelegt, und tiefe Beziehungen zu anderen Menschen sind fast unmöglich. Aber wenn ein Mensch reift, sich in normaler Weise zur Selbstlosigkeit hin entwickelt und im Bewußtsein behält, daß es genauso wichtige Menschen neben ihm gibt, dann wird er seine gottgegebenen Möglichkeiten voll ausschöpfen können und wird von anderen Menschen geliebt und akzeptiert werden. Aber das schafft kein Mensch aus sich heraus, er ist dazu auf die Liebe Gottes angewiesen. Hinzu kommt ein gutes Familienleben und liebevolle Eltern, die auch ein vernünftiges Maß von Disziplin anwenden. Das ist ein ungeheurer Vorteil für jeden jungen Menschen. Ein solches «Milieu» hilft ihm, sich an das Leben anzupassen und andere Menschen zu akzeptieren, viel mehr als nachlässige oder meist abwesende Eltern das können; aber niemand kann alle seine Möglichkeiten voll erkennen und verwirklichen, wenn er nicht Gott mit in sein Leben einbezieht. Alle Menschen brauchen Gott.

Gleichgültig wie gut ein Mensch ist, wie reif oder selbstlos er auch sein mag, die Bibel sagt dazu ganz hart:

«Denn es ist hier kein Unterschied. Sie sind allzumal Sünder und mangeln des Ruhms, den sie bei Gott haben sollten» (Römer 3, 23). Und an einer anderen Stelle:

«Da ist keiner, der gerecht sei, auch nicht einer» (Römer 3, 10).

In all den Gesprächen, die ich während meiner vielen Reisen gehabt habe, bin ich niemals einem Menschen begegnet, der von sich behauptet hätte, er sei vollkommen, wenn auch vielleicht besser als andere. Die Nachricht für diese Menschen ist:

«Also hat Gott die Welt geliebt, daß er seinen eingeborenen Sohn gab, auf daß alle, die an ihn glauben, nicht verloren werden, sondern das ewige Leben haben» (Joh. 3, 16).

Dieser Bibelvers enthält die wichtigste und beste Botschaft, die man der Welt sagen kann, und er macht klar, wie noch viele andere Bibelstellen, daß Gott aus seiner Liebe zum Menschen heraus Vergebung für alle Sünden und Fehler im Tod seines Sohnes Jesus Christus bereitgestellt hat. Weil Jesus am dritten Tag nach seiner Kreuzigung leiblich vom Tod auferstanden ist, kann Gott jetzt jedem Menschen Vergebung und Reinigung von seiner Ungerechtigkeit anbieten, wenn er nur sein ganzes Vertrauen auf diesen Jesus Christus setzt. Dieses Angebot steht jedem Menschen offen, der bereit ist, Jesus als seinen persönlichen Herrn und Heiland in sein Leben einzuladen.

Der Wille des Natürlichen Menschen

Kein Mensch ist bisher schon als Christ geboren worden. So wie es im obenstehenden Schema dargestellt ist, lebt Jesus zunächst außerhalb von dem geistlichen Zentrum eines Menschen. Auch wenn dieser Mann oder diese Frau geradezu ideale Eltern hatte, die ihn oder sie dazu erzogen haben, reif, selbstlos, ausgeglichen und gut zu werden, so tut das nichts zur Sache, da — wie wir schon gesehen haben — niemand beanspruchen kann, vollkommen zu sein, denn sie sind «allzumal Sünder». Ein Mensch muß Jesus Christus persönlich in seinem eigenen Leben als Herrn und Heiland annehmen. Jesus hat in Offb. 3, 20 gesagt:

«Siehe, ich stehe vor der Tür und klopfe an. So jemand meine Stimme hören wird und die Tür auftun, zu dem werde ich eingehen und das Abendmahl mit ihm halten und er mit mir.»

Und Gottes Wort verspricht weiter in Joh. 1, 12:

«Wie viele ihn aber aufnahmen, denen gab er Macht, Gottes Kinder zu werden, die an seinen Namen glauben.»

In Gottes Augen ist es gar nicht wichtig, ob ein Mensch gut bis zur Grenze der Vollkommenheit ist oder ob er ein Leben voller Verbrechen und Sünden führt. Entscheidend ist nur, ob Jesus außerhalb von ihm oder in ihm lebt.

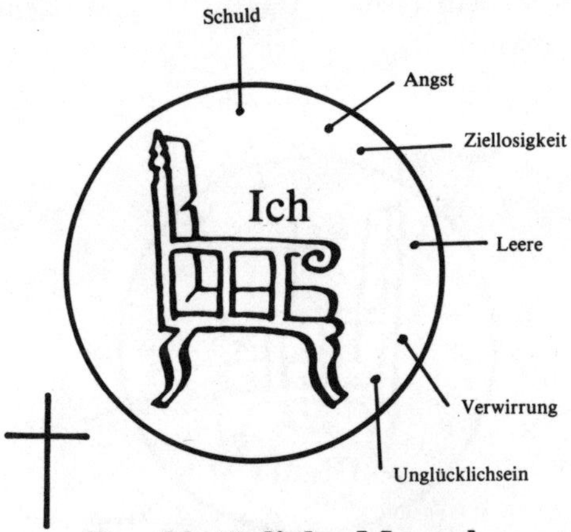

Der Natürliche Mensch

Schließlich wird der natürliche Mensch, wie er hier dargestellt ist, anfangen, Schuldgefühle zu entwickeln. Er wird vor Gott seine Sünde erkennen. Er enthält sich außerdem den ganzen Segen vor, den Gott in die Möglichkeiten gelegt hat, die er eigentlich für diesen Menschen bestimmt hat. Je größer die Sünde ist, desto unglücklicher wird der Mensch sein. Er muß Jesus Christus als seinen Helfer und einzig möglichen Herrn anerkennen.

Sie haben wahrscheinlich in den letzten Abschnitten schon bemerkt, daß Jesus hier immer als Heiland und Herr bezeichnet wird. Wir brauchen nämlich einen, der uns von den Sünden der Vergangenheit rettet, aber genauso einen Herrn, der unsere Zukunft in der Hand hält. Ein wichtiger Aspekt der Bekehrung, der heute viel zu wenig beachtet wird, ist, daß Jesus anzunehmen nicht bedeutet, seine Sünden auf möglichst bequeme Art loszuwerden und dann wieder auf eigene Faust weiterleben zu können, wenn auch vielleicht mit geringfügigen Verbesserungen, sondern Gott ist am ganzen Leben eines Menschen interessiert. Er will uns Vergebung schenken und uns segnen und uns auf bestmögliche Weise gebrauchen. Daher schließt die Annahme des Heils auch immer die Abkehr vom Eigenwillen mit ein. Wenn ein Mensch Jesus Christus in voller Aufrichtigkeit annimmt, dann ändert sich die Autorität in seinem Leben grundlegend. Der Eigenwille wird durch den Willen Gottes ersetzt. Das bedeutet, der Mensch gibt freiwillig die Kontrolle über sein Leben an Jesus Christus ab, er wird von nun an sein Diener. Das ist in dem nächsten Schema deutlich zu erkennen.

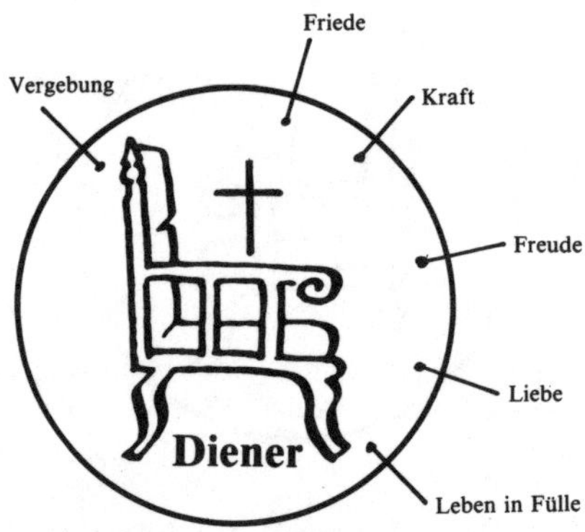

Der Mensch unter Christus

Jesus Christus ist jetzt der Herr in diesem Menschenleben, und der Mensch ist aus freiem Willen der Diener Jesu geworden. Zunächst erfährt er nun Vergebung für alle seine begangenen Sünden, und daraus erwächst ein tiefer Friede mit Gott anstelle der Schuld- und Angstgefühle, die dieses Verhältnis vorher belasteten. Hinzu kommt eine ganz neue Kraft, denn Jesus ist mit seinem Geist in dieses Leben eingezogen. Das bedeutet, wie wir später noch genauer sehen werden, eine völlig neue Dimension der Stärke, die einem Menschen dazu verhelfen kann, seine angeborenen Schwächen zu überwinden. Außerdem hat er jetzt Freude und Liebe gewonnen und ein neues Lebensziel, das seine ganze Existenz unendlich erweitern kann und das Leben in voller Genüge einschließt, das Jesus anbietet. Er hat gesagt:

«Ich bin gekommen, daß sie das Leben und volle Genüge haben sollen» (Joh. 10, 10).

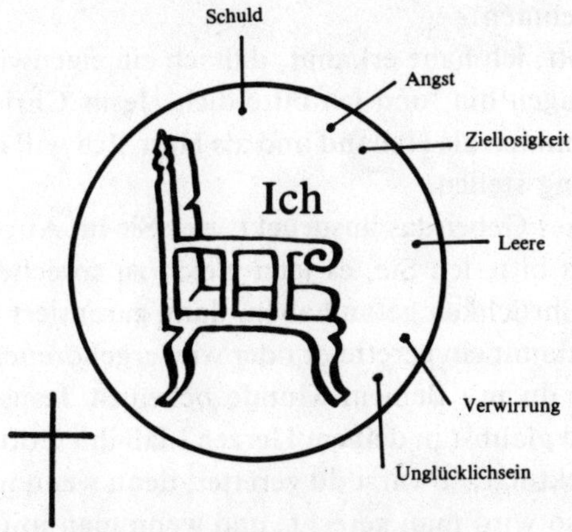

Der Natürliche Mensch

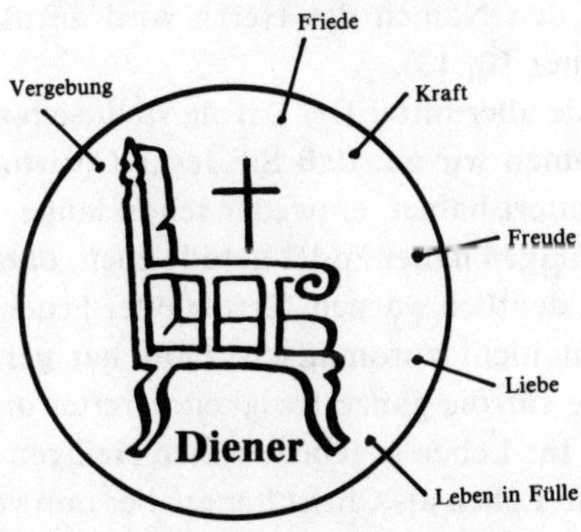

Der Mensch unter Christus

Bevor Sie jetzt weiterlesen, möchte ich Sie bitten, sich die beiden Schemazeichnungen noch einmal genau anzusehen und sich ehrlich zu fragen, welche der beiden Ihre Situation am ehesten wiedergibt, die des natürlichen oder die des von Jesus Christus geführten Menschen. Wenn Sie den Eindruck haben, daß Ihr Leben unter der Kontrolle Ihres eigenen Ich steht, dann bitte ich Sie eindringlich, daß Sie möglichst jetzt gleich die Hände falten und Jesus Christus bitten, als Herr und Heiland in Ihr Leben zu kommen, so wie die Bibel uns das gelehrt hat. Wenn Sie nicht wissen, was Sie beten sollen, dann können Sie das folgende Muster vielleicht übernehmen:

Lieber Gott, ich habe erkannt, daß ich ein eigenwilliger Sünder in deinen Augen bin, und ich bitte dich, Jesus Christus, in mein Leben zu kommen als Heiland und als Herr. Ich will mich dir ganz zur Verfügung stellen.

Wenn dieses Gebet das ausdrückt, was Sie im Augenblick empfinden, dann bitte ich Sie, es jetzt gleich zu sprechen. Wenn Sie das in aller Ehrlichkeit getan haben, dann garantiert Ihnen die Bibel, daß Sie damit ein geretteter oder wiedergeborener Christ sind.

«Denn so du mit deinem Munde bekennst Jesus, daß er der Herr sei, und glaubst in deinem Herzen, daß ihn Gott von den Toten auferweckt hat, so wirst du gerettet; denn wenn man von Herzen glaubt, so wird man gerecht, und wenn man mit dem Munde bekennt, so wird man gerettet» (Römer 10, 9-10).

«Denn wer den Namen des Herrn wird anrufen, soll gerettet werden» (Römer 10, 13).

Bedenken Sie aber bitte: Der Erfolg stellt sich niemals automatisch ein. Nehmen wir an, daß Sie Jesus Christus als Herrn und Heiland akzeptiert haben, entweder schon lange, bevor Sie dieses Buch aufgeschlagen haben, oder gerade eben, dann muß ich Sie in einer Hinsicht deutlich warnen. Erfolg oder Frucht im christlichen Leben entsteht nicht automatisch. Gott hat gerade Ihren Geist und Ihre Seele für die ganze Ewigkeit gerettet und hat auch eine neue Natur in Ihr Leben gegeben, seinen Heiligen Geist. Der Fortschritt in Ihrem Leben als Christ hängt aber nun von zwei grundlegenden Dingen ab:

1. Wie regelmäßig Sie diese neue Natur und dieses neue Leben dem Wort Gottes aussetzen,

2. wie gut Sie lernen, nach und nach alles, was Ihr Leben ausmacht, unter die Herrschaft Jesu Christi zu bringen.

Wenn man ein Christ wird, dann hören die Entscheidungen im Leben durchaus nicht auf. Sie werden bei vielen Gelegenheiten immer noch die Wahl zwischen zwei Dingen zu treffen haben, und wenn Ihre Entscheidungen aus alter Gewohnheit wieder mehr und mehr von Ihrem eigenen Ich bestimmt werden, dann werden Sie sich mit der Zeit immer unglücklicher fühlen. Wenn Sie aber lernen, nach dem Willen Jesu Christi zu fragen und ihn im Gebet und beim Lesen seines Wortes für Sie persönlich herauszufinden versuchen, dann geraten sie mehr und mehr unter die Kontrolle seines Geistes, der in Ihnen lebt. Betrachten Sie einmal die zwei folgenden Schemata:

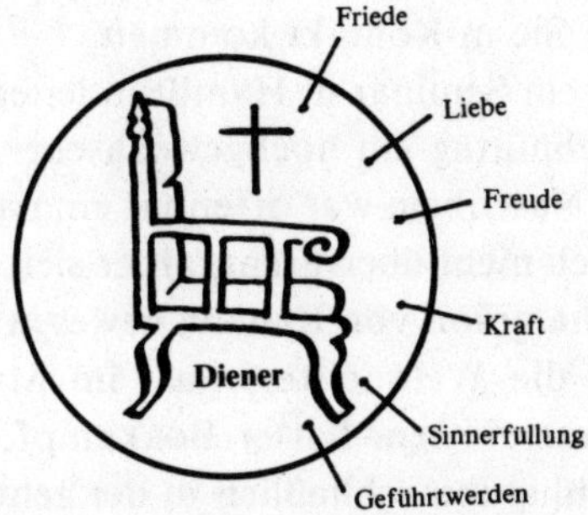

Das von Jesus gelenkte Leben

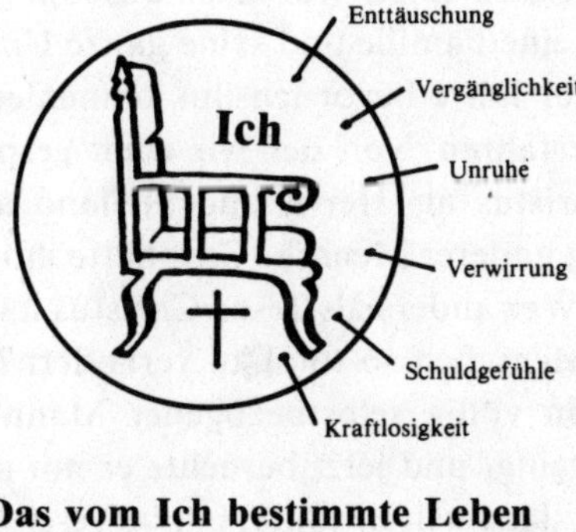

Das vom Ich bestimmte Leben

Viele Christen sind in eine solche ichbezogene Lebensweise zurückgefallen. Es war ihnen zwar sehr ernst, als sie Jesus in ihr Leben aufgenommen haben, und er lebt auch in ihnen, aber die

Macht der Gewohnheit und raffinierte Verführungen haben sie bald wieder dazu gebracht, ihre eigenen Entscheidungen zu treffen, so als ob Jesus gar nicht existiere. Entsprechend erbärmlich sieht ihr inneres, geistliches Leben aus, sie sind oft noch unglücklicher als Nichtchristen. Denken Sie immer wieder daran: Jesus ist jetzt Ihr Herr, und Sie sind sein Diener. Ein guter Diener freut sich, wenn sein Herr etwas für ihn zu tun hat und wenn er ihm damit einen Gefallen tun kann. Wenn Sie mit jeder Entscheidung in Ihrem Leben so umgehen, wie es der Apostel Paulus tat:

«Herr, was willst du, daß ich tun soll?», dann können Sie das Beste aus Ihrem Leben machen und ein Segen sein für alle Menschen, mit denen Sie in Kontakt kommen.

Als ich einmal ein Seminar in Hamilton leitete, sprach mich an einem freien Nachmittag ein hochgewachsener Mann an. Er sah gut aus, nur sein Nasenbein war offenbar einmal gebrochen gewesen, und so war ich nicht überrascht, als er sich als Boxer vorstellte. Er war der Champion von Kanada gewesen und hatte sich bis zum Kampf um die Weltmeisterschaft im Mittelschwergewicht qualifiziert. Es war ein sehr harter Boxkampf, aber sein Gegner Archie Moore schlug ihn schließlich in der zehnten Runde. Nach dieser Niederlage war er so deprimiert, daß er zum Schnaps griff und schließlich Alkoholiker wurde. Er erzählte mir, wie seine Gedanken nur noch um ihn selbst gekreist wären und wie seine Enttäuschung schließlich einen Menschen aus ihm gemacht hätte, der für ihn selbst, seine Familie und seine ganze Umgebung unerträglich wurde. Zwei Jahre bevor ich ihn kennenlernte hatte er diese Umwandlung erfahren, von der wir eben gesprochen haben, er hatte Jesus Christus als Herrn und Heiland aufgenommen. Er wurde ein völlig anderer Mensch. Gott hatte ihn und seine Familie ganz erneuert. Wer anders als Jesus Christus hätte wohl die Kraft gehabt, einen Menschen so total zu verändern? Vor zwei Jahren war er noch ein völlig selbstbezogener Mann, der sich nur in Selbstmitleid erging, und jetzt besuchte er mit allem Eifer ein Seminar, das ihm dazu helfen sollte, ein besserer Ehemann und Vater zu werden.

Jesus bringt solche Änderungen ihn geradezu meisterhafter Weise fertig. Sie verstehen jetzt schon etwas von der Kompliziertheit der männlichen Persönlichkeit und von dem Zentrum, das diese Persönlichkeit bestimmt, und von dem göttlichen Geist, der Ihrem Geist Kraft geben und Ihre ganze Kreativität freisetzen kann. Wir können also jetzt weitergehen. Als nächstes werden wir die faszinierende Erscheinung des Temperaments behandeln, und dann werden wir sehen, wie sich die Temperamentslage besonders beim Mann auswirkt, und klarmachen, was Gott tun kann, um Ihnen bei der bestmöglichen Erfüllung Ihres Lebens zu helfen und auch die, die Sie lieben, dabei zu unterstützen. Jeder Mann und jede Frau, jeder Vater und jede Mutter und besonders jeder Ehepartner sollte über das Bescheid wissen, was Sie im folgenden lesen können.

Kapitel 4

Warum Sie sich gerade so und nicht anders verhalten

Vom menschlichen Standpunkt aus gesehen hat nichts größeren Einfluß auf Ihr Verhalten als Ihr ererbtes Temperament. Die Kombination aus den Genen und Chromosomen Ihrer Eltern im Augenblick der Empfängnis, die Ihr grundlegendes Temperament schon neun Monate vor Ihrem ersten Atemzug bestimmt hat, ist in hohem Maße für Ihre Handlungen, Reaktionen, Gefühle und bis zu einem bestimmten Grad für alles, was Sie tun, verantwortlich. Die meisten Menschen sind sich heutzutage dieses ungeheuren Einflusses auf ihr ganzes Verhalten überhaupt nicht bewußt. Daher gehen sie nicht auf ihr natürliches Temperament ein und versuchen auch nicht, das Beste daraus zu machen, sondern sie liegen in ständigem Kampf mit dieser inneren Veranlagung und versuchen oft, etwas aus sich zu machen, zu dem sie nie bestimmt waren. Das schränkt diese Menschen nicht nur persönlich ein, sondern belastet auch ihre Familie in erheblichem Maße und verdirbt oft auch andere zwischenmenschliche Beziehungen. Das ist ein Grund dafür, daß so viele Leute sich selbst nicht leiden können oder nicht richtig herausfinden, wer sie sind und was zu ihnen paßt. Ich habe oft festgestellt, daß ein Mensch, sobald er einmal entdeckt hat, was sein vorherrschendes Temperament ist, ziemlich leicht herausfinden kann, welche beruflichen Möglichkeiten es für ihn gibt, wie er mit anderen Menschen am besten zurechtkommen kann, auf welche natürlichen Schwächen er besonders achten muß, welche Frau der beste Ehepartner für ihn sein könnte und wie er in vieler Hinsicht sein Leben vielseitiger und sinnvoller gestalten kann.

Was bedeutet Temperament?

Das Temperament setzt sich aus verschiedenen Charakterzügen zusammen, die wir von unseren Vorfahren ererbt haben. Keiner kann genau angeben, wo es sitzt, aber ich persönlich stelle mir vor, daß es im Denkapparat und im Gefühlszentrum, das auch als Herz bezeichnet wird, lokalisiert ist. Von daher wird es mit anderen Eigenschaften noch kombiniert und formt so die Grundlage unserer Persönlichkeit. Die meisten von uns kennen eher typische Auswirkungen des Temperaments als seine Wirkungsweise. Viele von meinen sportbegeisterten Lesern kennen z.B. die Gebrüder Selman, deren ererbtes Temperament und die angeborene Konstitution sie zu ausgezeichneten Fußballspielern prädestiniert haben. Diese beiden haben wirklich ähnliche Temperamente, aber es ist viel öfter der Fall, daß Geschwister sehr verschieden in ihrer Temperamentslage sind. Ich habe sogar nur sehr selten eineiige Zwillinge getroffen, die wirklich völlig gleiche Grundtemperamente hatten.

Das Temperament eines Menschen bestimmt, ob er sehr aufgeschlossen und extravertiert oder eher zurückhaltend und introvertiert ist. Sie kennen bestimmt auch in dieser Hinsicht sehr verschiedene Menschen, die doch die gleichen Eltern haben. In ähnlicher Weise bestimmt das Temperament auch, wenn manche Menschen kunst- und musikbegeistert sind und andere sich mehr für Sport oder handwerkliche Arbeiten interessieren. Ich habe gelegentlich schon außergewöhnlich begabte Musiker kennengelernt, deren Brüder unmusikalisch waren. Oder es fällt mir gerade ein weit bekannter amerikanischer Rugby-Profi ein, dessen Bruder ihm bei keinem einzigen Spiel zugesehen hat, weil er angeblich etwas so Brutales nicht sehen kann.

Das Temperament ist nicht der einzige Faktor, der Einfluß auf unser Verhalten hat, das stimmt schon, denn die frühen Kindheitserlebnisse, Erziehung, Bildung und andere Anregungen sind auch wichtige Einflüsse auf unsere Handlungen, und das unser ganzes Leben hindurch. Dennoch ist das Temperament der wichtigste dieser Faktoren, nicht nur, weil es das erste ist, was uns an einem Menschen auffällt, sondern auch, weil es uns wie unser Körperbau, unsere Augenfarbe und andere äußerliche Merkmale das ganze Leben hindurch begleitet. Ein Extravertierter bleibt ein Extravertierter. Er kann zwar den Ausdruck dieser Veranlagung vermindern, aber er wird immer extravertiert bleiben. Und genauso kann ein Introvertierter vielleicht dazu fähig werden, von selbst aus seinem Schneckenhaus herauszukommen, sich etwas angriffslustiger zu verhalten, aber er wird deshalb noch lange nicht zum Extravertierten werden. Das Temperament setzt dem allgemeinen Verhalten eines Menschen Richtlinien, Verhaltensmuster, die ihn beeinflussen werden, solange er lebt. Er hat seine ganz bestimmten, temperamentsabhängigen Stärken, aber auch seine ebenso spezifischen Schwächen. Der wichtigste Grund, warum man über die vier Temperamente Bescheid wissen sollte, ist der, daß man seine wesentlichen Stärken und Schwächen erkennt und mit Gottes Hilfe fähig dazu wird, die Schwächen zu überwinden und die Stärken so gut wie nur irgend möglich einzusetzen. Auf diese Weise können Sie Ihre persönliche Bestimmung am besten erfüllen.

Die Lehre vom Temperament und die moderne Psychologie

Kurz nach meinem ersten öffentlichen Vortrag über die Lehre von den vier Temperamenten wurde mir erst schmerzlich bewußt, daß der größte Teil der modernen Psychologen dieser Theorie feindlich gegenübersteht. Auch die Psychologen, die an meinen Familienseminaren teilgenommen haben, erschienen mir, wenn sie nicht ablehnend waren, völlig uninformiert über diese alte Theorie. Zuerst stürzte mich diese Kritik in ziemliche Zweifel, aber nach Jahren der Forschung und Erprobung bin ich mittlerweile fest davon überzeugt, daß die Lehre von den vier Temperamenten ihre Berechtigung hat, allerdings in verschiedene Mischformen differenziert, die in späteren Kapiteln noch vorgestellt werden. Die Gründe für die Ablehnung dieses Konzepts haben mich auf die Dauer nicht beeindruckt.

Mein erstes Buch («Geisterfülltes Temperament») hat mittlerweile eine US-Auflage von über 500000 Exemplaren erreicht und ist bis jetzt in mehr als 17 Sprachen übersetzt worden. Tausende von Menschen haben mir geschrieben oder gesagt, daß sie diese Theorie für ein ausgesprochen wirksames Mittel halten, um sich selbst besser zu verstehen, und viele andere haben es als große Hilfe empfunden, hier ihre eigenen Schwächen beschrieben zu sehen und die Möglichkeit geboten zu bekommen, sie in einem geisterfüllten Leben zu überwinden. Ich selbst habe sie in meiner Familienberatung als bestes Instrument kennen und schätzen gelernt, um Menschen in Schwierigkeiten zu helfen. Solange die moderne Psychologie nicht einen gleichwertigen Ersatz dafür liefern kann, der genauso hilfreich ist, werde ich nicht viel auf ihre Einwände geben. Außerdem sind die Gegenargumente nicht besonders wissenschaftlich, aber da etwa 35 % der Amerikaner studiert haben und von diesen wieder 80 % das Fach Psychologie belegt haben, das ein sehr beliebtes Studienfach ist, so will ich mich zunächst mit den folgenden Gründen auseinandersetzen, die die moderne Psychologie immer wieder gegen die Lehre von den vier Temperamenten vorbringt.

1. Die moderne Psychologie geht grundsätzlich von dem Gedanken aus, daß der Mensch ähnlich wie ein Tier ist. Da diese völlig neutral geboren werden, nehmen die Psychologen an (nach dem wissenschaftlich nicht bewiesenen Grundsatz der Evolution), daß auch der Mensch zunächst als Neutrum geboren wird.

2. Seit Sigmund Freud ist jede psychologische Richtung davon überzeugt und lehrt das auch, daß ererbte Eigenschaften das Verhalten eines Menschen nicht beeinflussen müssen. Als ich neulich «Theorien der Persönlichkeit» von Duane Schultz durchsah, um mich auf meinen Kurs über biblische Psychologie vorzubereiten, den ich jedes Jahr in unserem College halte, war ich von neuem erstaunt über die einmütige Verfechtung dieser These von Jung und Adler bis zu Skinner.

Da unsere Gesellschaft die Tendenz hat, Psychiater und Psychologen auf ein intellektuelles Podest zu setzen, und da diese nun an ein ererbtes Temperament nicht glauben, schließen viele Menschen daraus, daß es das also auch nicht geben kann. Was sie aber gar nicht erkennen, ist, daß die Theorie der vier Temperamente nicht deswegen abgelehnt wird, weil sie wissenschaftlich widerlegt worden ist, sondern weil sie im Widerspruch zu einer der Lieblingstheorien der Psychologen steht, nämlich der, daß der Mensch als neutrales Wesen geboren wird und in seinem gesamten Verhalten nur ein Resultat seiner Umgebung ist.

Ein sehr interessanter Zeitungsartikel in diesem Zusammenhang steht im «Time Magazine» vom 13.12.76. Danach scheint es, daß eine ganze Reihe von Anthropologen sich einer neuen Wissenschaft zuwenden, die sie «Soziobiologie» nennen.

Einige ihrer Wortführer glauben, daß «... höchstens 10 bis

15 % des menschlichen Verhaltens auf Erbanlagen beruhen».

Dr. Robert L. Trivers, ein Biologieprofessor von der Harvard-Universität hat dazu gesagt:

«Ich glaube, daß jedes wissenschaftliche Gebiet, das sich mit dem Menschen befaßt, früher oder später umdenken muß.»

Der Artikel schließt mit den Worten:

«Die Menschheit muß die Macht ihrer eigenwilligen Gene wieder verstehen lernen.»

Diejenigen, die die Lehre von den vier Temperamenten für richtig halten, haben auf diese Zusammenhänge schon jahrelang hingewiesen, und die Christen haben sich mit diesen Problemen eigentlich schon zwei Jahrtausende beschäftigt.

3. Die modernen Psychologen sind so sehr von dem Gedanken der Rassengleichheit erfüllt, daß sie für die natürlichen Unterschiede zwischen den Rassen blind sind. Nicht die Kultur hat diese Verschiedenartigkeit hervorgebracht, sondern die verschiedenen Rassen haben jeweils ihre eigenen Kulturen entwickelt. Man kann schon behaupten, daß es keine Temperamentsunterschiede zwischen einem lebensfrohen italienischen Sanguiniker und einem ernsten deutschen Choleriker gibt, aber jeder, der nicht von der Besserwisserei der Psychologie auf diesem Gebiet eingeengt wird, kann diese Unterschiede klar und deutlich erkennen.

4. Die moderne Psychologie hält an dem Gedanken fest, daß der Mensch für seine Handlungen letztlich nicht verantwortlich ist. Bis vor ein paar Jahren haben die meisten Psychologen die Ansicht vertreten, daß allein die Gesellschaft für das Verhalten eines Menschen verantwortlich sei. Wenn ein Kind anormal war, dann lag das u.a. daran, daß seine Eltern es immer nachlässig gekleidet in die Schule geschickt hatten, oder daß es irgendeine andere traumatische Erfahrung in den ersten entscheidenden Kindheitsjahren gemacht hatte. Wenn ein Mann stiehlt, so liegt das nach Ansicht dieser Psychologen nur daran, daß man ihm als Kind keine Rechte und Freiräume gegeben hat.

Aus solchen Standpunkten heraus entstand dann die Erziehung im «laissez-faire»-Stil, der Behaviorismus und viele andere Konzeptionen, nach denen das Individuum nicht mehr die Möglichkeit hatte, die volle Verantwortung für sein Tun und Lassen zu tragen.

Die teilweise zu große Laschheit unserer Gerichtsbarkeit Kriminellen gegenüber und die Verachtung von solchen Bürgern, die angesichts dieser Nachlässigkeit auf Gesetz und Ordnung pochen, kann ebenfalls auf solche grundsätzlichen Ansichten zurückgeführt werden. Zum Glück gibt es jetzt eine neue Generation von Psychologen, die eine neue Richtung eingeschlagen hat und z.B. eine «Ganzheitstherapie» oder «Wirklichkeitstherapie» entwickelt hat. Diese Psychologen bringen die Verantwortung wieder dahin zurück, wo sie hingehört, nämlich zum Individuum. Nur wenn wir der Tatsache ins Auge sehen, daß ein Mensch stiehlt, weil er unehrlich ist, oder daß er lügt, weil er betrügen will, oder sich sonstwie unmoralisch verhält, weil er seinen Schwächen nachgegeben hat, nur dann können die betroffenen Menschen die notwendigen Schritte einleiten, um sich zu bessern.

Die Einsicht, daß wir ein ganz bestimmtes ererbtes Temperament haben, das verbesserungsfähig ist, hilft jedem Menschen. Es ist gut für jeden, seine natürlichen Schwächen im voraus zu wissen. So kann er die nötigen Vorkehrungen treffen, um zu vermeiden, daß ihn seine Schwächen überwältigen. Dr. Henry Brandt, ein christlicher Psychologe, dessen theoretische Grundlagen tief in der Bibel verwurzelt sind, hat zur Frage der Reife eine interessante Definition gegeben. Sie lautet:

«Ein reifer Mensch ist der, der objektiv genug ist, sowohl seine Stärken als auch seine Schwächen zu sehen, und der einen ausgearbeiteten Plan hat, um seine Schwächen zu überwinden.»

Kein Mensch muß seinen Schwächen hilflos ausgeliefert sein. Die Bibel sagt dazu:

«Aber in dem allen überwinden wir weit durch den, der uns geliebt hat» (Römer 8, 37).

Wenn Sie Ihr eigenes Temperament kennen, wird Ihnen das dazu helfen, die Macht Jesu Christi dazu einzusetzen, um Ihre spezifischen Schwächen zu überwinden. Und dann können Sie ein solcher Mensch werden, wie Gott ihn eigentlich gewollt hat und wie Sie sich selbst gerne hätten.

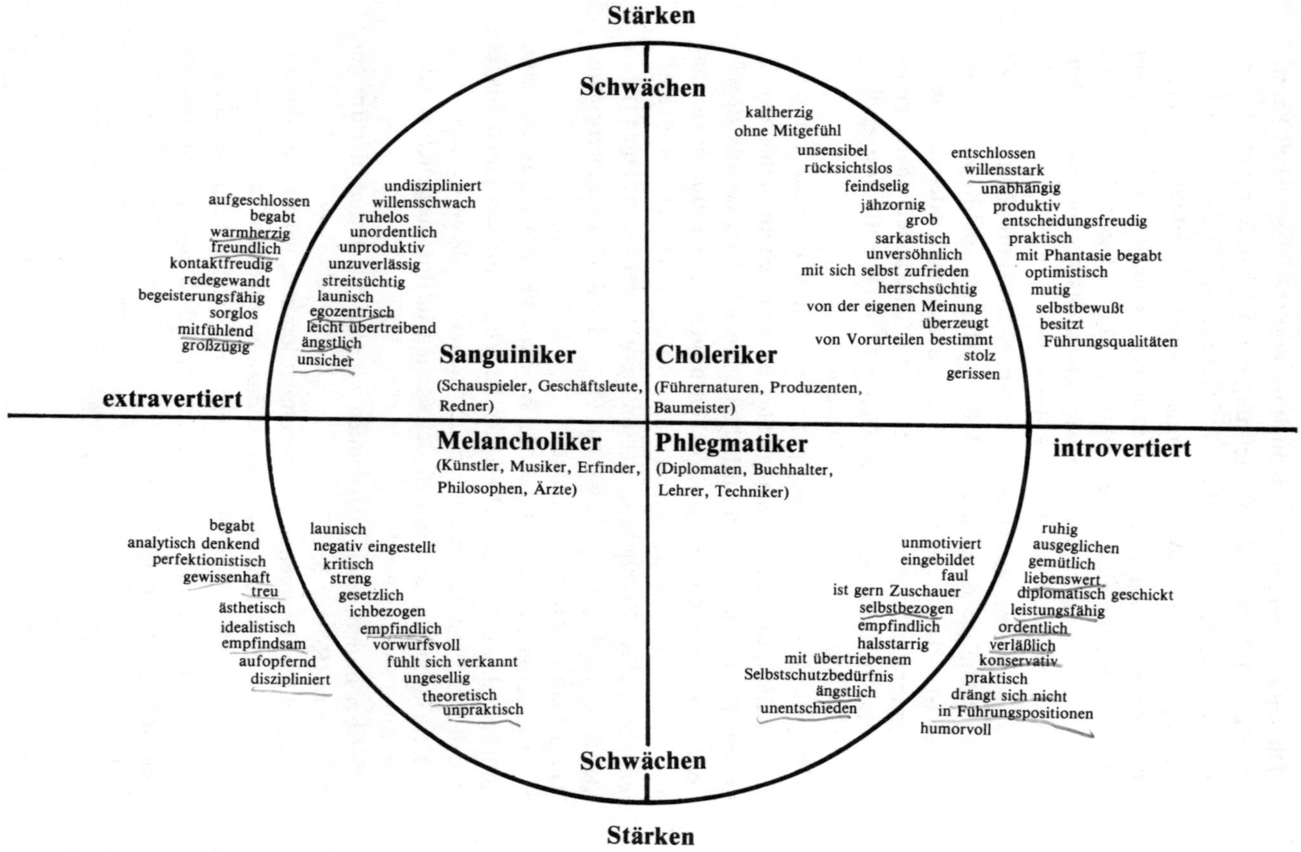

Stärken
Schwächen
aufgeschlossen
begabt
warmherzig
freundlich
kontaktfreudig
redegewandt
begeisterungsfähig
sorglos
mitfühlend
großzügig
undiszipliniert
willensschwach
ruhelos
unordentlich
unproduktiv
unzuverlässig
streitsüchtig
launisch
egozentrisch
leicht übertreibend
ängstlich
unsicher
Sanguiniker
(Schauspieler, Geschäftsleute, Redner)
kaltherzig
ohne Mitgefühl
unsensibel
rücksichtslos
feindselig
jähzornig
grob
sarkastisch
unversöhnlich
mit sich selbst zufrieden
herrschsüchtig
von der eigenen Meinung überzeugt
von Vorurteilen bestimmt
stolz
gerissen
entschlossen
willensstark
unabhängig
produktiv
entscheidungsfreudig
praktisch
mit Phantasie begabt
optimistisch
mutig
selbstbewußt
besitzt Führungsqualitäten
Choleriker
(Führernaturen, Produzenten, Baumeister)
extravertiert
introvertiert
Melancholiker
(Künstler, Musiker, Erfinder, Philosophen, Ärzte)
begabt
analytisch denkend
perfektionistisch
gewissenhaft
treu
ästhetisch
idealistisch
empfindsam
aufopfernd
diszipliniert
launisch
negativ eingestellt
kritisch
streng
gesetzlich
ichbezogen
empfindlich
vorwurfsvoll
fühlt sich verkannt
ungesellig
theoretisch
unpraktisch
Phlegmatiker
(Diplomaten, Buchhalter, Lehrer, Techniker)
unmotiviert
eingebildet
faul
ist gern Zuschauer
selbstbezogen
empfindlich
halsstarrig
mit übertriebenem Selbstschutzbedürfnis
ängstlich
unentschieden
ruhig
ausgeglichen
gemütlich
liebenswert
diplomatisch geschickt
leistungsfähig
ordentlich
verläßlich
konservativ
praktisch
drängt sich nicht in Führungspositionen
humorvoll
Schwächen
Stärken

Kapitel 5

Die vier Grundtemperamente

Das Zentrum der Theorie von den vier Temperamenten, die zuerst von Hippokrates aufgestellt wurde (vor etwa 24 Jahrhunderten), teilt die Menschen in vier Grundformen ein, denen er die Bezeichnung Sanguiniker, Choleriker, Melancholiker und Phlegmatiker gegeben hat. Jedes Temperament hat seine ihm eigenen Stärken und Schwächen und bestimmt das Wesen eines Menschen in entscheidender Weise, und zwar das ganze Leben hindurch. Wenn ein Mensch sein persönliches Temperament einmal erkannt hat, ist er viel besser in der Lage, seine beruflichen Möglichkeiten einzuschätzen, für die er am besten geeignet ist, und auch zu erkennen, welche natürlichen Schwächen er hat, die im ungünstigen Fall seine Begabungen und seine Leistungsfähigkeit einschränken können. Die nebenstehende Skizze stellt die Stärken und Schwächen der vier Temperamente im Überblick dar.

Um die vier Grundtypen darzustellen, habe ich im folgenden hauptsächlich das Verhalten des jeweiligen Temperaments beschrieben. Sie werden ganz sicher einige von Ihren Freunden darin wiedererkennen, und wenn Sie ganz genau hinsehen, finden Sie vielleicht auch einen Typus, der Sie sehr an sich selbst erinnert.

Der Sanguiniker

Der Sanguiniker ist ein warmherziger, lebhafter, schwungvoller und fröhlicher Mensch. Er ist von Natur aus sehr aufnahmefähig, und äußere Eindrücke finden leicht den Weg zu seinem Herzen, und er reagiert darauf meist ganz impulsiv. Gefühle beeinflussen seine Entscheidungen mehr als Überlegungen. Er ist stets so aufgeschlossen, daß ich ihn als über-extravertiert beschreiben würde. Er hat eine ungewöhnliche Fähigkeit, sich an allen Dingen zu freuen, und seine fröhliche Art steckt meistens an. Sobald er einen Raum betritt, wird er fast immer die Aufmerksamkeit aller Anwesenden durch seine lebhafte, gesprächige Art auf sich ziehen. Er ist ein faszinierender Geschichtenerzähler, und seine lebhafte, gefühlsbetonte Art läßt die Erlebnisse, von denen er berichtet, dem Zuhörer lebendig vor Augen stehen.

Der Sanguiniker hat immer Freunde. Ein Schriftsteller hat es einmal so ausgedrückt:

«Sein naives, spontanes und herzliches Wesen öffnet ihm Türen und Herzen.»

Er kann die Freuden und Sorgen der Menschen, die ihm begegnen, zutiefst mitfühlen und kann dem anderen das Gefühl geben, daß er ihm wichtig ist wie ein besonders enger Freund — und er meint es auch so, solange er mit diesem Menschen spricht, bis er seine Aufmerksamkeit mit der gleichen Intensität auf den nächsten Menschen richtet, dem er begegnet. Der Sanguiniker hängt mit seinem Blick sozusagen ganz an demjenigen, mit dem er gerade spricht. Er konzentriert sich auf sein Gegenüber, bis er plötzlich das Interesse verliert oder bis jemand anders daherkommt, der seine Aufmerksamkeit wieder ganz auf sich zieht.

Einem Sanguiniker fehlen niemals die Worte, obwohl er oft redet, ohne dabei zu denken. Seine Aufrichtigkeit hat jedoch eine entwaffnende Wirkung auf die meisten seiner Zuhörer und bringt sie dazu, bereitwillig auf seine Stimmung einzugehen. Seine unbekümmerte, scheinbar aufregende und vielseitig interessierte Art zu leben bringt Menschen mit zurückhaltenderem Temperament oft dazu, ihn zu beneiden.

Petrus, so wie er uns in der Bibel beschrieben wird, war ganz bestimmt ein Sanguiniker. Jedesmal, wenn er im Neuen Testament vorkommt, redet er. Ich habe wirklich einmal die Evangelien daraufhin überprüft, daß der Sanguiniker Simon Petrus in den Evangelien mehr geredet hat als alle anderen Apostel zusammen, und das ist typisch für ihn. Ken Poure, ein mir befreundeter Pfarrer, hat in diesem Zusammenhang einmal gesagt:

«Ein Sanguiniker betritt den Raum immer mit dem Mundwerk zuerst.»

Und wie die meisten Sanguiniker ist auch Ken Poure bei jedermann beliebt.

Der Sanguiniker fühlt sich unter vielen Menschen erst richtig wohl und liebt die Einsamkeit gar nicht. Er lebt richtig auf, wenn er von vielen Freunden umgeben ist und für Stimmung sorgen kann. Er hat einen nicht-endenwollenden Vorrat an interessanten Geschichten, die er sehr spannend erzählen kann, und macht sich so bei Kindern und Erwachsenen gleichermaßen beliebt. Deshalb wird er sehr oft zu vornehmen Partys oder anderen gesellschaftlichen Ereignissen eingeladen.

Seine etwas laute, vereinnahmende, aber freundliche Art läßt ihn vertrauenswürdiger erscheinen, als er wirklich ist, aber seine Energie und Liebenswürdigkeit bringen ihn auch über die Schwierigkeiten des Lebens hinweg. Die meisten Leute sind bereit, seine Schwächen zu entschuldigen und sagen: «Er ist nun einmal so.»

Die beruflichen Möglichkeiten des Sanguinikers

Die Welt wird durch diese fröhlichen Menschen mit all ihren natürlichen Begabungen bereichert. Sie sind meist ausgezeichnete Geschäftsleute und scheinen mehr als alle anderen von dieser Berufssparte angezogen zu werden. Sie haben bestimmt schon das geflügelte Wort gehört: «Na, der könnte auch noch den Eskimos Eisschränke verkaufen.» Ein Sanguiniker hat eine so überzeugende Art, daß er ohne weiteres Krücken an Leute verkaufen könnte, die noch nicht einmal gehbehindert sind. Wenn Sie einmal einen Sanguiniker in voller Fahrt erleben wollen, dann brauchen Sie nur zum nächsten Gebrauchtwagenhändler zu gehen. Zwei Drittel dieser Verkäufer sind wahrscheinlich Sanguiniker.

Außer Kaufleuten können Sanguiniker auch hervorragende Unterhalter, Schauspieler und Prediger werden, besonders Evangelisten. Sie sind sehr gute Zeremonienmeister, Auktionäre und haben auch gute Führerqualitäten, wenn ihr zweites Temperament dafür günstig ist. Wegen der wachsenden Bedeutung der Massenmedien werden Sanguiniker heutzutage auch immer mehr auf der politischen Ebene bevorzugt, wo es auf Reaktionsschnelligkeit und Lebhaftigkeit besonders ankommt. Sanguiniker sind dazu die geborenen Leute.

Wenn es um Hilfe für andere Menschen geht, sind Sanguiniker geradezu unschätzbar, vor allem im Krankenhaus. Ein Arzt, der Sanguiniker ist, eignet sich wahrscheinlich am besten für Besuche am Krankenbett. Ob man auch todkrank ist und so weiß wie das Laken, auf dem man liegt, wenn der Arzt in das Zimmer kommt; bevor er wieder geht, hat er die ganze Stimmung bestimmt durch seine natürliche fröhliche Ausstrahlung erheblich verbessert. Sein offensichtliches Mitgefühl beim Anhören des Krankheitsberichtes tröstet einen leicht darüber hinweg, daß er ein sehr hohes Honorar verlangt (Sanguiniker sind in keiner Hinsicht maßvoll)! Eine sanguinische Krankenschwester ist genauso von dem Gedanken beseelt, Kranke zu pflegen und aufzumuntern, und wenn sie das Zimmer betritt, verändert ihr strahlendes Lächeln schon die ganze Lage. Es ist eine Tatsache, daß die meisten Kranken auf die Frage eines Sanguinikers, wie es denn heute geht, antworten: «Ach, ganz gut», während eine Krankenschwester, die Melancholikerin ist, genau dieselbe Frage stellen kann und wahrscheinlich die von Selbstmitleid triefende Antwort hört: «Sehr schlecht!»

Ganz gleich welchen Berufszweig ein Sanguiniker sich aussucht, er sollte ihm immer Möglichkeiten bieten, mit vielen Menschen in Kontakt zu kommen. Seine wichtigste Eigenschaft für seine Umwelt liegt sicher darin, daß er die Fähigkeit hat, andere glücklich zu machen. Und diese Aufgabe sollte man in unseren unsicheren Zeiten einigen Menschen ganz besonders übertragen.

Die Schwächen des Sanguinikers

Jedes Temperament hat seine natürlichen Schwächen, die den Menschen daran hindern, seine Möglichkeiten voll auszuschöpfen. Wir haben die Stärken des Sanguinikers nur kurz erwähnt, weil sie keine ernsthaften Probleme hervorrufen. Um dem Leser aber persönlich weiterzuhelfen, werden wir die Schwächen sorgfältiger betrachten.

1. Willenschwäche und mangelnde Disziplin

Sanguiniker werden oft in der Schule als sehr begabt eingestuft, aber später versagen sie häufig und geben kurz vor dem Abschluß einer Aufgabe plötzlich auf. Diese Tendenz zu Willensschwäche und mangelnder Disziplin läßt sie den Mut verlieren, bevor ein Ziel erreicht ist. Da sie sehr emotional reagieren und viel natürlichen Charme ausstrahlen und außerdem dazu neigen, im lebhaften Gespräch ihr Gegenüber auch zu berühren, sind sie gewöhnlich sehr für die Reize des anderen Geschlechts empfänglich. Daher sind sie sexuellen Verführungen sehr viel stärker ausgesetzt als andere Temperamente, und leider bringt ihre Willensschwäche sie sehr leicht dazu, solchen Verlockungen nachzugeben, wenn sie nicht durch strenge moralische Grundsätze innerlich gefestigt sind oder eine starke geistliche Kraft in sich haben.

Diese Willensschwäche und der Mangel an Disziplin läßt sie auch leicht dazu kommen, zu betrügen und unzuverlässig zu sein. Sie neigen auch dazu, zuviel zu essen und entsprechend zuzunehmen und finden es fast unmöglich, eine strenge Diät streng einzuhalten. Daher haben Sanguiniker mit 30 Jahren häufig auch 30 Pfund Übergewicht und nehmen ständig weiter zu.

Jemand hat einmal gesagt: «Ohne Selbstdisziplin gibt es auch keinen Erfolg.» Das kann ich nur bestätigen. Bei Sportlern z.B. gilt auch, daß keiner so begabt ist, daß er ohne Selbstdisziplin erfolgreich sein kann.

Es ist sogar eine Tatsache, daß viele potentielle Superstars aus mangelnder Disziplin abgefallen sind, während mancher nur durchschnittlich begabte Sportler Erfolg gehabt hat, weil er sich selbst hart an die Kandare genommen hat. Andere haben ihre Karriere nur dadurch verlängert, daß sie sehr streng mit ihrer körperlichen Kondition umgegangen sind.

Mike Fuller, ein überzeugter Christ, der hauptsächlich für die wöchentlichen Bibelstunden verantwortlich ist, die wir für die Fußballer des Vereins «San Diego Chargers» halten, ist für diesen Club der sicherste Spieler und ein Spezialist für Fallrückzieher. Er hat seit seiner Schulzeit pro Saison höchstens ein- oder zweimal den Ball verloren.

Er ist nicht sehr groß, ziemlich muskulös und wiegt 185 Pfund. Seine Schnelligkeit und Körperbeherrschung sind zwar überdurchschnittlich, aber wenn er sich nicht stundenlang im Gewichtheben geübt hätte, dann hätte er nie solch ein todsicherer Stürmer werden können. In einem der letzten Spiele machte er allein 11 Vorstöße und war hauptverantwortlich dafür, daß die Offensive der Gegenspieler ganz zurückgeschlagen werden konnte. Ohne seine Selbstdisziplin wäre Mike heute niemals ein so guter Fußballspieler.

Mangelnder Wille und mangelnde Disziplin werden hier als erste Schwächen genannt, weil ich überzeugt bin, daß sich der Sanguiniker unendliche Möglichkeiten eröffnen kann, wenn er diese negative Tendenz mit Gottes Hilfe überwindet.

2. Gefühlsmäßige Schwankungen

Das einzige Temperament, das noch mehr von Gefühlen abhängig ist als der Sanguiniker, ist der Melancholiker; aber er ist bei weitem nicht so ausdrucksstark wie der Sanguiniker. Der hat nicht nur sehr nah am Wasser gebaut (die Frau eines sanguinischen Fußballspielers, den ich gut kenne, sieht sich nicht gern mit ihm zusammen einen traurigen Film im Fernsehen an, weil es sie stört, wenn er immer so laut dabei schluchzt!), sondern auch der kleinste Funke Ärger kann bei ihm einen ungeheuren Wutanfall hervorrufen. Man sagt, daß jemand vor Wut aschfahl im Gesicht werden kann. Genauso sieht ein Sanguiniker aus, wenn er ärgerlich ist. Danach wird er puterrot und explodiert. Eins ist dabei allerdings sehr tröstlich: Er trägt niemandem etwas nach. Wenn er seinem Gegenüber alles an den Kopf geschleudert hat, dann vergißt er das Ganze sehr schnell. Der andere vergißt das natürlich nicht so ohne weiteres, aber er schon. Deswegen bekommt er auch keine Magengeschwüre wegen unverdautem Ärger, die verschafft er nur den anderen.

Dieser Mangel an gefühlsmäßiger Ausgeglichenheit schränkt die beruflichen Möglichkeiten des Sanguinikers im allgemeinen ein, und geistlich gesehen wird er dadurch innerlich zersetzt. Wenn er aber vom Heiligen Geist gelenkt wird, wird er ein neuer Mensch und kann dann auch als Sanguiniker seine Gefühle besser unter Kontrolle halten.

3. Egoismus

Jeder Mensch hat eine gewisse Portion Egoismus in sich, aber der Sanguiniker hat mindestens doppelt so viel mit diesem Problem zu kämpfen wie andere Temperamente. Deswegen findet man einen vom Heiligen Geist bestimmten Sanguiniker sofort unter anderen heraus. Er zeichnet sich durch einen für sein Temperament unnatürlichen Geist der Demut aus, der dann geradezu erfrischend wirkt. Ein natürlicher Sanguiniker ist ganz und gar nicht demütig, er sucht immer das Rampenlicht. Für ihn ist die ganze Welt eine Bühne, und er ist der Hauptakteur. Wenn Sie seinen endlosen Geschichten eine Weile zuhören, werden Sie sehr schnell merken, daß er selbst darin immer wieder im Mittelpunkt steht. Je sanguinischer er ist, desto mehr Egoismus legt er an den Tag.

Eine besonders egoistische Angewohnheit des Sanguinikers ist eine oft unpassende Vertraulichkeit. Einer meiner Freunde, der ein sehr erfolgreicher Geschäftsmann und im Grunde auch ein guter Christ ist, fiel mir dadurch unangenehm auf, daß er mit Vorliebe prominente Leute mit Vornamen anredete. Ihm fiel es nicht im Traum ein, einen anderen mit seinem Titel, seinem akademischen Grad oder einer sonstigen Bezeichnung vorzustellen, sondern er bringt in der Vorstellung eines bekannten Zeitgenossen immer seine eigene Beziehung zu ihm mit unter und nennt ihn dann nur mit seinem Vornamen. Sein Egoismus scheint hier seine Urteilskraft so zu reduzieren, daß er einfach nicht sieht, wie unhöflich sein Verhalten dem Gast gegenüber ist. Solche öffentlichen Vorstellungen werden vielleicht noch von nervösem Gelächter begleitet, aber nur sehr selten halten die Betroffenen das für gut.

4. Ruhelosikeit

Sanguiniker sind notorisch unordentliche Menschen. Und sie sind mit Vorliebe immer unterwegs. Sie planen sehr selten im voraus, sondern nehmen alle Dinge, wie sie gerade kommen. Sie sind die meiste Zeit ihres Lebens glücklich, weil sie sehr selten über die Vergangenheit nachdenken (und deshalb meist auch nicht aus ihren Fehlern lernen) und ebenso selten nach vorne blicken. Jemand hat das einmal folgendermaßen ausgedrückt: «Sanguiniker sind ein völlig ungeplantes Ereignis, das irgendwann passiert.»

Wo ein Sanguiniker arbeitet oder lebt, sind alle Dinge in einer hoffnungslosen Unordnung. Er sucht ständig nach seinem Werkzeug, auch wenn es genau da liegt, wo er es das letzte Mal liegen gelassen hat. Schlüssel sind ihm ein Greuel, weil er sie ständig verliert. Ein Sanguiniker, den ich gut kenne, hat dieses Problem auf recht einfache Weise gelöst: Er machte es sich zur eisernen Regel, den Schlüssel beim Verlassen des Hauses immer in die rechte Hosentasche zu stecken und beim Nachhausekommen ihn immer gleich an einen bestimmten Haken in der Küche zu hängen. Das klappte tatsächlich so gut, daß seine Schlüsselverlustrate von 90 % auf 10 % sank. Und was sagte er zu den immerhin noch verbleibenden 10 %? «Na, wer ist schon vollkommen?»

Die Garage, das Schlafzimmer, der Kleiderschrank oder das Büro eines Sanguinikers sind Stätten der Wildnis, wenn er nicht eine sehr tüchtige Frau bzw. Sekretärin hat, die hinter ihm herräumt. Sein Egoismus ist normalerweise schuld daran, daß er sich meist gern elegant anzieht, aber wenn seine Freunde oder Kunden sehen könnten, wie das Zimmer aussieht, nachdem er sich in Schale geworfen hat, dann würden sie ernstlich annehmen, daß dort gerade eine Explosion stattgefunden hätte. Wie kommt ein Sanguiniker nur mit einer solchen Lebensweise durch? So wie er alle Streitigkeiten, die durch seine temperamentsbedingten Eigenarten entstanden sind, regelt: Er setzt ein entwaffnendes Lächeln auf, klopft seinem Gegenüber begütigend auf die Schulter, erzählt eine lustige Geschichte und wechselt das Thema.

Ein Sanguiniker kann in seinem Leben niemals zum Perfektionisten werden, aber wenn er vom Geist Gottes geführt wird, kann er doch etwas mehr Planung und Ordnung in sein Leben bringen. Und wenn das tatsächlich geschieht, wird er ein sehr viel glücklicherer Mensch, nicht nur in der Beziehung zu anderen Menschen, sondern auch in bezug auf sich selbst. Außerdem vermehrt sorgfältigere Planung und Organisation nur die positive Wirkung seiner vielseitigen Persönlichkeit und seiner Ausstrahlung.

5. Unsicherheit

Hinter dieser außergewöhnlich extravertierten Art, die andere Menschen oft einfach vereinnahmt und ihnen den falschen Eindruck vermittelt, daß der Sanguiniker ein ausgesprochen selbstbewußter Mensch sein muß, steckt ein in Wirklichkeit recht unsicherer Kern. Diese Unsicherheit ist die eigentliche Ursache für eine saloppe und oft schon lästerliche Ausdrucksweise. Da ein Sanguiniker sowieso die Titel und wichtigen Bezeichnungen meist wegläßt, geht er auch mit dem Namen Gottes nicht sehr ehrfürchtig um, besonders dann nicht, wenn er enttäuscht oder wütend ist. Ein Friseur hat einmal über seine sanguinischen Kunden gesagt: «Wenn man die ganzen gottlosen Reden bei ihnen weglassen würde, dann hätten sie überhaupt nichts mehr zu sagen.»

Sanguiniker haben gewöhnlich keine Angst um ihre eigene Person, sie sind im Gegenteil oft zu außergewöhnlichen Heldentaten und Wagnissen bereit; ihre Angst liegt eher darin, daß sie persönliches Versagen, Abweisung und Ablehnung befürchten. Daher bemühen sie sich oft, auf einen Streit eine völlig nebensächliche

Unterhaltung folgen zu lassen; anstatt sich gründlich mit der Meinungsverschiedenheit auseinanderzusetzen, hoffen sie, ihre begangene Dummheit mit etwas überdecken zu können, das die Zustimmung des Partners finden kann. Wenn der Sanguiniker eine liebevolle und verständige Frau hat, dann merkt er bald, daß sie die Macht hat, ihm Mut zu machen oder auch allen Mut zu nehmen. Er ist ähnlich wie ein großer Luftballon: Mit einer Luftpumpe kann man ihn leicht riesig aufblasen, aber es genügt ein kleiner Nadelstich, um ihn zum Platzen zu bringen. Eine kluge Frau versucht — ganz abgesehen von ihrem eigenen Temperament — bei ihrem sanguinischen Mann Kritik zu vermeiden und nicht dauernd Fehler an ihm zu suchen, sondern akzeptiert ihn, wie er ist, und gibt ihm mit ihren Worten und ihrer ganzen Haltung zu verstehen, daß sie ihn liebt. Das ist übrigens auch eine ganz wichtige Therapie für eine sanguinische Frau. Denn das letzte, was eine Frau von ihrem Mann erwartet, sind Kritik und Vorwürfe. Frauen reagieren immer auf Anerkennung und Zustimmung wesentlich besser als auf Kritik. Wie wir schon wiederholt gesagt haben, braucht jeder Mensch Zustimmung und Anerkennung. Das gilt für den Sanguiniker in ganz besonderer Weise.

6. Leicht beeinflußbares Gewissen

Der vielleicht gefährlichste Charakterzug eines Sanguinikers, der sein ganzes geistliches Leben lahmlegen kann, ist sein schwaches Gewissen, das sehr leicht zu beeinflussen ist. Da er andere Menschen so gut zu seinem eigenen Standpunkt überreden kann, was ihm den Ruf einbringt, ein großer Überzeugungskünstler zu sein, so hat er auch keine Schwierigkeiten, sich selbst davon zu überzeugen, daß alles, was er will, auch gut und richtig ist. Ein kleiner Sanguiniker kann einem schon groß und treuherzig in die Augen blicken und dabei die unglaublichsten Lügen erzählen. Wenn er erwachsen wird, lernt er, die Wahrheit ein bißchen zu verändern oder so zu übertreiben, daß jede Ähnlichkeit zwischen seiner Darstellung und der Wirklichkeit rein zufällig ist. Und dennoch macht ihm das normalerweise keinerlei Schwierigkeiten oder Gewissensbisse, denn er überredet auch sich selbst so lange, bis er davon überzeugt ist, daß das Ziel alle Mittel heiligt. Und manchmal fragt man sich, was das für ein Ziel ist. Die Antwort, ob bewußt oder unbewußt angestrebt, ist immer dieselbe: Das Ziel ist, den eigenen Kopf durchzusetzen. Andere Menschen finden es oft geradezu unglaublich, daß er lügen, stehlen oder betrügen kann, ohne deswegen je eine schlaflose Nacht zu verbringen. So setzt sich der Sanguiniker oft über die Rechte anderer hinweg und scheut sich manchmal auch nicht, sie auszunutzen.

Vor einigen Jahren hat ein mir bekannter, recht bedeutender Mann eine Organisation gegründet, von der er jahrelang geträumt hatte. Ein anderer Mann, ein ganzer Sanguiniker, überredete ihn dazu, die neue Organisation mit seiner zusammenzulegen, weil die Ziele doch so ähnlich seien. Seine Argumente waren so überzeugend und er redete so eindringlich, daß mein Bekannter ihm vertraute und dem Handel zustimmte. Schon ein paar Monate später wußte er, daß das ein großer Fehler gewesen war, und wieder zwei Jahre später war er bereits völlig an den Rand des Unternehmens gedrängt worden und sah sich gezwungen, eine neue Organisation zu gründen. Nach und nach kam heraus, daß dieser Sanguiniker schon eine ganze Geschichte von Betrügereien hinter sich hatte und offenbar den Unterschied zwischen Gut und Böse nicht so genau nahm. Wie bei den meisten Sanguinikern fiel ihm eine oberflächliche Reue gar nicht schwer, aber sie ging nie so weit, daß er sich zu einer Wiedergutmachung entschließen konnte, so wie die Bibel es uns lehrt. Ein solcher Mensch kann einem tief in die Augen sehen und sagen: «Wenn ich Ihnen jemals unrecht getan habe, so tut mir das aufrichtig leid!» Und er erwartet dann von Ihnen, daß Sie fromm genug sind, ihm auch auf der Stelle zu vergeben.

Ehrlichkeit ist aber nicht nur eine Tugend, die in der Bibel gefordert wird, sondern auf die Dauer auch die beste Lebenspolitik. Früher oder später wird sich ein Sanguiniker ein ganzes Lügennetz gesponnen haben, das ihn schließlich zu Fall bringt. Die Bibel sagt dazu:

«Irret euch nicht! Gott läßt sich nicht spotten. Denn was der Mensch sät, das wird er ernten» (Gal. 6, 7).

Die einzige Möglichkeit, dieses Problem zu überwinden, ist, sich ganz bewußt auf Wahrheit und Ehrlichkeit zu konzentrieren. Mit jeder Lüge und jedem Betrug wird es für einen Menschen einfacher, und die nächste Versuchung wird dann um so größer. Ich habe in meiner Beratung immer wieder festgestellt, wenn es um eine eheliche Untreue ging, daß die betroffenen Menschen auch leicht dazu fähig wurden, zu lügen, zu betrügen oder zu stehlen, nur um den begangenen Ehebruch zu verheimlichen.

Ross Perrott, ein wohlhabender Computer-Fachmann, hat einmal in einem Zeitungsinterview gesagt, daß Ehebruch in seiner Firma ein Grund zur Kündigung sei. Auf die Frage, warum das so sei, antwortete er lakonisch: «Ein Mann, der seine Frau betrügt, wird auch unsere Firma betrügen.» Mit anderen Worten: Ein Mann, dem man nicht zutrauen kann, daß er sein Eheversprechen hält, dem kann man auch in anderer Hinsicht nicht trauen. Ein Sanguiniker, der nach und nach gelernt hat, die volle Verantwortung für sein Handeln zu übernehmen, hat den ersten Schritt getan, um über seine natürliche Tendenz zur situationsabhängigen Ethik zu siegen.

Die Neigung des Sanguinikers zu Übertreibungen, zur Beschönigung und auch zur glatten Lüge wird am schnellsten in seiner Ehe und Familie durchschaut. Wenn er vielleicht die, die ihn nur gelegentlich sehen, noch betören kann, so ist es doch unmöglich zu lügen und zu betrügen, ohne seiner Frau und seinen Kindern damit zu verstehen zu geben, daß sie sich auf sein Wort nicht verlassen können. Eins der neun wesentlichen Merkmale in jeder Liebesbeziehung (1. Kor. 13, 4 - 8) ist das Vertrauen. Daher wird seine Familie ihn vielleicht mögen, aber es wird ihr sehr schwerfallen, ihn zu lieben und zu achten, wenn er diese Angewohnheit nicht unter Kontrolle bringen kann. Der Grund dafür, daß der Herr Jesus und die Bibel überhaupt so oft von Ehrlichkeit sprechen, ist nicht allein, daß sie ein reines Gewissen bewirkt, was jeder Mensch dringend braucht, sondern auch, daß Ehrlichkeit die Grundlage für dauerhafte und erfreuliche persönliche Beziehungen ist.

Wenn Sie Ihrer Natur nach ein Sanguiniker sind, dann denken Sie vielleicht jetzt, ich sei mit diesem Temperament ganz besonders streng ins Gericht gegangen. Warten Sie aber nur ab, bis wir zu den anderen Temperamenten kommen, die kommen meist ganz genauso schlecht weg. In Wirklichkeit ist es so, daß ich Sanguiniker ganz besonders mag, und viele meiner Freunde sind Sanguiniker. Ich bin jedoch jedesmal betrübt darüber, wenn ich sehe, wie ihre unendlichen Talente langsam verderben, weil sie nicht diszipliniert genug sind. Auf der anderen Seite ist es ein wunderbares Erlebnis, einen vom Heiligen Geist bestimmten Sanguiniker kennenzulernen, dessen Begabungen von Gott gebraucht werden können, weil er erkannt hat, daß er die Führung des Geistes dringend braucht. Aber wie wir später noch sehen werden, braucht das jedes Temperament.

Der Choleriker

Der Choleriker ist ein lebhafter, schneller, aktiver, praktischer und willensstarker Typ, der selbstzufrieden und sehr unabhängig ist. Er gibt sich meist sehr entschieden und beharrt auf seinem Standpunkt, und er findet es sehr einfach, Entscheidungen für sich selbst und für andere zu treffen. So wie der Sanguiniker ist auch der Choleriker ein extravertierter Mensch, aber nicht in der gleichen Intensität.

Der Choleriker strebt immer nach Aktivität. Für ihn besteht das ganze Leben aus Aktivität. Er braucht nicht erst von seiner Umgebung angeregt zu werden, sondern er inspiriert eher seinerseits seine Mitmenschen mit endlosen Ideen, Plänen, Zielen und mit seinem Ehrgeiz. Er stürzt sich jedoch nicht blind in jedes Unternehmen, denn er hat einen ausgeprägten Sinn für das Praktische und ist durchaus imstande, begründete und schnelle Entscheidungen zu treffen oder sinnvolle Projekte zu entwerfen. Er kümmert sich nicht viel darum, was andere wohl von ihm denken, sondern nimmt einen festen Standpunkt ein. Man findet ihn auch oft unter den Leuten, die gegen soziale Ungerechtigkeit oder gegen Korruption zu Felde ziehen.

Der Choleriker wird von Widerstand nicht eingeschüchtert; im Gegenteil, wenn er Gegner hat, scheint ihn das noch zu bestärken. Seine grimmige Entschlossenheit hilft ihm oft dazu, dort Erfolg zu haben, wo andere aufgegeben haben, nicht weil seine Ideen immer besser sind als die anderer Leute, sondern weil er auch dann noch eisern bei der Stange bleibt, wenn die anderen den Mut verloren und aufgehört haben. Wenn das Wort wirklich wahr ist, daß es geborene Führernaturen gibt, dann ist der Choleriker eine solche Führernatur, wie es die Manager nennen.

Die gefühlsmäßige Seite ist beim Choleriker am wenigsten entwickelt. Er kann sich nicht leicht in andere hineinversetzen und zeigt von Natur aus wenig Mitgefühl. Er findet es meist peinlich oder sogar ekelhaft, wenn andere Menschen in seiner Gegenwart weinen, und ist ihrem Kummer gegenüber völlig unempfänglich. Wenn er nicht als untergeordnetes Temperament das des Melancholikers hat, dann hat er wenig für Musik und Kunst übrig, sondern strebt vor allem nach nützlichen und produktiven Werten im Leben.

Der Choleriker erkennt sehr rasch günstige Gelegenheiten und überblickt genauso schnell die besten Möglichkeiten, um diese Gelegenheiten auszunutzen. Er hat einen gut organisierten Verstand, aber Details langweilen ihn normalerweise sehr. Die Analyse ist nicht seine Stärke, sondern eher ein schneller, fast intuitiver Gesamtüberblick. Und so sieht er meist nur das Ziel, auf das er hinarbeitet, und übersieht die möglichen Fallen und Hindernisse, die auf dem Weg dorthin auftreten könnten. Wenn er sich aber erst einmal aufgemacht hat, um dieses Ziel zu erreichen, dann kann er dabei rücksichtslos über andere Menschen hinweggehen. Er ist meist herrschsüchtig und bestimmend und zögert auch nicht, andere Leute zur Erreichung seiner persönlichen Ziele einzusetzen.

Die Selbstzufriedenheit und die Willensstärke machen es dem Choleriker sehr schwer, sich für das Evangelium zu öffnen, wenn er erst einmal erwachsen ist. Deshalb rate ich Sonntagsschullehrern immer wieder, möglichst keinen jugendlichen Choleriker aus dem Unterricht zu entlassen, der Jesus noch nicht als seinen Herrn und Heiland angenommen hat. Das gilt natürlich noch mehr für die Eltern. Je cholerischer ein Kind ist, desto intensiver sollten die Gebete dafür sein, daß es im Alter zwischen 12 und 15 Jahren zum Glauben an Jesus Christus findet, da das eine Zeitspanne ist, in der es noch für geistliche Dinge empfänglich ist.

Berufliche Möglichkeiten für den Choleriker

Jeder Beruf, in dem Führungsqualitäten, Ideenreichtum und Produktivität gefordert sind, steht dem Choleriker offen, vorausgesetzt, es liegt nicht zuviel Gewicht auf Details und analytischer Planung. Konferenzen und langfristige Pläne langweilen ihn sehr. Er ist ein ausgesprochener Macher. Normalerweise ist er zwar nicht sehr handwerklich begabt, da das einen Grad von Perfektionismus und Fleiß fordert, der seine Fähigkeiten übersteigt, aber man findet ihn oft auf dem Posten eines Kontrolleurs von handwerklichen Arbeiten. Meist hat er einen Hang zum Baugewerbe, weil das so produktiv ist, und er wird oft Vorarbeiter oder irgendein Aufsichtsbeamter.

Von Natur aus plant und entwickelt der Choleriker gern. Wenn er mit seiner Frau im Auto fährt, dann kann er ihre Begeisterung für die landschaftlichen Schönheiten nicht teilen, denn er sieht nur Bagger, die die Straße verbreitern, oder Kräne, die zum Bau von Schulen, Wohnhäusern oder Geschäftszentren errichtet sind. Die meisten unserer heutigen Städte und Vororte sind von einem Choleriker entworfen worden. Man kann aber fast sicher sein, daß er dann einen Melancholiker dafür gewonnen hat, als Architekt mit seinen analytischen und kreativen Fähigkeiten die groben Pläne auszuarbeiten. Das könnte ein Choleriker nie selbst fertigbringen. Er kann einfach nicht verstehen, warum ein paar Skizzen auf der Rückseite eines alten Briefumschlags nicht genügen, um das Stadtbauamt bei einer Architektenausschreibung zufriedenzustellen. Keiner schimpft mehr auf die Baubehörden als ein Choleriker. Er beklagt sich lautstark: «Warum soll man denn da bloß ganz ausgetüftelte Pläne vorlegen? Ich habe doch genug Häuser gebaut, um zu wissen, daß die Pläne beim Bauen immer noch mal geändert werden müssen! Warum soll man sich dann nicht erst endgültig entscheiden, wenn es soweit ist? Ich weiß doch genau, worauf ich hinaus will!» Ein Choleriker ist gut beraten, wenn er einen Melancholiker zum Assistenten nimmt oder ihn als Geschäftspartner gewinnt. Zusammen können die beiden dann unschlagbar sein. Natürlich kommt es auch vor, daß beide Temperamente in einer Person vertreten sind, da jeder ein primäres und ein sekundäres Temperament hat.

Die meisten Unternehmer sind Choleriker. Sie haben die Fähigkeit, Ideen sofort zu formulieren, und wagen genug, um eine neue Richtung einzuschlagen und dabei auch Risiken einzugehen. Außerdem beschränken sie sich nicht nur auf ihre eigenen Ideen, sondern können auch zufällig einen guten Gedanken von jemand anders hören, der sich selbst nicht genug zutraut, um ein solches Projekt in Angriff zu nehmen. Der Choleriker wird sie aufgreifen und verwirklichen. Wenn er jedoch etwas Neues gewagt hat, so sieht es ihm ähnlich, wenn er bald nach dem sich einstellenden Erfolg das Interesse an der ganzen Sache verliert. Dafür gibt es zwei Gründe:

1. Ein Unternehmen wächst meist rasch unter seiner dynamischen Führung, das schafft notwendigerweise mehr und mehr Detailarbeit. Da Choleriker aber von Natur aus Verantwortung nicht gut delegieren können (obwohl sie es mit bewußter Einübung lernen können), sondern eher dazu neigen, die Früchte ihres Fleißes selbst zu ernten, so betrachten sie die Bemühungen anderer Mitarbeiter als recht mittelmäßig. Folglich versuchen sie bald, alles allein zu machen.

2. Es geht dem Choleriker so, daß er, sobald er einmal entdeckt hat, daß die Arbeit überhand nimmt, gleich jemand sucht, der sein Geschäft vielleicht kaufen könnte.

Daher kann man damit rechnen, daß ein Choleriker im Laufe seines Lebens zwischen vier und zehn Unternehmen oder Organisationen gründet.

Wenn ein Choleriker einmal gelernt hat, Verantwortung an andere abzugeben, und auch entdeckt, daß er durch andere Menschen noch mehr erreichen kann, dann kann er erstaunlich viel Arbeit bewältigen. Andere können oft gar nicht verstehen, daß er sich mit so vielen Dingen beschäftigt und dabei gesund bleibt. Aber für einen Choleriker ist das recht einfach. Da er sich immer gerade in das vertieft, was er im Augenblick tut, und sich keine zu großen Sorgen darüber macht, was wohl daraus werden wird, sagt er sich wahrscheinlich: «Da mache ich doch lieber eine ganze Menge Sachen zu 70 bis 80 % als nur ein paar Sachen hundertprozentig.» Charly Jones sagt in seinen Vorträgen für Geschäftsleute immer: «Ihr Motto sollte lauten: Von der Produktion zur Perfektion.» Choleriker halten dieses Motto für richtig und erstrebenswert, während die schon von Natur aus perfektionistischen Melancholiker einen solchen Wahlspruch energisch zurückweisen.

Ein Choleriker wirkt von seiner ganzen Art her auf andere Menschen motivierend. Er strahlt ein gesundes Selbstbewußtsein aus, hat immer das Ziel im Blickfeld und kann auch andere ziemlich leicht dazu bringen, seine Ziele mit zu verfolgen. Daher kommt es, daß sich seine Mitarbeiter selbst für produktiver halten, wenn sie unter seiner Führung vorgehen. Seine größte Schwäche als Unternehmer liegt aber darin, daß er äußerst schwer zufriedenzustellen ist und außerdem dazu neigt, andere Menschen rücksichtslos zu übergehen. Wenn er nur wüßte, wie sehr seine Mitarbeiter sein Lob und seine Ermutigung brauchen, dann würde er viel mehr Zeit darauf verwenden, ihnen anerkennend auf die Schulter zu klopfen und ihnen ein lobendes Wort zu ihren Leistungen zu sagen. Und das würde ihren Eifer nur noch anspornen. Das Problem liegt nur darin, daß der Choleriker mehr oder weniger unbewußt glaubt, daß Anerkennung und Ermutigung einen Menschen selbstzufrieden machen und daß der Fleiß seiner Angestellten in erschreckender Weise nachlassen würde, wenn er ihnen gegenüber zu freundlich wäre. Daher wird er sich auf dauernde Kritik und kleinliche Suche nach Fehlern in der Hoffnung verlegen, daß sich seine Mitarbeiter daraufhin noch mehr anstrengen werden. Leider muß er dann nach und nach feststellen, daß seine Kritik gerade das Gegenteil bewirkt. Wenn der Choleriker aber endlich erkannt hat, daß die Menschen um ihn herum Ermutigung und Anerkennung dringend brauchen, um ihre Fähigkeiten ganz zu verwirklichen, dann bessert sich sein ganzes Verhalten als Firmenchef außerordentlich.

In dieser Hinsicht kann man einiges von Sportlern lernen. Sie verhalten sich vor entscheidenden Spielen in ganz bestimmter Weise: Sie laufen sich auf dem Platz warm und klopfen sich gegenseitig ermutigend auf den Rücken. Diese Geste drückt etwa folgendes aus: «Ich zähle auf dich. Ich weiß, daß du dein Bestes geben wirst. Enttäusche mich nicht!» Ein Fußballspieler hat einmal von seinem Torwart gesagt: «Für den würde ich meine Hand ins Feuer legen!» Und ganz interessant ist, daß gerade dieser Torwart einer von denen war, die den anderen Spielern ganz besonders gut Mut machen konnten.

In der Frühzeit der amerikanischen Industrialisierung, als der Aufbau von neuen Geschäfts- und Industriezweigen noch nicht ein so detailliertes technisches Wissen verlangte, wurden die meisten Fabriken von Cholerikern gegründet. Heutzutage, wo die Technologie ein viel größeres Fachwissen und viel Kreativität fordert, sind es mehr und mehr Melancholiker oder zumindest melancholische Choleriker, die Unternehmen oder ganze Industriezweige leiten. Choleriker findet man hauptsächlich bei denen, die

Fabrikgebäude, Straßen und Autobahnen entwerfen oder den Nachschub für die Industrie liefern, während die komplexen Organisationen immer stärker analytisch begabte Persönlichkeiten als Leiter brauchen.

Deshalb braucht man aber um die Zukunft der Choleriker keine Angst zu haben. Sie werden immer etwas erfinden können, was ihren Talenten angemessen ist. Sie fallen sozusagen immer auf die Füße. Choleriker haben fast eine eingebaute Fähigkeit, im Leben voranzukommen, und stehen ihren Mann sehr gut als Geschäftsleute, Verkäufer, Lehrer (allerdings nur in praktisch ausgerichteten Fächern), Politiker, Militärs, Sportler und in vielen anderen Bereichen. So wie der Sanguiniker kann auch der Choleriker ein guter Pfarrer sein, obwohl er sehr viel weniger gefühlsbetont ist. Mir ist aufgefallen, daß die meisten gut geführten Gemeinden in ländlichen Gegenden Pfarrer haben, die vorwiegend Choleriker sind. Er ist nicht nur ein dynamischer Bibelausleger, seine Stärken sind auch Organisation und Werbung, und zusammen mit seinen unbestreitbaren Führerqualitäten findet er bei einer vorwiegend ängstlichen Gemeinde meist viel Anklang. Es gibt bei uns ein Sprichwort, das heißt: «Die Narren rennen dahin, wo die Engel nicht wagen hinzugehen.» Keiner hat einem Choleriker je nachgesagt, ein Engel zu sein ... Er fängt viele Unternehmungen an, und mit der richtigen Motivation und vor allem unter dem Segen Gottes kann er ein recht guter Pfarrer sein.

Unsere ganze westliche Welt hat von Cholerikern durchaus viel Gutes erfahren. (Die nordischen, teutonischen, gallischen und fränkischen Volksstämme hatten oft einen sehr hohen Anteil an Cholerikern.) Aber sie hat andererseits auch sehr unter ihnen zu leiden gehabt. Die größten Generäle, Diktatoren und Verbrecher der Weltgeschichte sind meist Choleriker gewesen. Wie kommt es, daß beides möglich ist? Es liegt an den moralischen Grundsätzen und allgemeinen Antrieben. Wenn es im Menschen so etwas wie eine Tendenz zum Erfolg gibt, dann haben Choleriker sie in ganz besonderer Weise. Das bedeutet gar nicht unbedingt, daß sie klüger sind als andere Menschen, wie man oft zu Unrecht annimmt, sondern, daß ihr starker Wille und ihre eiserne Entschlossenheit sie dazu bringen, dort durchzuhalten, wo andere, oft begabtere Menschen, mitten in ihren großen Projekten aufgeben. Wenn eine

Aufgabe Fleiß, Durchhaltekraft und Aktivität verlangt, dann sticht ein Choleriker normalerweise alle anderen Temperamente aus. Wenn es aber um analytische Fähigkeiten, langfristige Planung, Präzision, Geschicklichkeit oder Phantasie geht, dann ist die Sachlage anders. Sehr selten wird man einen vorherrschend cholerischen Menschen als Chirurg, Zahnarzt, Philosoph, Erfinder oder Uhrmacher antreffen. Die Interessen des Cholerikers liegen vielmehr in der Aktion, der Produktion, in der Größe und Kraft. Er ist von vornherein so optimistisch und rechnet erst gar nicht mit Mißerfolgen, daß er dann auch tatsächlich nur sehr selten Fehlschläge erlebt; allerdings abgesehen von seinem privaten Bereich.

Die Schwächen des Cholerikers

Wie alle anderen Temperamente hat auch der Choleriker eine Liste von typischen Schwächen, die seine unbestreitbaren Qualitäten ernsthaft beeinträchtigen können. Was die Sache erheblich kompliziert, ist größtenteils seine mangelnde Bereitschaft, sich überhaupt zu ändern. Ein Rechtsanwalt, der Choleriker ist, hat mir bezeichnenderweise einmal gesagt: «Tim, ich hätte gern, daß du mal meiner Frau mein Temperament erklärst, damit sie sich daran gewöhnen kann, mich so zu nehmen, wie ich nun mal bin.» Es erübrigt sich wohl zu sagen, daß diese Ehe nicht mehr lange gehalten hat.

Zum Glück sind Choleriker sehr praktische Menschen. Und wenn sie einmal eingesehen haben, was sie falsch machen, dann können sie leicht dazu bewegt werden, sich zu bessern. Aber wie kann man sie dazu bringen, ihre Fehler einmal objektiv zu betrachten? Ich hoffe, daß die folgende Beschreibung der häufigsten Schwächen von Cholerikern so beschaffen ist, daß jeder Choleriker, der sie liest, sie objektiv aufnehmen kann.

1. Wut und Feindseligkeit

Choleriker sind äußerst feindselige Menschen. Manche lernen es zwar, ihre Wut unter Kontrolle zu bekommen, aber es besteht immer noch die Gefahr, daß sie plötzlich in Gewalttätigkeit ausbrechen. Wenn ihr starker Wille nicht durch eine angemessene Disziplin gelenkt worden ist, dann entwickeln sie von Wut bestimmte ungezügelte Verhaltensweisen, unter denen sie selbst ihr Leben lang leiden. Sie finden sehr schnell heraus, daß andere von ihren Wutausbrüchen eingeschüchtert werden und daß sie so den Zorn als Waffe gebrauchen können, um das zu erreichen, was sie wollen, d.h. gewöhnlich, ihren eigenen Kopf durchzusetzen. Die Wut des Cholerikers ist anders als die des Sanguinikers. Sein Wutausbruch ist meist nicht so laut und heftig, weil ein Choleriker nicht ganz so extravertiert ist, aber er kann dafür sehr viel gefährlicher sein. Sanguiniker haben auch bei allem Ärger doch immer noch eine freundliche Grundhaltung, die es ihnen schwer macht, andere mit Absicht zu verletzen (obwohl sie aus Gedankenlosigkeit durchaus verletzend wirken können). Beim Choleriker ist das anders. Er kann anderen bewußt Schmerz zufügen und eine gewisse Schadenfreude dabei empfinden. Seine Frau hat meist Angst vor ihm, und seinen Kindern jagt er normalerweise Schrecken ein.

Ein Choleriker kommt mir oft vor wie ein wandelnder Vulkan, der ständig brodelt, bis er so stark provoziert wird, daß er urplötzlich seine bittere und giftige Lava ausspuckt. Ein Choleriker ist der Mann, der die Tür ins Schloß knallt, mit der Faust auf den Tisch haut oder laut hupt. Jeder Mensch oder jedes Ding, das ihm im Weg steht, seinen Fortschritt aufhält oder sich nicht genauso verhält, wie er es erwartet, wird schon bald seinen Zorn zu spüren bekommen. Und im Gegensatz zum Sanguiniker überwindet der Choleriker seine Wut nicht gleich, sondern er kann geradezu unendlich lange einen Groll gegen jemanden hegen. Wahrscheinlich ist das der Grund dafür, daß er meist schon im Alter von 40 Jahren Magengeschwüre hat.

Vor einigen Jahren meinte ich, ich müßte einmal grundsätzlich mit einem meiner Freunde sprechen, der sehr zu Wutausbrüchen neigte und dessen unerhörte Kenntnis der Bibel mich andererseits tief beeindruckte. Er ist ein begabter biblischer Unterweiser und kennt die Heilige Schrift besser als jeder Laie, der mir bisher begegnet ist. Und doch werden wir ihn in unserer Sonntagsschule nie unterrichten lassen können, weil wir nie wissen, wann er plötzlich explodiert und damit sowohl sein als auch unser aller Zeugnis restlos zerstört. Da ich selbst erhebliche Schwierigkeiten gehabt habe, mit Ärger und Wut in mir fertigzuwerden — bis vor 14 Jahren — glaubte ich, er würde von mir einen Rat annehmen. Ich sagte ihm geradeheraus, er würde Gottes Möglichkeiten, in seinem Leben zu wirken, durch sein Verhalten ernsthaft einschränken.

Er antwortete, allerdings ohne beleidigt zu sein oder wütend zu werden: «Ich bin nun mal so. Ich weiß, daß ich leicht aufbrause, aber ich kann mich in diesem Punkt nicht ändern.» Hilflos mußte ich in der Folgezeit zusehen, wie dieser Mann nach und nach seine Kinder, sich selbst, und auch allem, was mit dem Glauben an Gott zusammenhängt, entfremdete. Es ist wirklich eine Tatsache, daß ich nur sehr selten erlebt habe, wie junge Leute sich für Jesus Christus geöffnet haben, wenn sie in einem Elternhaus groß geworden waren, das von Wut und Feindseligkeit bestimmt war. Normalerweise entwickeln sie mit der Zeit selbst eine solche Wut gegen den cholerischen Vater oder die Mutter, daß sie auch dazu kommen, Gott zu hassen. Wenn der Vater Choleriker ist, dann ist es für sie sehr schwer, den Gott ihres Vaters zu lieben. Sie stellen sich Gott eher als einen wütenden, strafenden Tyrannen vor, der sie dauernd scharf beobachtet, ob sie sich etwa so verhalten, wie es ihm mißfällt, ganz genauso wie es ihr leiblicher Vater immer getan hat. Solche Menschen haben es unendlich schwer, die Liebe Gottes zu erkennen und anzunehmen. Diese Tendenz der Choleriker, ihre Kinder innerlich regelrecht zu zerstören, ist mir vor einigen Jahren bei einem Ereignis in unserer Gemeinde ganz neu klargeworden. Da stellten einige Diakone der Gemeinde ein Programm vor, als plötzlich eine Gruppe von vorwiegend cholerischen Männern das Wort ergriff und den Plan entschieden zurückwies. (Choleriker greifen entweder begeistert die Pläne anderer auf, oder aber sie sind ganz und gar dagegen. Sie scheinen irgendwie nicht fähig zu sein, zu irgendeinem Punkt eine neutrale Stellung einzunehmen.) Auf dem Heimweg an diesem Abend machte meine Frau eine interessante Bemerkung. Sie fragte mich: «Hast du eigentlich gemerkt, was alle diese Männer, die so sehr gegen das neue Programm waren, gemeinsam hatten?» «Ja», sagte ich, «sie waren alle entweder Choleriker oder Melancholiker oder eine Kombination von beiden.» — «Nein», antwortete sie, «das habe ich jetzt nicht gemeint, aber sie haben alle Schwierigkeiten mit ihren Kindern gehabt.» Ich ging die Liste der Männer noch einmal in Gedanken durch und mußte zugeben, daß sie recht hatte. Und leider ist das kein Zufall. Die Bibel sagt, daß Zorn nur

Streit hervorruft und auch, daß der Zorn ansteckend ist. Wütende Kinder kommen gewöhnlich aus Elternhäusern, die von Wut und Ärger bestimmt sind.

Wenn der Choleriker sich nicht ganz klar darüber wird, daß diese seine spezifische Schwäche Sünde ist und nicht den Heiligen Geist an sich wirken läßt, so daß seine Bitterkeit durch Liebe und Friedfertigkeit ersetzt werden kann, so wird er nie den Grad der geistlichen Reife erreichen, den Gott eigentlich für ihn vorgesehen hat.

2. Grausamkeit, verletzender Spott und Sarkasmus

Niemand äußert mehr bittere Kommentare als ein sarkastischer Choleriker. Manchmal frage ich mich tatsächlich, ob ein solcher Mensch eigentlich eine Zunge oder eine Rasierklinge im Mund hat. Da er extravertiert ist, hat er immer gleich ein bissiges Wort bereit, das einen unsicheren Menschen einschüchtern und einen weniger offensiven Menschen sofort entmutigen kann. Auch der Sanguiniker ist ihm hierin nicht ebenbürtig, denn er wird nicht grausam oder gemein handeln. Ein Choleriker schreckt nicht davor zurück, einen anderen Menschen völlig abzuschreiben oder ganz fertigzumachen. Folglich läßt er eine ganze Spur von zerstörten Persönlichkeiten und zerbrochenen Ichs hinter sich, wo immer er geht.

Wohl dem Choleriker (und seiner Familie), der entdeckt, daß seine Zunge eine ganz gefährliche Zerstörungswaffe sein kann, aber auch zum Heil und Zurechtbringen dienen kann. Wenn er einmal gelernt hat, wie wichtig für andere Menschen die Anerkennung und Ermutigung durch Worte ist, dann wird er sich bemühen, seine Zunge unter Kontrolle zu halten. Solange, bis er wütend wird ...

Dann wird er mit Jakobus entdecken:
«Die Zunge kann kein Mensch zähmen, das unruhige Übel voll tödlichen Gifts» (Jak. 3,8).

Wenn man eine schnelle Zunge hat und außerdem noch sehr ärgerlich ist, dann wird man sehr schnell auch ordinär. Die Worte des Cholerikers sind dann nicht nur eine Beleidigung für weibliche Ohren, sondern auch unannehmbar für Männer und sogar Haustiere.

3. Kälte und Lieblosigkeit

Die Milch der menschlichen Freundlichkeit ist im Inneren eines Cholerikers fast ganz eingetrocknet. Er ist der Liebloseste unter allen Temperamenten und verkrampft sich innerlich, wenn er nur daran denkt, daß er in der Öffentlichkeit irgendeine Gefühlsregung zeigen könnte. Die eheliche Liebe stellt sich für ihn etwa so dar, daß man sich zur Hochzeit einen Kuß gibt und danach wieder je einen im Abstand von 5 Jahren. Außer der Wut sind seine Gefühle deutlich unterentwickelt. Die Frau eines Cholerikers, die mit ihm eine 24jährige Ehe geführt hatte, beklagte sich einmal in meiner Beratung; «Mein Mann ist furchtbar kalt und abweisend. Er läßt sich zwar von mir küssen, aber er äußert dabei keinerlei Gefühle. Wenn man ihm einen Kuß gibt, ist das etwa so, als ob man eine Marmorstatue auf dem Friedhof an einem kalten Wintertag umarmen würde.»

Seine Gefühlsstarre verbietet es ihm fast ganz und gar zu weinen. Normalerweise versiegen seine Tränen im Alter von 12 oder 13 Jahren, und es fällt ihm sehr schwer, andere zu verstehen, wenn sie zu Tränen gerührt sind. Ich habe einmal einen guten Handballpartner und Freund verloren, als ich versucht habe, ihn bei der Beerdigung seines Vaters zu trösten. Er saß dort mit unbewegtem Gesicht, durch und durch ein Choleriker, während ich die Traueransprache hielt. Aber als alle anderen die Kapelle verlassen hatten, löste sich die übermenschliche Anspannung, und er brach in Tränen aus, weil seine Trauer ihn einfach übermannte. Er weinte so sehr, daß ihm die Tränen durch die Finger rannen. Alles, was ich tun konnte, war, mich neben ihn zu setzen, meinen Arm um ihn zu legen und ihm begütigend zuzureden. Er legte den Kopf auf meine Schulter und schluchzte. Doch plötzlich hörte er auf zu weinen, stand auf und ging aus der Kapelle und damit auch aus meinen Augen. Er hat mich seitdem wie die Pest gemieden. Offenbar schämte er sich so, daß er in meiner Gegenwart zusammengebrochen ist, daß er den Gedanken nicht ertragen kann, mir noch einmal zu begegnen.

Aber was dieser Mann nicht erkannt hat, ist, daß Weinen ein von Gott gegebenes Mittel ist, das ganze emotionale System in Zeiten größter Belastung zu erleichtern. Wenn er bei dieser Beerdigung nicht in Tränen ausgebrochen wäre, dann wäre ihm wohl das Herz vor lauter aufgestauter Traurigkeit zersprungen.

Da ich selbst vorwiegend Choleriker bin, kann ich das gut verstehen. Zwei Jahre nach dem Tod meines Vaters, als ich 12 Jahre alt war, hörten meine Tränen auf zu fließen. Irgend etwas klappte in mir zu, und ich habe seitdem nie wieder weinen können. Nicht, daß ich nicht mit anderen mitfühlen könnte oder nicht auch manchmal gewünscht hätte, weinen zu können, aber offenbar sind meine Tränenkanäle einfach eingetrocknet. Ich kann mich nur an eine Situation erinnern, in der ich sehr nahe dran war zu weinen. Es ist etwa ein Jahr her, daß meine Frau und ich in Miami in einem Hotelzimmer übernachteten. Plötzlich klingelte das Telefon, und wir erhielten von unseren Freunden Fred und Betty die tragische Nachricht, daß ihr 7jähriger Sohn Russel während einer Skifreizeit, die von unserer Gemeinde aus organisiert worden war, im Colorado ertrunken war, in einem kurzen unbeobachteten Moment, als seine Eltern gerade das Frühstück machten. Schon jahrelang kannten wir die beiden, und sie waren für uns wie ein Sohn und eine Tochter gewesen. Wir hatten sie schon oft besucht, als sie noch gar nicht verheiratet gewesen waren. Und ich hatte alle ihre vier Kinder getauft. Der Gedanke, daß dies der erste tragische Unfall war, den wir in unserer Gemeinde erleben mußten, und daß ich in gewisser Weise mit dafür verantwortlich war, brachte mich ganz aus der Fassung. Als ich den Hörer aufgelegt hatte, fühlte ich in mir einen so starken Schmerz, daß ich mich aufs Bett warf und ins Kissen schluchzte, auch wenn mir keine Tränen kamen. Ich weinte haltlos, und meine Frau wußte nicht mehr, was sie mit mir machen sollte. In den 28 Jahren unserer Ehe hatte sie mich nie so erlebt. Endlich gewann ich die Fassung wieder, und meine überwältigende Traurigkeit ebbte allmählich ab. Zum erstenmal in meinem erwachsenen Leben sah ich ein, daß das Weinen seinen rechtmäßigen Platz auch im Leben eines Mannes hat. Schließlich hat auch Jesus Christus, der vollkommenste Mann, beim Tod seines Freundes Lazarus geweint, obwohl er doch wußte, daß Lazarus bald wieder zum Leben erweckt werden würde. Leider hatte ich diese Macht in meiner verzweifelten Situation nicht.

Viele Männer und auch einige Frauen vertreten die Ansicht, daß Weinen unmännlich sei. Daher schämen sich manche Männer auch, jemals Tränen zu vergießen. Das ist aber unsinnig. Abgesehen vom Temperament hat jeder Mann und jeder Junge einen bestimmten Punkt, an dem er innerlich zusammenbricht. Sanguiniker können schon anfangen zu weinen, wenn sie eine traurige Geschichte erzählen oder hören. Melancholiker sind normalerweise dem Leiden anderer Menschen gegenüber sehr sensibel, und auch Phlegmatiker sind im allgemeinen weichherzig. Und ich vermute, auch wenn es sehr viel stärkerer Reize bedarf, daß auch Choleriker sehr tief empfinden können. Vielleicht reiben sie sich nur die Nase oder kneifen sich ins Bein, um den inneren Druck zu überwinden, aber auch sie können einmal zu Tränen gerührt werden, besonders wenn sie Christen und vom Heiligen Geist regiert sind.

Choleriker sind in ihren gefühlsmäßigen Reaktionen so gut zu durchschauen, daß sie sich ebensogut verstecken können wie ein dicker Mann hinter einem Laternenpfahl. Ein sicheres Zeichen dafür, daß sie vom Heiligen Geist bestimmt werden, ist ihr Mitgefühl. Es ist ein Charakteristikum der Liebe neben acht anderen (s. dazu Gal. 5, 22 + 23).

Für mich war es ein sehr beeindruckendes Erlebnis, als ich in Grand Rapids von zwei Männern ganz unabhängig voneinander die gleiche Frage gestellt bekam: «Sagen Sie mal, in Ihrem Buch 'Verwandeltes Temperament' haben Sie einen sehr gütigen Choleriker beschrieben, der einen solchen Eindruck auf Sie gemacht hat, daß Sie hoffen, einmal so zu sein wie er, wenn Sie sein Alter erreicht haben. Dann haben Sie noch gesagt, daß dieser Mann in seinen jungen Jahren außerordentlich hartherzig gewesen wäre, aber daß Gott ihn dann innerlich aufgebrochen hätte, so daß er heute ein richtiges Beispiel für christliche Männlichkeit ist. Haben Sie damit vielleicht Herrn ... gemeint?» Und sie nannten beide denselben Namen. Ich mußte schlucken und wußte nicht, ob meine Darstellung die Wirklichkeit so genau getroffen hatte, aber beide Männer gaben an, daß sie den besagten Choleriker in seinen aggressiven Zeiten gut gekannt hätten, als er ein bankrottes Geschäft aufgekauft hatte und es in kurzer Zeit zu einem der größten Unternehmen seiner Branche gemacht hatte. Und sagten weiter: «Ja, und ich finde genau wie Sie, daß nur Gott dieses Mitgefühl und diese Sensibilität in ein solches Leben gebracht haben kann.» Das wichtigste Zeichen des Heiligen Geistes im Leben eines Menschen ist eindeutig die Liebe. Aus ihr entsteht auch Mitgefühl. Das fällt bei einem Choleriker dann ganz besonders auf, denn er ist seiner Natur nach viel eher dazu geneigt, die Gefühle anderer einfach zu mißachten und sie zu manipulieren, anstatt ihnen zu dienen. Erst der Heilige Geist kann die Liebe in sein Herz einpflanzen.

4. Mangelnde Sensibilität und Rücksichtslosigkeit

Verwandt mit dem natürlichen Mangel an Liebe ist die Tendenz des Cholerikers, für die Bedürfnisse anderer Menschen unempfänglich zu sein und sich rücksichtslos über ihre Gefühle hinwegzusetzen. Ein sehr energischer Choleriker hat mir einmal erzählt, daß er bei einem christlichen Seminar sein Leben ganz neu der Führung Jesu Christi übergeben hätte und auch erkannt hätte, daß er bisher den Bedürfnissen seiner Familie gegenüber viel zu sensibel gewesen wäre. Also versammelte er Frau und Kinder um sich, sobald er nach Hause kam und verkündete ihnen: «Hört mal zu, Gott hat mir klar gemacht, daß ich mehr auf eure Bedürfnisse achten müßte.» Dann zog er sein Notizbuch heraus und fragte jeden einzelnen: «Also, nun sag mal, was hast du für Bedürfnisse?» Es erübrigt sich wohl zu sagen, daß keiner etwas vorzubringen wußte, wenn er so gefragt wurde. Erst nach und nach hat dieser Mann gelernt, seine Familienmitglieder zu beobachten, ihre Gedanken zu erraten und daraus ihre Bedürfnisse auch ohne Worte zu erkennen.

Wenn ein Choleriker sensibel und rücksichtsvoll wird, dann kann er ein großer Segen für andere sein, denn, wie wir schon gesehen haben, ist es von entscheidender Bedeutung, was er von den anderen Menschen hält. Von Natur aus hat der Choleriker das dicke Fell eines Elefanten. Aber der Geist Gottes kann ihn «freundlich und langmütig» machen.

5. Eigensinn und Starrköpfigkeit

Die natürliche Bestimmtheit des Cholerikers ist unbestritten ein Vorteil, der ihm eine sichere Stellung im Leben verschafft. Aber sie kann ihn auch eigensinnig und starrköpfig machen. Da er ein sehr rasches intuitives Empfinden hat, ist er sehr schnell mit seiner Meinung fertig, auch ohne angemessen darüber nachzudenken. Wenn er einmal einen bestimmten Standpunkt vertritt, dann ist es fast unmöglich, ihn davon abzubringen. Kein Temperamentstyp paßt besser zu dem geflügelten Wort: «Komm mir nicht mit Tatsachen, ich habe meine Ansichten!» Da er ein extravertierter Mensch ist, wird er sehr bereitwillig argumentieren, um seinen Standpunkt darzulegen, und lieber allen Grund unter den Füßen verlieren, anstatt zuzugeben, daß er einen Fehler gemacht hat, um dann alles noch einmal zu überdenken und einen vernünftigeren Standpunkt einzunehmen.

Choleriker sind ausgesprochen wenigen Dingen gegenüber neutral eingestellt. Sie haben fast zu allem ihre ganz bestimmte Meinung.

Ein Choleriker, den ich kenne, ging einmal mit seinem Freund und den beiden Frauen auf den Jahrmarkt und fand dort unter anderem einen Computer, der angeblich die Handschrift analysieren konnte und daraus Schlüsse auf den Charakter zog. Er überredete die anderen dazu, dafür eine Mark zu investieren. Sie waren einverstanden unter der Bedingung, daß er den Anfang machte. Er schrieb seinen Namen auf, und der Computer spuckte fünf Karten mit Daten über ihn aus. Auf der ersten stand bereits etwas, worüber die anderen laut lachen mußten. «Sie sind sehr von Ihrer eigenen Meinung überzeugt und neigen dazu, schroff und sarkastisch zu sein.» Das Gelächter war der Beweis dafür, daß der Apparat den Nagel auf den Kopf getroffen hatte.

Diese Tendenz zum Eigensinn macht das Leben des an sich dynamischen Cholerikers oft sehr eintönig, denn seine Aktionen und Reaktionen sind für die, die ihn kennen, fast genau vorhersagbar. Es ist ein glücklicher Tag für einen Choleriker, wenn er endlich lernt zu überlegen, bevor er seine Entscheidungen trifft, und wenn er einsieht, daß seine vorschnellen ersten Eindrücke und seine eingefleischten Vorurteile oft seine Lebensfreude beeinträchtigen und seine Produktivität schmälern können. Die meisten cholerischen Ehemänner tun gut daran, mehr auf die Gedanken, Meinungen und Gefühle ihrer Frauen zu achten, denn nach dem Grundsatz, daß sich Gegensätze stets anziehen, haben ihre Ehepartner in den meisten Fällen eine weitere Perspektive und überlegen gründlicher, bevor sie Entschlüsse fassen, und das täte auch dem Choleriker gut, bevor er mit beiden Beinen in ein Unternehmen hineinspringt. Wenn er ernsthaft auf seine Frau hört, dann sind gewöhnlich beide dadurch besser dran.

6. Gerissenheit und Herrschsucht

Eines der unerfreulichen Charakteristika des Cholerikers ist seine Neigung, notfalls alle Tricks anzuwenden, um seinen Kopf durchzusetzen. Er akzeptiert fast nie eine negative Antwort von einem anderen, sondern wird immer wieder andere Wege suchen, um seine Vorhaben trotzdem zu erreichen. Da er einfach nie aufgeben kann, betrachtet er die Antwort «Nein» immer nur als ein «Jetzt noch nicht». Und man kann Gift darauf nehmen, daß er früher oder später die ganze Sache noch einmal vorbringt. Wenn er dazu die Wahrheit etwas beugen oder ein paar Zahlen zu seinen Gunsten abändern muß, dann zögert er nur selten. Für ihn heiligt der Zweck alle Mittel. Wenn er darauf angewiesen ist, daß ihm ein anderer einen Gefallen tut, dann kann er so liebenswürdig wie ein Sanguiniker sein, aber sobald er das erreicht hat, was er wollte, vergißt er, daß er diesen anderen Menschen überhaupt kennt. Wahrscheinlich trägt ihm das den Ruf ein, daß er andere nur für seine Ziele einspannt.

Da er sehr schnell zu Entschlüssen kommt, hat er großen Spaß daran, die Entscheidungen auch für andere Menschen gleich mitzutreffen und sie seinem Willen unterzuordnen. Wenn Sie einen Choleriker als Arbeitgeber haben, dann brauchen Sie nicht darüber zu rätseln, was er wohl von Ihnen will, denn das hat er Ihnen bereits eine halbe Stunde nach Dienstbeginn mindestens fünfmal gesagt und zwar mit Donnerstimme. Da er die Ungeduld in Person ist, gibt er alle seine Anweisungen in so knappem und präzisem Stil, daß man es eigentlich durchaus nicht nötig hätte, gleich fünfmal zu hören, was er will. Seine Notizen zu lesen ist dagegen ein Kunststück. Er schreibt so schnell, daß er die Hälfte aller Buchstaben und meist auch noch einige Wörter ganz wegläßt, und so ist man sich nie ganz sicher darüber, was er eigentlich meint; man hat aber meistens zuviel Angst, um ihm noch Rückfragen zu stellen.

Die Choleriker können außerordentlich leistungsstarke Menschen sein, wenn ihre Schwächen unter Kontrolle gebracht werden, bevor sie zum beherrschenden Lebensstil werden. Wenn sie vom Heiligen Geist bestimmt werden, dann werden ihre Neigungen zur Eigensinnigkeit und zur Schroffheit durch eine Freundlichkeit ersetzt, die ganz klar erkennen läßt, daß sie von etwas anderem als ihrem natürlichem Temperament regiert werden. Seit der Zeit des Apostels Paulus haben bis auf den heutigen Tag die Kirche Jesu Christi und die Gesellschaft überhaupt von diesen aktiven und produktiven Menschen sehr viel Gutes erfahren. Viele unserer wichtigen kirchlichen Einrichtungen sind von wagemutigen Cholerikern gegründet worden. Aber um im Reich Gottes wirklich gute Dienste tun zu können, müssen sie unbedingt lernen, daß Gott seine ganz eigenen Grundsätze bei der Produktivität hat: «Es soll nicht durch (cholerisches) Heer oder (natürliche) Kraft geschehen, sondern durch meinen Geist, spricht der Herr Zebaoth» (Sach. 4, 6).

Der Melancholiker

Das melancholische Temperament ist das vielseitigste von allen. Der Melancholiker ist ein analytisch begabter, aufopfernder, perfektionistischer Typ mit vielen Fähigkeiten, der ein außerordentlich sensibles Gefühlsleben hat. Keiner kann mehr Freude an Musik und Kunst empfinden als er. Von Natur aus ist er eher introvertiert, aber da er weitgehend von seinen Gefühlen bestimmt wird, ist er auch einer ganzen Reihe von Stimmungen ausgesetzt. Manchmal kann er nahe an der Ekstase sein, was ihm den Anschein gibt, ein extravertierter Mensch zu sein; zu anderen Zeiten aber ist er düster und deprimiert, und in diesen Perioden zieht er sich ganz in sich zurück und kann sogar zu anderen geradezu feindselig sein. Diese Neigung zu trüben Stimmungen hat ihm den Ruf eingetragen, daß er das «schwarze Temperament» ist.

Der Melancholiker ist ein sehr treuer Freund. Im Gegensatz zum Sanguiniker schließt er jedoch nicht schnell Freundschaft. Er gibt sich nur selten den innerlichen Ruck, von sich aus auf andere Menschen zuzugehen. Normalerweise läßt er sie erst an sich herankommen. Er ist vielleicht das zuverlässigste von allen Temperamenten, denn seine Neigung zum Perfektionismus gestattet ihm nicht, sich vor Verantwortung zu drücken oder andere zu enttäuschen, die auf ihn zählen. Seine Zurückhaltung, sich selbst in den Vordergrund zu stellen, ist aber keineswegs ein Zeichen dafür, daß er nicht gern mit anderen Menschen zusammen ist. Wie wir alle ist er nicht nur gern in Gesellschaft, sondern hat auch den starken Wunsch, von anderen Menschen geliebt zu werden. Aber erfahrene Enttäuschungen lassen ihn bald sehr vorsichtig werden, wenn es um Offenheit anderen gegenüber geht. Daher wird er auch leicht mißtrauisch, wenn andere ihn ausfragen oder ihn mit ihrer Aufmerksamkeit überschütten. — Seine außergewöhnliche Fähigkeit zur Analyse führt dazu, daß er die möglichen Hindernisse und Gefahren bei einem geplanten Unternehmen sehr genau unter die Lupe nimmt, wenn er bei einem Projekt beteiligt ist. Hierin unterscheidet er sich sehr stark vom Choleriker, der fast nie Probleme und Schwierigkeiten erwartet, sondern von vornherein fest davon überzeugt ist, daß er einfach mit jeder Krise fertig wird. Durch diese Haltung ist der Melancholiker oft sehr zurückhaltend und nicht leicht bereit, etwas Neues zu wagen, und er bringt bald seine Bedenken bei denen an, die so optimistisch planen. Wenn nur irgend jemand in einer Planungsgruppe von Hindernissen statt von Zielen und Erfolgen redet, dann verliert der Melancholiker leicht den Mut, bevor er die ganze Sache überhaupt in Angriff genommen hat. Wenn man einen Melancholiker aber auf seinen Pessimismus hin anspricht, wird er bestimmt entgegnen: «Ich bin nicht pessimistisch, ich bin nur realistisch.» Seine normale Denkweise macht ihn also pessimistisch, weil er die Realität immer genau beobachtet. Gelegentlich kann es vorkommen, daß er in einer ekstatischen Laune ganz besonders große Kunstwerke oder sonst etwas Geniales hervorbringt, aber diese Zeiten der Erfüllung werden sehr oft von einer Zeit tiefer Depression abgelöst.

Der Melancholiker empfindet sein Leben meist dann am sinnvollsten, wenn er sich für andere oder für eine Sache aufopfert. Er scheint geradezu den Wunsch zu haben, selbst zu leiden und wird oft eine schwierige Lebensaufgabe wählen, die große persönliche Opfer von ihm verlangt. Aber wenn er sich einmal zu einer Sache entschieden hat, dann wird er auch sehr gründlich und beständig dabei bleiben, und er wird höchstwahrscheinlich viel Gutes dabei erreichen, wenn seine Tendenz, sich selbst ganz aufzuopfern, ihn mit der Zeit nicht so deprimiert macht, daß er doch irgendwann aufgibt. Kein Temperament hat so viele Möglichkeiten wie er, sich zum Guten zu entfalten; sie müssen nur vom Heiligen Geist aufgeschlossen werden.

Berufliche Möglichkeiten für den Melancholiker

Im allgemeinen kann man sagen, daß kein anderes Temperament einen höheren Intelligenzquotienten, mehr Phantasie oder Kreativität hat als der Melancholiker. Keiner ist so zum Perfektionismus fähig wie er. Die meisten der großen Komponisten, Künstler, Musiker, Erfinder, Philosophen, Theoretiker, Theologen, Wissenschaftler und Erzieher sind vorwiegend Melancholiker gewesen. Nennen Sie einen beliebigen berühmten Künstler, Komponisten oder Dirigenten, es wird meist ein genialer und oft exzentrischer Melancholiker sein. Man kann Rembrandt, van Gogh, Beethoven, Mozart, Wagner und unzählige andere nennen, normalerweise gilt: Je größer der Grad der Genialität ist, desto größer ist auch der melancholische Anteil im Temperament.

Jeder Berufszweig, der Perfektion, Aufopferung und Phantasie verlangt, steht dem Melancholiker offen. Er neigt jedoch leicht dazu, seinen Möglichkeiten selbst Grenzen aufzuerlegen, indem er sich unterschätzt und die Probleme übertreibt. Jede humanitäre Aufgabe in einer Berufssparte wird den Melancholiker ganz besonders anziehen. Ich habe jahrelang Ärzte auf ihr Temperament hin beobachtet, und obwohl es immer wieder einmal Ausnahmen gibt, ist doch fast jeder Arzt, den ich kenne, entweder vorwiegend oder doch in zweiter Linie ein Melancholiker. Man braucht wohl auch seine Veranlagung, um die Härte eines Medizinstudiums durchzustehen, denn ein Arzt muß Perfektionist sein, sich besonders auf die Analyse verstehen und auch von humanitären Zielen begeistert sein, ein Herz haben, dem daran liegt, anderen Menschen zu helfen.

Die analytischen Fähigkeiten, die man u.a. dazu braucht, um Häuser zu bauen, eine Landschaft zu verändern oder eine größere Fläche zu gestalten und eine zusammenhängende Entwicklung langfristig zu planen, sind normalerweise nur bei einem Melancholiker gegeben. Im Baugewerbe wird ein Melancholiker vielleicht gern den gesamten Bau beaufsichtigen. Er tut aber gut daran, jemand anders für diese Beaufsichtigung anzustellen, der besser mit Menschen umgehen kann. Für ihn bleibt dann mehr Zeit, die er am Reißbrett verbringen kann. Er wird nämlich leicht von den normalen Problemen, die mit Angestellten entstehen, überfordert und fügt dann noch selbst welche durch seine oft unrealistischen perfektionistischen Forderungen hinzu.

Praktisch jeder gute Musiker ist wenigstens zum Teil ein Melancholiker, ganz gleich ob er Komponist, Chorleiter, Solist oder Orchestermusiker ist. Daran liegt es, daß in so vielen bekannten Musikstücken eine typisch melancholische Klage liegt. Gerade gestern noch, als ich mit meiner Frau zum Flughafen fuhr, hörten wir im Autoradio eine sehr eingängige (oder schmalzige, das ist Geschmackssache) Western-Melodie. Wir sahen uns an und mußten lachen, das typisch melancholische Tremolo in der Stimme war einfach zu offensichtlich. Und dieses Lied ist heute ein sehr bekannter Schlager.

Der Einfluß des Temperaments auf die musikalischen Fähigkeiten eines Menschen wurde mir vor ein paar Jahren sehr klar, als sich in unserer Gemeinde ein Kantor vorstellte, dessen Frau, offensichtlich von cholerischem Temperament, gut Klavier spielen konnte. Auf dem Heimweg sagte ich zu meiner Frau, daß ich einfach nicht verstehen könnte, wie ein Choleriker so gut Klavier spielen könnte. Sie entgegnete: «Die Frau spielt aber rein mechanisch. Durch ihre starke Willenskraft hat sie es soweit gebracht, das Klavierspielen zu beherrschen, aber sie kann die Musik nicht echt nachempfinden.» Und tatsächlich, es stellte sich später heraus, daß das phantastische Stück, das sie an jenem Abend gespielt hatte, von ihrem Mann arrangiert worden war, der ein reiner Melancholiker war. Obwohl er nicht Klavierspielen konnte, hatte er ein Gefühl für diese Musik.

Natürlich werden aber nun nicht alle Melancholiker Ärzte oder Künstler. Viele werden auch ausgezeichnete Handwerker: Zimmerleute, Maurer, Installateure, Fliesenleger, naturwissenschaftliche Arbeiter, Gärtner oder aber Stückeschreiber, Autoren, Mechaniker, Maschinisten etc. Sie können fast jeden Beruf ergreifen, mit dem anderen Menschen ein sinnvoller Dienst erwiesen wird. Eine Berufssparte, die erstaunlicherweise vor allem Melancholiker anzieht, ist das Theater. Normalerweise meint man, für einen Schauspieler käme nur ein extravertierter Mensch in Frage. Der Melancholiker ist aber fähig, auf der Bühne ein anderer Mensch zu sein und sich ganz in diese Rolle einzuleben, ganz gleich wie extravertiert sie auch ist; aber sobald das Stück vorbei ist und er von seiner emotionalen Hochstimmung weggekommen ist, verwandelt er sich wieder in einen eher introvertierten Menschen.

Die Schwächen des Melancholikers

Die Feinde jedes Temperaments sind seine natürlichen Schwächen. Diese negativen Seiten, die ihn so leicht bestimmen, hindern einen Menschen daran, sein unerhörtes Potential, das ihm eigentlich zur Verfügung steht, voll auszuschöpfen. Die folgende Liste umfaßt die wichtigsten Schwächen des Melancholikers. Wenn er sich darauf konzentriert, diese spezifischen Schwierigkeiten zu überwinden, dann kann er ein besonders nützliches und produktives Mitglied der menschlichen Gemeinschaft sein.

1. Negative Einstellung, Pessimismus und Kritik

Die durchaus bewundernswerte Eigenschaft des Perfektionismus und der Gründlichkeit hat auch eine Kehrseite, die sich zum Nachteil auswirken kann. Sie liegt im negativen, pessimistischen und kritischen Denken. Jeder, der einmal längere Zeit mit einem ausgeprägten Melancholiker zusammengearbeitet hat, kann schon im voraus seine ersten Reaktionen auf jeden neuen Vorschlag erahnen: Sie werden bestimmt negativ oder zweifelnd sein. Auch in unserer Gemeinde ist das so: Die Reaktionen der vielen Melancholiker im Gemeinderat und im College sind schon vorhersagbar. Ihre Lieblingsantwort ist: «Nein, unmöglich! Das geht auf gar keinen Fall!» Oder die Behauptungen, die mich persönlich immer am meisten aufregen: «Das haben wir ja schon mal versucht, und es ist dann nichts daraus geworden.» Oder aber: «Da werden die anderen bestimmt nicht mitmachen!» Welche anderen denn? Das können doch nur die anderen Melancholiker sein.

Diese Eigenart beschränkt übrigens auch die beruflichen Möglichkeiten des Melancholikers mehr als alles andere. In dem Moment, wo eine neue Idee oder ein neuer Plan vorgestellt wird, erwacht seine analytische Fähigkeit, und er fängt sofort an, jedes mögliche Problem und jedes Hindernis auszutüfteln, das im Verlauf dieses Projekts auftreten könnte. Das kann ein Vorteil sein, denn wenn man seine Einwände berücksichtigt, kann man manche Schwierigkeiten im voraus erkennen und sich darauf vorbereiten, aber wenn es nur um den Melancholiker selbst geht, ist diese

Denkweise ein klarer Nachteil, denn sie hindert ihn daran, von sich aus etwas zu wagen und seine Fähigkeiten ganz auszunutzen. Ein vorwiegend melancholischer Mensch fängt praktisch nie ein neues Geschäft an und beginnt genausowenig auf der privaten Ebene ein noch unausprobiertes Programm. Statt dessen wird er sich eher in den Dienst von vielleicht weniger begabten, dafür aber mutigeren Temperamenten stellen lassen.

Der Junggeselle ist dafür ein gutes Beispiel. Er glaubt melancholisch zu sein, weil er nicht verheiratet ist, aber in Wirklichkeit ist er Junggeselle, weil er Melancholiker ist. Der Grund dafür ist ganz einfach: Er macht sich ein gedankliches Bild von einer idealen Ehefrau. Wenn er dann einer Frau begegnet, die diesem Bild ähnelt, verliebt er sich sofort in sie. Er merkt aber auch bald, daß sie deutliche Schwächen hat, denn ein Melancholiker entdeckt schon vor der Hochzeit, was andere Temperamente meist erst nachher erkennen: Jedes menschliche Wesen hat seine unbestreitbaren Schwächen. Und dann kommt die entscheidende Frage: Kann ich wirklich jemanden lieben, der doch offensichtlich so unvollkommen ist? Sehr oft wird seine Braut dann schließlich des Wartens müde und heiratet einen anderen. Eine sehr hübsche junge Frau, die ich als Helferin in einem Jugendlager kennenlernte, bat mich um Rat und überraschte mich mit der Bitte: «Sie kommen doch im nächsten Monat in die und die Gemeinde. Dann sagen Sie doch bitte dem Pfarrer dort, daß er mich jetzt entweder endlich heiraten oder ganz in Ruhe lassen soll!»

Diese 27jährige Frau war mit dem um ein Jahr älteren Pfarrer schon acht Jahre befreundet. Bereits siebenmal waren sie verlobt gewesen, und die Einladungen für die Hochzeit waren auch schon einmal verschickt worden, aber jedesmal hatte er das Ganze abgeblasen, wenn der Hochzeitstag unmittelbar bevorstand. Als ich ihn dann vier Wochen später traf, bestätigte er auch alles, was seine Braut gesagt hatte und fügte noch hinzu: «Kein anderes Mädchen gefällt mir so gut wie sie. Aber ich bin einfach immer unsicher, ob ich wirklich das Richtige tue, wenn ich sie heirate.» Nebenbei gesagt, fast jeder von uns kennt das Gefühl, nach dem Kauf vielleicht doch das Falsche ausgesucht zu haben. Aber der Melancholiker hat dieses Gefühl eben schon, bevor er etwas kauft oder irgendeine Entscheidung trifft. Ich riet diesem Mann nun:

«Hören Sie zu, wenn Sie das nächste Mal gebeten werden, dies Mädchen zu heiraten, dann sagen Sie keiner Menschenseele etwas davon. Fahren Sie einfach fort und heiraten Sie!» Ich vergaß die ganze Sache dann wieder, bis ich zum nächsten Weihnachtsfest eine Ansichtskarte aus Arizona bekam, auf der schlicht und einfach stand: «Wir haben es endlich getan!» Ein halbes Jahr später traf ich den Mann wieder. Er bedankte sich bei mir und gab reumütig zu: «Wissen Sie, ich wünschte, das hätte mir schon jemand vor fünf Jahren gesagt!»

Diese Neigung zum Negativismus, zum Pessimismus und zur Unentschiedenheit kann einen Mitmenschen manchmal schon auf die Palme bringen. Aber es ist kein typisch männlicher Zug. Es ist nur das Temperament, das dieses Verhalten bewirkt. Ein Freund von mir ist dafür ein ähnliches Beispiel. Er war während seines Studiums ein großartiger Verteidiger im Fußball, und war zwei Jahre lang der Star seines Vereins. Dann hängte er unvermittelt seine Fußballschuhe an den Nagel und begann ein Theologiestudium. Heute ist er Gemeindepfarrer in Südkalifornien. Er trug mit dazu bei, daß seine Frau Christ wurde, als sie noch zusammen studierten, aber mehrmals löste er ihre Verlobung wieder auf, und das brach ihr fast das Herz. Ein paarmal redeten wir Freunde ihm zu, all seine Befürchtungen beiseite zu lassen und dieses Mädchen zu heiraten. Und endlich tat er es auch. Bis heute hat er es noch nicht bereut.

Man muß hier aber auch noch hinzufügen, daß der Melancholiker, wenn er erst einmal verheiratet ist, fast immer ein liebevoller, sensibler und treuer Ehemann wird, mehr als alle anderen Temperamente, allerdings unter der Bedingung, daß es ihm gelingt, sich nicht von seinen negativen Denkmustern beherrschen zu lassen.

Manchmal kann er durch diese Denkweise ohne ersichtlichen Grund äußerst mißtrauisch werden. Ein negativer Melancholiker, den ich kenne, wurde so von Zweifeln beherrscht, daß er seiner Frau sogar vorwarf, ein Verhältnis mit seinem Vater zu haben, obwohl es nicht den Schatten eines Beweises für derartige Verdächtigungen gab.

Der schädlichste Einfluß auf die Haltung eines Menschen ist meiner Ansicht nach die Neigung zur ständigen Krittelei, diese Einstellung muß ein Melancholiker dauernd bekämpfen. Es ist schon schlimm genug, wenn man negative Gedanken hat, aber es ist noch wesentlich schlimmer, wenn man sie auch äußert, denn dadurch wird nicht nur die eigene kritische Haltung verstärkt, sondern es entmutigt auch die Frau und die Kinder, die solchen Vorwürfen ausgesetzt sind. Ich habe über längere Zeit hinweg beobachtet, daß die meisten psychisch gestörten Kinder aus Elternhäuser kommen, die vorherrschend melancholisch oder cholerisch sind.

Es ist sehr schwer Cholerikern zu gefallen, jedoch Melancholiker sind fast unmöglich zufriedenzustellen. Auch wenn die Kinder aus der Schule nur Zweier und Dreier nach Hause bringen, wird der Vater oder die Mutter nur geringschätzig das Gesicht verziehen, weil es eben keine Eins ist. Anstatt seine Frau zu loben und zu ermutigen, wird ein Melancholiker sie kritisieren, an ihr herumnörgeln und sie negativ beurteilen. Wenn er diese Haltungen vielleicht auch nicht äußert, wird er sie innerlich doch in sich aufstauen, und das ist genauso destruktiv. Auch wenn ein Melancholiker erkannt hat, daß Lob und Anerkennung für seine Frau und Kinder so wichtig sind, fällt es ihm doch noch schwer, diese Anerkennung auch zu äußern, denn er kann den Anflug von Heuchelei nicht ertragen, der darin liegt, jemandem etwas zu sagen, was nicht hundertprozentig wahr ist. Die 85 bis 95 % bei einem Menschen zu loben, die sehr anerkennenswert sind, ist für den sehr schwierig, dessen Vergrößerungsglas (eben der Perfektionismus) ihm so deutlich zeigt, daß 5 bis 15 % eben nicht vollkommen sind. Dieselben hohen Maßstäbe wendet ein Melancholiker normalerweise auch auf sich selbst an, und er ist die meiste Zeit sehr unzufrieden mit sich. Die Selbstprüfung, eigentlich eine gesunde Sache für jeden Christen, der im Geist Gottes leben will, dient dazu, die eigenen Fehler zu erkennen und seinen Heiland Jesus Christus dafür um Vergebung zu bitten (s. dazu 1. Joh. 1, 9). Der Melancholiker ist aber nicht zufrieden damit, sich selbst zu prüfen, er seziert sich sozusagen mit einer solchen Präzision und Ausdauer, daß er schließlich gar kein Selbstvertrauen und keine Selbstachtung mehr hat. Es kommt öfter vor, daß ich nach einem Vortrag über die Lehre von den vier Temperamenten mit Melancholikern spreche, die mir dann sagen: «Ich glaube, in dem System, das Sie da entworfen haben, komme ich nicht vor. Ich stelle alle Schwächen aller vier Temperamente an mir fest, aber keine der aufgezählten Stärken!»

Den Herrn Jesus Christus als Heiland anzunehmen und unter der Führung seines Heiligen Geistes zu leben ist das beste Heilmittel für die Schwächen jedes Temperaments. Aber das tut ganz besonders dem Melancholiker gut, denn wenn der Geist Gottes in ihm lebt, gibt ihm das eine neue Kraft, die seine von Natur aus defätistischen, pessimistischen Gedanken überwinden kann und ihn dazu bringt, daß er von vornherein Erfolg und nicht Mißerfolg erwartet. Das ist das einzige, was die kritischen Äußerungen eines grimmigen Melancholikers ändern kann, ganz gleich, ob es eine Frau oder ein Mann ist, den die andern innerlich verachten und ihm gern aus dem Weg gehen. Er wird so zu einem liebenswerten Menschen, der fähig ist, andere zu loben, und sich die Liebe und Gemeinschaft anderer Menschen erwirbt und sich daran freuen kann, ganz besonders in seiner eigenen Familie. Dieses neue Vertrauen zu seinen Mitmenschen ist eine Folge seines wachsenden Glaubens an Gott und an die vielen Verheißungen in seinem Wort, die fast alle eingeleitet werden mit Worten wie: «Euer Herz sei nicht betrübt, glaubt an Gott und glaubt an mich!» Oder «Fürchtet euch nicht!» oder «Seid getrost!»

Einer der direktesten Appelle gerade an den negativen Denker findet sich in Philipper 4, 8. Dort heißt es:

«Weiter, liebe Brüder, was wahrhaftig ist,
was ehrbar, was gerecht, was rein, was lieblich,
was wohllautet, ist etwa eine Tugend, ist etwa
ein Lob, dem denket nach.»

Man muß sehen, daß hier nur positive Dinge zum Nachdenken empfohlen werden. Hier ist nicht ein einziger negativer Gedanke erlaubt. Wenn ein melancholischer Christ einmal erkannt hat, daß er außerhalb des Willens Gottes lebt, sobald er negative, pessimistische und kritische Gedanken in sich aufkommen läßt, auch Sorgen oder Ängste, dann werden seine Persönlichkeit, sein Charakter, sein ganzes Leben von Grund auf verändert.

2. Ichbezogenheit und Empfindlichkeit

Der Melancholiker ist mehr auf sich selbst bezogen als jedes andere Temperament. Alles, was ihm im Leben begegnet, interpretiert er in Beziehung zu sich selbst. Er wird nach einem Gottesdienst am ehesten von einem Pfarrer sagen, daß er ihn angepredigt hätte. Wenn eine Neuordnung in seiner Arbeitsstelle fällig ist, wird er bestimmt in Alarmstimmung geraten und annehmen, daß alle möglichen Leute etwas gegen ihn hätten. Er neigt dazu, sich stets mit anderen zu vergleichen, im Aussehen, in der Begabung, in der Intelligenz, und er kommt immer zu dem Schluß, daß er selbst minderwertig ist, da er einfach nicht sieht, daß er sich nur mit den besten Eigenschaften der anderen vergleicht und ihre Schwächen gar nicht erkennt.

Der Melancholiker überprüft ständig sein geistliches Leben und kommt typischerweise immer schlecht dabei weg und zwar trotz der Tatsache, daß er es mit dem Glauben meist ernster nimmt als andere Temperamente. Ein typischer Vertreter seines Temperaments hat mir einmal erklärt: «Ich habe jetzt alle Sünden bekannt, an die ich mich erinnern konnte, aber ich weiß bestimmt, es muß noch andere geben, die mir einfach nicht mehr einfallen.» Und dieses unbestimmte Gefühl brachte ihn völlig um die Freude, Vertrautheit und Gemeinschaft mit Gott erfahren zu können. Er mußte erst begreifen lernen, daß die Erkenntnis von Sünde eine Wirkung des Heiligen Geistes in uns ist. Daraus können wir auch folgern, wenn wir uns ehrlich prüfen und keine Sünde finden, daß wir Gottes Verheißungen ernst nehmen können und uns von Herzen über seine Vergebung freuen können.

Einem Melancholiker fällt es im Gegensatz zu anderen Temperamenten sehr schwer, die Anerkennung Gottes ganz anzunehmen, hauptsächlich deshalb, weil er sich selbst die meiste Zeit nicht akzeptieren kann.

Nachdem ich einmal über Römer 3, 23 gepredigt hatte: «Denn es ist hier kein Unterschied. Sie sind allzumal Sünder und mangeln des Ruhmes, den sie bei Gott haben sollten», demonstrierte mir ein Melancholiker, den ich früher schon einmal beraten hatte, ganz deutlich den Zug zur Selbstbezogenheit in seinen Worten: «Sehen Sie, es ist genau, wie ich Ihnen das früher schon einmal gesagt habe: Ich bin ein Sünder, denn wir sind ja allzumal Sünder.» Erst als er verstanden hatte, daß dieser Bibelvers zunächst auf die Menschen gemünzt ist, die noch nichts von Gott wissen und versucht, sie zu Christus zu bringen, erst da wurde dieser

Melancholiker allmählich fähig dazu, sich an dem Frieden mit Gott zu freuen. Die Neigung zur Selbstbezogenheit, kombiniert mit einem sehr sensiblen Empfinden, macht einen Melancholiker sehr dünnhäutig und empfindlich. Man kann ihn schon dadurch verletzen, indem man ihn nur ansieht und andererseits genauso, wenn man ihn gerade nicht ansieht. Es kommt durchaus vor, daß er sich persönlich beleidigt fühlt, wenn er bei einer Wahl zum Kirchenvorstand oder zum Vereinsvorsitzenden übergangen wird. Als ich einmal einen Melancholiker in unserer Gemeinde fragte, warum er eigentlich so verbittert und irgendwie beleidigt reagierte, gab er nach und nach zu, daß er sich verletzt fühlte, weil er bei der Wahl zu einem Amt in unserer Kirche übergangen worden war. Er fing sofort an, mir weitschweifig auseinanderzusetzen, wie eifrig, treu und gewissenhaft er doch unserer Gemeinde gedient hätte und daß er wirklich eine bessere Behandlung verdient hätte. Als ich ihm erklärte, daß das Wahlkomitee ganz einfach nach der Regel gehandelt hätte, jedem Mann, der im Lauf der vergangenen drei Jahre irgendein Amt bekleidet hätte, nun ein Jahr Pause zu gönnen, wollte er das zunächst nicht recht glauben. Ich mußte ihm erst die Liste der Bewerber zeigen und nachweisen, daß alle, die im letzten Jahr Ämter in unserer Gemeinde übernommen hätten, nicht darauf vertreten waren. Auch dann noch konnte er sich den Kommentar nicht verbeißen, daß das eine unsinnige Regel sei.

Da ich im Jahr meist bis zu 100000 Kilometer auf meinen Reisen zurücklege und in über 30 Städten mit meiner Frau zusammen Wochenendseminare über Probleme des Familienlebens halte, komme ich sehr oft mit recht unzufriedenen Gemeindegliedern zusammen, die viel Kritik an ihrem Pfarrer vorzubringen haben. Mindestens 90 % davon sind eindeutig Melancholiker, denen es einfach keiner recht machen kann. Obwohl ich wahrhaftig bekennen muß, daß Pfarrer und Prediger keinesfalls vollkommene Menschen sind, so muß ich doch sagen: Wenn sie nur halb so schlecht wären, wie melancholische Kritiker sie darstellen, dann wäre die Kirche sicherlich schon vor Jahrzehnten ausgestorben. Wenn Sie je einen Menschen kennengelernt haben, der aus seiner Gemeinde aufgrund irgendeines Streites oder einer heftigen Meinungsverschiedenheit ausgetreten ist, dann handelt es sich sicher um einen Melancholiker. Die anderen Temperamente scheinen solche unangenehmen Erfahrungen viel leichter zu überwinden, aber der Melancholiker wird davon leicht desillusioniert.

Ein abschließendes Wort für Eltern muß hier noch angeführt werden: Seien Sie äußerst behutsam, wenn Ihre Kinder Melancholiker sind. Sie können ihre empfindsame Art sehr leicht verletzen. Sie brauchen ganz besonders alle Liebe, alles Mitgefühl und Verständnis, das der Heilige Geist überhaupt nur zur Verfügung stellt, um diese Kinder geduldig unterweisen, ermahnen und lieben zu können, bis sie erwachsen sind, ohne sie innerlich unnötigerweise zu verletzen. Denn alle Melancholiker, ganz gleich, ob jung oder alt, sind sehr verwundbar. Meine Frau hat in ihrem neuen Buch «Förderung der kindlichen Temperamentsentwicklung» ausgeführt, daß es zwischen Eltern mehr Streit um die Erziehung melancholischer Kinder gibt als über alle anderen Themen. Gewöhnlich meint ein Elternteil immer, daß der andere das Kind zu streng behandelt.

3. Rachegefühle und Neigung zum Verfolgungswahn

Die vielseitigen Begabungen des Melancholikers können entweder der Nährboden für kreative und sinnvolle Ideen sein oder aber der Grund für absolut schädliche Gedanken. Obwohl der Melancholiker in seiner Wut und seinem Ärger durchaus nicht so ausdrucksstark ist wie der Sanguiniker und der Choleriker, so kann er doch lange Zeit seinen Ärger sozusagen auf kleiner Flamme kochen lassen und vorwurfsvolle Gedanken hegen, was so weit geht, daß er sich in seinen Phantasien ausmalt, wie er sich rächen kann.

Wenn der Melancholiker solchen Gedanken lange genug Raum läßt, dann kann er davon manisch-depressiv werden oder wenigstens plötzliche Wutanfälle bekommen, die ganz im Gegensatz zu seiner normalen, eher sanften Art stehen. Mancher außergewöhnlich gute Sportler hat seine Karriere damit ruiniert, daß er sich steif und fest einbildete, sein Trainer hätte irgend etwas gegen ihn. Ein guter Mittelstürmer, den ich kenne, wurde von solchen Gedanken derartig beherrscht, daß er schließlich davon überzeugt war, der Trainer würde manche Ersatzspieler nur deshalb auf den Platz schicken, um ihn lächerlich zu machen. Natürlich war er in solchen Momenten dann so empört, daß er nicht so gut spielte, wie er es eigentlich konnte. Dieses grundlegende Problem erklärt, warum manche Sportler plötzlich erheblich besser werden, wenn sie zu einem anderen Verein übergewechselt sind. Das liegt nicht unbedingt an den besseren Techniken des neuen Trainers, sondern an der anderen Einstellung, die der Sportler selbst zu ihm hat.

Negative Denkmuster können einen Melancholiker so beeinflussen, daß er völlig unrealistische Entscheidungen trifft. Ich habe oft erlebt, daß ein so veranlagter Mensch eine gute Stellung von sich aus gekündigt hat, Frau und Kinder verlassen hat oder sich von einem Verwandten oder Nachbarn völlig distanziert hat oder sogar seine ganze Ausbildung unvermittelt abgebrochen hat und das alles aus völlig unangemessenen Gründen. Kein anderes Temperament neigt so dazu, das Kind gleich mit dem Bade auszuschütten, wie der Melancholiker. Und in 95 % aller Fälle ist seine Denkweise, die zu unberechtigten Vorwürfen neigt oder sich zu Unrecht verfolgt fühlt, schuld daran, daß er die Schwierigkeiten viel zu groß einschätzt. Aber meist erkennt er diesen Irrtum erst, wenn alles zu spät ist.

Ein Melancholiker hält es für äußerst schwer, ein erlittenes Unrecht oder eine Beleidigung zu vergeben. Er kann vielleicht äußerlich ganz ruhig erscheinen und manchmal sogar die Worte äußern: «Ich verzeihe dir.» Aber in seinem Herzen wird er doch einen Groll behalten. Ein Ehepaar, das ich einmal in meiner Beratung hatte, ist ein gutes Beispiel dafür. Der Ehemann war Melancholiker und hatte seine Frau, die Sanguinikerin war, in solcher Weise kritisiert und ihr Faulheit, Willensschwäche und Oberflächlichkeit vorgeworfen, daß sie schließlich jede Selbstachtung verloren hatte. Die unausbleibliche Folge war, daß bald ein Mann auftauchte, der sehr nett zu ihr war und nicht lange Zeit brauchte, um sie dahin zu verführen, daß sie mit ihm sexuellen Kontakt aufnahm. Ein paar Wochen später wurde sie so sehr von Schuldgefühlen geplagt, daß sie ihrem Mann alles beichtete. Er brachte sie dann zu mir. Nachdem sie beide ihre Schuld vor Gott bekannt hatten, gab ich ihnen einige Ratschläge für die nächste Zeit als geistliche Hilfestellung, um eine Wiederholung dieses Vorfalls zu vermeiden. Zunächst nahm sich der Mann alles sehr zu Herzen und erkannte, daß er seine Frau bisher nicht richtig behandelt hatte. Aber als er nach Hause kam, wurde ihm erst richtig bewußt, daß sie ihm untreu geworden war, und es dauerte noch keine drei Monate, bis sie wieder in meiner Beratung saßen. Die Frau beschuldigte ihren Mann unter Tränen, daß er ihr nicht vergeben hätte, denn außer in der Woche nach unserem ersten Gespräch hätte er keinen Intimkontakt mehr zwischen ihnen zugelassen. Seine vorwurfsvollen Gedanken und sein Selbstmitleid hatten seinen normalen Geschlechtstrieb völlig lahmgelegt. Das war ein hoher Preis für eine Rache!

Nachdem ich ihm klarmachen konnte, daß er seiner Frau noch nicht wirklich vergeben hatte, erwiderte er: «Doch, ich habe ihr schon vergeben, ich kann das alles nur nicht vergessen!» Das ist eine bekannte Ausrede, die eigentlich schon einer Lüge gleichkommt. Gott vergibt uns unsere Sünden auch nicht nur, sondern er erinnert sich überhaupt nicht mehr daran, um sie etwa noch gegen uns zu verwenden (s. dazu Hebr. 10, 17). Und er sagt uns auch, daß wir nicht nur denen vergeben sollen, die uns unrecht getan haben, sondern daß wir anderen genauso vergeben sollen, wie Christus uns vergeben hat (s. dazu Eph. 4, 32). Erst als dieser melancholische selbstgerechte Pharisäer, der den ersten Stein werfen wollte, überzeugt worden war, daß er die vorwurfsvollen Gedanken in seinem Herzen weiter gepflegt hatte und daß er Gott gegenüber eigentlich verpflichtet war, auch seiner Frau zu vergeben, ging er nach Hause und versuchte ernstlich, seine Haltung zu ändern. Und ich bin froh, sagen zu können, daß er es mittlerweile mit Gottes Hilfe geschafft hat. Was hat er dadurch gewonnen? Geistliches Wachstum im Glauben, ein lebendiges Familienleben und Hunderte von beglückenden Liebeserfahrungen mit seiner Frau. Weil er vergeben konnte, war sie nun auch fähig dazu, sich selbst zu verzeihen, und sie ist heute eine ganz andere Frau geworden. Vergebung hat noch keinem wehgetan, und sie wirkt als große emotionale Heilkraft, während Verurteilung in jedem Fall zerstört.

4. Abhängigkeit von Stimmungen, Depression und Ungeselligkeit

Eins der hervorstechendsten Kennzeichen des melancholischen Temperaments sind die Stimmungsschwankungen. Manchmal ist der Melancholiker so fröhlich und ausgelassen, daß er sich wie ein hochgradiger Sanguiniker benimmt; ein andermal ist er so niedergeschlagen, daß er, wie es so schön heißt, senkrecht unter dem Teppich hindurchgehen könnte. Je älter er wird (es sei denn, er wird durch eine lebendige Beziehung zu Jesus Christus von Grund auf verändert), desto mehr neigt er zu düsteren Stimmungen. In solchen Zeiten ist er dann mürrisch, reizbar, unglücklich und unfähig dazu, zu einem anderen Menschen freundlich zu sein. Solche Launen machen ihn dann besonders anfällig für Depressionen.

Vor drei Jahren las ich einen Artikel über Depressionen in der Zeitschrift «Newsweek». Darin stand: «Die Depression ist eine psychische Seuche unserer Tage. 50 bis 70000 depressive Menschen begehen im Jahr bei uns Selbstmord.» Da ich bis zu diesem Moment schon etwas über 1000 depressive Menschen beraten hatte, fühlte ich mich verpflichtet, zu diesem Thema ein Buch zu schreiben («Die Überwindung von Depressionen»). Es wurde schon innerhalb von drei Monaten zum Bestseller. Nach zwei Jahren hatte es schon eine Auflage von 400000 Exemplaren, und es ist mittlerweile in mindestens 15 Sprachen übersetzt worden. Offenbar hatte also der damalige Zeitungsartikel nicht übertrieben. Das Problem der Depression existiert international. Es stimmt sicher, daß jeder Mensch, der all das Elend in unserer Welt realistisch betrachtet, depressiv werden muß, wenn er nicht die Hoffnung auf Jesus Christus setzt, die er allein uns geben kann. Aber die Depression ist nicht nur eine Frage der äußeren Eindrücke. Die Einschätzung des eigenen Ichs und das Selbstmitleid sind noch stärkere Gründe für diese Gemütslage.

Jeder, der zur Depression neigt, besonders, wenn er Melancholiker ist, sollte folgende Bibelstellen ganz besonders beherzigen:

«Seid dankbar in allen Dingen, denn das ist der Wille Gottes in Christus Jesus an euch» (1. Thess. 5, 18).

Das ist das beste Gegenmittel, das es für dieses Problem überhaupt gibt. Man kann sich nämlich nicht freuen und dankbar sein, wenn man gleichzeitig die trübe Stimmung der Depression beibehält.

5. Gesetzlichkeit und Starrheit

Kein anderes Temperament neigt so sehr dazu, starr, unversöhnlich und kompromißlos zu sein bis hin zur Unvernünftigkeit. Der

Melancholiker nimmt seine Sache normalerweise ganz ernst, und er betrachtet einen Kompromiß um des lieben Friedens willen als eine untragbare Prinzipienlosigkeit. Er übertreibt nie, und er korrigiert sich oft selbst mitten im Satz, weil er ständig bemüht ist, bis ins kleinste Detail hinein genau und ehrlich zu sein. Er würde z.B. niemals falsche Angaben in der Steuererklärung machen und verachtet auch diejenigen als unanständig, die ganz legitime Dinge von der Steuer abzusetzen versuchen. Er ist meist intolerant und sehr ungeduldig mit denen, die eine Sachlage nicht von seinem Standpunkt aus sehen, und daher fällt es ihm auch recht schwer, in einem Team zu arbeiten. Er bleibt lieber ein Einzelgänger, auch im Geschäftsleben. Eigentlich können ihm seine natürlichen Begabungen und seine Phantasie auch im Geschäftsleben sehr dienlich sein, aber seine Tendenz dazu, ganz unvernünftig prinzipientreu zu sein, bringt ihn leicht dazu, mit seinen Angestellten in Schwierigkeiten zu geraten. Immerhin ist er normalerweise nur acht Stunden am Tag im Büro, und er kann so schon eine recht erfolgreiche Karriere aufbauen. Aber zu Hause ist das anders. Eine Frau und Kinder, die solchen starren Maßstäben dauernd ausgesetzt sind, werden oft unsicher und mit der Zeit unglücklich, und schließlich werden sie den Mann und Vater vielleicht links liegen lassen. Wenn ein Melancholiker aber einmal gelernt hat, daß Flexibilität und Bereitschaft zum Entgegenkommen das Öl sind, durch das persönliche Beziehungen reibungsloser funktionieren, dann wird er selbst glücklicher und seine Mitmenschen genauso.

6. Praxisferne und Liebe zur Theorie

Wir haben schon festgestellt, daß der Melancholiker ein Idealist ist, und dieser Zug gilt uns zunächst als eine Stärke seines Temperaments. Dennoch ist diese Eigenschaft möglicherweise der Grund dafür, daß er unpraktisch und nur noch von Theorien bestimmt wird. So wie der Choleriker einen untrüglichen Sinn für das Nützliche und Praktische hat, so hat der Melancholiker normalerweise die Neigung, ein Ideal zu vertreten, das dermaßen altruistisch ist, daß es niemals zu verwirklichen ist. Nirgendwo wird das deutlicher als im Bereich der Universitäten, wo brillante Professoren humanistische Ideale des Sozialismus vortragen und sie unseren jungen Leuten nahebringen, obwohl solche theoretischen Konzepte oft so unpraktisch sind, daß sie historisch niemals realisiert wurden, vor allem deshalb, weil sie die Möglichkeit der menschlichen Eigeninitiative völlig außer acht lassen. Ich habe diese Tendenz zum erstenmal sehr deutlich kennengelernt, als ich auf einer Flugreise über den Nordpol nach Amsterdam war. Neben mir saß die ganzen neun Stunden lang ein 70jähriger Professor, der vor kurzem nach 30 Jahren Lehrtätigkeit emeritiert war. Sein Fach war Politik, und er hatte an verschiedenen Universitäten gewirkt. Obwohl ich eigentlich nach einem anstrengenden Arbeitsprogramm hundemüde war, bei dem ich mich auf meine Reise durch Europa und das Heilige Land vorbereitet hatte, ging ich doch senkrecht im Stuhl hoch, als ich einige seiner Argumente hörte. Zuerst glaubte ich, er wäre ein eingefleischter Kommunist. Nach einer Weile merkte ich jedoch, daß er nur ein theoretischer Intellektueller war. Er war auf dem Weg in die UdSSR, die er zum erstenmal besuchen wollte, und er war sehr gespannt darauf, endlich den «Sozialismus in Aktion» zu erleben. Als ich mich überrascht zeigte, daß er offensichtlich ein System für gut hielt, das die Wirtschaft völlig in die Hand des Staates legt, fing er an, mir Ideale umständlich darzulegen. Als ich endlich einmal die Möglichkeit hatte, ihn zu unterbrechen, entgegnete ich, daß solche Programme noch in keinem Land wirklich funktioniert hätten, weil sie die Möglichkeiten der Eigeninitiative und Verantwortung völlig mißachten. Daraufhin verwickelte er mich in eine dreistündige Diskussion, bis ich ihn schließlich daran erinnerte, daß sich Kommunismus und Sozialismus sehr ähnlich seien, daß die Kommunisten aber brutale Gewalt angewendet hätten, als sie privates Land verstaatlicht hätten, und daß deshalb nach der bolschewistischen Revolution auch etwa 30 Millionen Russen umgekommen wären. An der Stelle wurde mein Gesprächspartner puterrot und schrie mich an: «Sie mußten diese Leute doch wegen des Kapitalismus umbringen! Würden die Kapitalisten nicht solch erbitterten Widerstand leisten, dann müßten Kommunisten niemanden töten, und dann könnten wir Frieden statt Krieg haben!» Ich bemühte mich zwar, in diesem Moment alle meine Selbstkontrolle zusammenzuraffen, aber es war mir einfach unmöglich, nicht doch darauf hinzuweisen, daß das Resultat doch wieder unweigerlich eine kommunistische Diktatur sein würde. Daraufhin erwiderte der Professor nur: «Ihr Kapitalisten seid eben hoffnungslose Fälle!» Von da an gönnte er mir kein einziges Wort mehr, bis wir in Amsterdam landeten.

Zum Glück ist ein so übertriebener Idealismus nicht typisch für alle Melancholiker. Aber wenn man bedenkt, daß doch immer noch viel zu viele unserer Studenten den Internationalismus über den amerikanischen Patriotismus stellen, ein gesichertes Einkommen für wichtiger halten als persönliche Zuverlässigkeit und die Verantwortlichkeit vor dem Staat wiederum für wichtiger als die Abhängigkeit von Gott, dann muß man sich doch wundern. Nicht immer wird den Studenten solches Gedankengut von zu Hause mitgegeben, sie werden meistens in den Universitäten damit bombardiert.

Ein solcher Idealismus, der sicher in dem beschriebenen Fall etwas extrem war, ist doch typisch für den Melancholiker. Im Büro, in der Fabrik oder zu Hause kann das ein ernsthaftes Hindernis zur Zusammenarbeit mit den anderen Menschen sein. Ein Angestellter, von dem ich einmal hörte, zählte z.B. regelmäßig das weggeworfene Material nach, das sich in den Papierkörben seiner Kollegen fand. Er berichtete dann seinem Chef darüber, wie verschwenderisch sie mit den Vorräten umgingen. Er übersah dabei völlig, wieviel Zeit er für diese Kontrolle brauchte (und wieviel Zeit die anderen brauchten, um ihre Taktik zu ändern, z.B. ihren Abfall gleichmäßig auf fremde Papierkörbe zu verteilen), ganz abgesehen von der Feindseligkeit, die daraus entstand. All das verursachte der Firma vielleicht mehr Kosten als das, was er mit seinen Kontrollen an Material einsparen konnte.

Ein Melancholiker sollte alle seine Pläne immer daraufhin prüfen, ob sie wirklich praktikabel sind. Außerdem tut er gut daran, mit einem Partner, der ein anderes Temperament hat, zusammenzuarbeiten. Denn Temperamente, die sich ergänzen, erreichen oft gemeinsam mehr als einzeln.

Aus alledem könnte man jetzt vielleicht den Eindruck gewinnen, daß ich allgemein gegen Altruismus oder ideelle Werte bin. Aber das ist ganz und gar nicht der Fall. Ich halte den Idealismus des Melancholikers für einen großen Vorzug. Ich weise nur darauf hin, daß es wichtig ist, diese Ideen sorgfältig zu prüfen, damit sie nicht als rein theoretische, unpraktikable Programme verkümmern.

Die Bibel ermahnt uns: «Eure Lindigkeit lasset kund sein allen Menschen» (Phil. 4,5; Lindigkeit = Mäßigkeit).

Diese Welt hat ohne Zweifel viel Gutes erfahren, weil einige Melancholiker hohe Ideale verfolgt haben, die praktisch genug waren, ihre Ideen so zu formulieren, daß sie die Menschen ihrer Zeit damit ansprechen konnten. Die Erde ist durch die Melancholiker verschönert und bereichert worden, die ihre Kreativität zum Nutzen der Menschheit eingesetzt haben. Leider haben aber mindestens genauso viele nichts aus ihren Talenten gemacht, und andere haben auch schädlich gewirkt. Der Grund dafür, daß manche so erfolgreich waren und andere nicht, ist eigentlich ganz einfach: Die einen haben es fertiggebracht, über ihre Schwächen zu siegen, während die anderen sich von ihnen beherrschen ließen.

Gott hat viele Melancholiker gebraucht, die ihm alle ihre Begabungen zur Verfügung stellten. Tatsächlich sind sehr viele Menschen, die in der Bibel beschrieben sind, offensichtlich Melancholiker gewesen. Fast alle Propheten hatten diese Temperamentslage. Sie können einen beliebigen nennen. Aber der Schlüssel zu ihrem Erfolg lag nicht in ihrem Temperament oder ihrer besonderen Begabung, sondern in ihrer völligen Hingabe an den Geist Gottes.

Der Phlegmatiker

Der Phlegmatiker ist der ruhige, gemütliche Typ, der sich niemals aufregt und der einen so hohen Siedepunkt hat, daß er fast nie aus der Haut fährt. Ohne Frage kommt man mit ihm am leichtesten aus, und er ist von Natur aus liebenswürdig. Der Phlegmatiker hat seinen Namen nach Hippokrates von einer Körperflüssigkeit, die ein «ruhiges, kühles, langsames, ausgeglichenes Temperament» bewirkte. Das Leben ist für ihn eine vorwiegend erfreuliche, angenehme Erfahrung ohne große Aufregungen, und er versucht, sich so wenig wie möglich darin zu exponieren. Er ist so ruhig und wirkt so in sich geschlossen, daß es unmöglich scheint, ihn aus der Fassung zu bringen, ganz gleich, was ihm im Leben begegnet. Er ist der Typ, der sich nicht verändert, der immer derselbe ist, sooft man ihn auch sieht. Hinter seiner ausgeglichenen, zurückhaltenden, manchmal fast schüchternen Fassade hat der Phlegmatiker aber eine Kombination von ausgezeichneten Fähigkeiten. Er ist zu viel tieferen Gefühlen fähig, als es nach außen hin erscheint, und er kann durchaus Kunst, Musik und alle schönen Seiten des Lebens genießen.

Der Phlegmatiker hat stets Freunde, weil er andere Menschen gern hat und einen angeborenen trockenen Humor besitzt. Er ist der Typ, der eine ganze Gesellschaft zum Lachen bringen kann, ohne dabei selbst auch nur das Gesicht zu verziehen. Er hat eine einzigartige Begabung, an anderen Menschen oder in Situationen das Lächerliche zu erkennen. Und auch dadurch erhält er sich eine positive Lebensanschauung. Er hat ein recht gutes Gedächtnis und kann andere meist hervorragend nachahmen. Ganz besonderes Vergnügen findet er daran, andere Menschen, meist die mit anderer Temperamentslage als er selbst, ein wenig zu verulken. Er findet die ebenso ziel- wie ruhelose Begeisterung des Sanguinikers schon fast lästig, und die düsteren Stimmungen des Melancholikers hält er für völlig überflüssig. Dem einen, so meint er, muß die Oberflächlichkeit seines Verhaltens vorgehalten werden, dem anderen seine unrealistische Lebensanschauung. Der Phlegmatiker empfindet auch großes Vergnügen dabei, ab und zu Sand in das Getriebe der übersprüdelnden Pläne und Ziele des Cholerikers zu streuen.

Der Phlegmatiker hat leicht die Tendenz, das Leben nur als Zuschauer mitzumachen und sich so wenig wie möglich in die Aktivitäten der anderen mit hineinziehen zu lassen. Er wird sich nur mit großem Widerstreben dazu überzeugen lassen, bei irgend etwas mitzumachen, was über seine tägliche Routine hinausgeht. Das bedeutet zwar nicht, daß er nicht auch erkennt, daß man manchmal einfach etwas tun muß, um sich für andere einzusetzen, oder daß er das Leiden seiner Mitmenschen nicht sehen will; aber wenn er und ein Choleriker mit derselben Ungerechtigkeit konfrontiert werden, so werden sie bestimmt ganz verschieden reagieren. Der stets kämpferische Choleriker wird wahrscheinlich sagen: «Wir müssen unbedingt eine Initiative gründen und gegen dieses Unrecht zu Felde ziehen!» Der Phlegmatiker aber wird eher meinen: «Das sind ja wirklich schreckliche Zustände. Warum tut bloß niemand etwas dagegen?» Er ist normalerweise freundlich und durchaus auch mitfühlend, doch er zeigt eigentlich selten seine wahren Gefühle. Wenn er aber einmal davon überzeugt worden ist, daß er etwas tun muß, dann zeigt er sehr gute und nützliche Qualitäten. Er wird sich von sich aus niemals um Führungspositionen reißen, aber wenn sie ihm fast aufgedrängt werden, dann erweist er sich als ein sehr fähiger Leiter. Er hat auf andere einen guten, versöhnlichen Einfluß und ist von Natur aus dazu geeignet, Frieden zu stiften.

Die beruflichen Möglichkeiten des Phlegmatikers

Die Welt hat von der liebenswürdigen, gewinnenden Art des Phlegmatikers sehr viel Gutes erfahren. In seiner Ruhe und Beständigkeit kann er oftmals die Träume anderer Menschen erfüllen. Er ist ein Meister in allem, was besondere Geduld und tägliche Routine erfordert. Die meisten Grundschullehrer sind Phlegmatiker. Wie könnte auch jemand außer ihm soviel Geduld haben, um einer bunten Menge quirliger Erstkläßler das Lesen beizubringen? Ein Sanguiniker würde den ganzen Vormittag lang nur spannende Geschichten erzählen, ein Melancholiker würde die Kinder so ausdauernd kritisieren, bis keins mehr wagen würde, noch laut zu lesen, und einen Choleriker als Grundschullehrer wage ich mir erst gar nicht vorzustellen; die Schüler würden bei ihm wahrscheinlich reihenweise aus dem Fenster springen! Die freundliche Art des Phlegmatikers schafft allein die richtige Atmosphäre für ein solches Lernen. Das trifft aber nicht nur für den Grundschulbereich zu, sondern auch für die weiterführenden Schulen und Universitäten, besonders in Mathematik, Physik, Grammatik, Literatur und Sprachen. Es kommt auch oft vor, daß Phlegmatiker in der Schulverwaltung, in Büchereien, als pädagogische Berater oder auch Rektoren einer Universität arbeiten. Sie scheinen vom ganzen Bereich der Erziehung und Bildung besonders angezogen zu werden.

Ein anderes Gebiet, das Phlegmatiker auch sehr anspricht, ist der Maschinenbau. Sie lieben Pläne und Berechnungen und sind meist gute Maschinisten, Hygienefachleute, Chemiker, technische Zeichner, Mechaniker oder Statistiker. Die meisten Phlegmatiker sind technisch begabt und werden gute Handwerker, Werkzeugspezialisten, Zimmerleute, Elektriker, Fliesenleger, Glasbläser, Uhrmacher und Fotofachleute. Heutzutage entstehen die größten Probleme in der Industrie oft in der Personalpolitik. Die Löhne in manchen Berufszweigen sind wie Raketen in die Höhe geschnellt, und durch die Unterschiedlichkeit in der Bezahlung und dem dadurch entstehenden Neid können die Angestellten so die Lust an der Arbeit verlieren, daß das Unternehmen dadurch Unsummen vergeuden kann. In den letzten Jahren haben viele Betriebsleitungen entdeckt, daß erfahrene Phlegmatiker oft sehr gute Vorarbeiter, Überwachungsbeauftragte und Personalchefs sind. Sie sind diplomatisch begabt und streiten sich sozusagen nie mit anderen, und so arbeiten die Angestellten gut mit ihnen zusammen. Wenn sie in leitende Positionen kommen, scheinen sie in jedes Chaos Ordnung bringen zu können und eine neue Einigkeit unter den Arbeitern zu erreichen, die der Produktivität des ganzen Unternehmens sehr zuträglich ist. Sie sind sehr ordentliche Menschen, kommen nie unvorbereitet oder zu spät zu einer Konferenz und arbeiten unter Druck sehr gut und zuverlässig. Ein Phlegmatiker bleibt daher auch oft sein Leben lang in einem Betrieb.

Ein interessanter Aspekt bei den Führungsqualitäten der Phlegmatiker ist, daß sie sich sozusagen nie für leitende Stellungen bewerben; deshalb habe ich sie auch «widerstrebende Führernaturen» genannt. Insgeheim wünscht sich mancher Phlegmatiker vielleicht eine Beförderung, aber es ginge gegen seine Natur, sich darum zu bewerben. Statt dessen wartet er meist geduldig, bis schließlich ein widersprüchlicher und oft unfähigerer Typ die Stellung bekommt und alles herunterwirtschaftet. Auch danach nimmt der Phlegmatiker die Verantwortung nur an, wenn sie ihm fast aufgezwungen wird. Leider kommt es nicht selten vor, daß Phlegmatiker ihr Leben lang warten, ohne daß sich eine Gelegenheit für sie ergibt, weil ihr Chef zwar ihre Fähigkeiten sehr schätzt, sich aber nicht vorstellen kann, daß ein solcher Charakter auch einen leitenden Posten bekleiden könnte. Daran verliert auf die Dauer gesehen sowohl die Firma als auch die anderen Angestellten. Ein Phlegmatiker verwirklicht selten alle seine angeborenen Fähigkeiten, aber genauso selten versagt er auch völlig.

Phlegmatiker kämpfen immer mit der persönlichen Sicherheit. Deshalb werden sie sich immer gern für einen Arbeitsplatz entscheiden, der Pensionsansprüche oder sonstige Sicherheiten mit einschließt. Der öffentliche Dienst, das Militär, die Verwaltung und andere Bereiche, in denen es wenige Risiken gibt, ziehen sie besonders an. Ein Phlegmatiker wird nur sehr selten einen neuen Geschäftszweig auf eigene Faust eröffnen, obwohl er vielleicht durchaus die Fähigkeiten dazu hätte. Statt dessen verläßt er sich lieber auf die Risikobereitschaft eines anderen und ist zufrieden mit einem bescheidenen Lebensstil.

Die Schwächen des Phlegmatikers

Trotz dem allgemeinen Ruf, ein «netter Kerl» zu sein und ein sehr gemütliches, umgängliches Temperament zu haben, sind die Phlegmatiker auch nicht vollkommen. Und wer ist das schließlich auch? Im folgenden will ich die typischen Schwächen dieses Temperaments darstellen.

1. Antriebslosigkeit, Lahmheit, Faulheit

Die offensichtlichste Schwäche der Phlegmatiker (was Hippokrates auch dazu brachte, sie «phlegm» = langsam, faul zu nennen) ist ihr Mangel an Antrieb und Ehrgeiz. Obwohl sie eigentlich immer das zu tun scheinen, was man von ihnen erwartet, werden sie auch nur selten dazu bereit sein, mehr zu tun. Ein Phlegmatiker vermittelt einem immer das Gefühl, daß er einen sehr langsamen Stoffwechsel hat, dickflüssiges Blut und eine ständige Schlafbereitschaft. Er stachelt andere selten zu irgendeiner Unternehmung an, sondern denkt sich eher Entschuldigungen dafür aus, daß er sich an den Aktivitäten anderer nicht beteiligt. Er neigt auch dazu, immer langsamer zu werden, je älter er wird.

Als Eheberater habe ich seit langem beobachten können, daß sich Gegensätze im Temperament bei der Partnerwahl anziehen. Daher ist es nicht ungewöhnlich, daß ein energischer, von Tatendrang getriebener Sanguiniker oder Choleriker einen Phlegmatiker heiratet. Immer wenn eine cholerische Frau und ein phlegmatischer Mann in mein Beratungszimmer kommen, dann erwarte ich schon das, was ich den «phlegmatischen Lethargie-Komplex» nenne, und in über 80 % aller Fälle habe ich dann auch recht. Die dynamische cholerische Frau hat den Phlegmatiker geheiratet, weil sie sich «so wohl fühlt bei diesem ruhigen, freundlichen, zuverlässigen Mann». Jetzt aber, nach ein paar Jahren Ehe, wird sie schier verrückt. Dieser nette, treue, liebenswürdige Mann wird nämlich anscheinend immer langsamer, je älter er wird. Normalerweise wacht er ziemlich früh auf, geht zur Arbeit, wobei er immer ganz guter Laune ist und kommt gegen Abend total erschossen zurück, braucht dann meist noch vor dem Essen ein Schläfchen, und danach läßt er sich vor dem Fernseher nieder (natürlich kommt für ihn nur einer mit Fernbedienung in Frage). Dort schläft er während des Abends ein paarmal ein. Nach den letzten Nachrichten weckt ihn seine Frau schließlich und bringt ihn zu Bett, wo er den Schlaf des Gerechten bis zum nächsten Morgen schläft. Das ist das aufregende Nachtleben einer Cholerikerin, die mit einem Phlegmatiker verheiratet ist!

Eine völlig von ihrem Mann enttäuschte cholerische Ehefrau hatte mein erstes Buch über Temperamente («Geisterfülltes Temperament») gelesen und mir dazu später folgende Geschichte erzählt: Sie war von dem Buch so beeindruckt, daß sie gern gehabt hätte, wenn auch ihr phlegmatischer Mann es gelesen hätte. Aber jedesmal, wenn er ihr zuliebe damit anfing, schlief er schon bald darüber ein. Eines Abends schließlich, als er sich auf der Couch ausgestreckt hatte, setzte sie sich zu ihm und las ihm das Buch von A bis Z laut vor. Als sie fertig war, fragte sie erwartungsvoll: «Na, nun sag mal, was hältst du davon?» Seine für einen Phlegmatiker schon klassische Antwort war: «Hm, schön.» Dann drehte er sich auf die andere Seite und war sofort eingeschlafen. Die Frau beklagte sich nun bei mir und fragte: «Wie kann ich denn meinen Mann bloß etwas aktiver machen?»

Gerade letztes Wochenende war ein Familienseminar, und dabei stellte mir eine sehr hübsche Sanguinikerin genau dieselbe Frage. Aber in diesem Fall ging es besonders um das sexuelle Verhalten ihres phlegmatischen Ehemanns. Wie viele Frauen in mittleren Jahren empfand sie jetzt ein vermehrtes Interesse am sexuellen Kontakt, und sie gab auch zu, daß ihr Mann durchaus ein guter Liebhaber sei, aber meistens sei er eben zu müde. Sie müßte regelmäßig den Anfang machen. Die meisten lebhaften Frauen fangen zwar gelegentlich gern ein Liebesspiel an, aber sie haben doch das unbestimmte Gefühl, daß vielleicht irgend etwas nicht stimmt, wenn der Mann immer darauf wartet, daß sie den ersten Impuls gibt und selbst nie die Initiative ergreift. Als diese Frau mir in Umrissen beschrieb, was sie alles schon getan hatte, um ihren Mann aus der Reserve herauszulocken, da dachte ich, daß wirklich nur ein Phlegmatiker angesichts so vieler weiblicher Reize schlafen könnte.

Hilfen zur Anregung für den Phlegmatiker

Ein Phlegmatiker kann einige positive Dinge tun, um seine Motivation von sich aus zu verbessern.

1. Er sollte zuallererst Jesus Christus als seinen Heiland und Herrn annehmen und dann unter der Führung seines Geistes leben. Eine der neun Stärken des Heiligen Geistes ist nämlich Selbstbeherrschung, und das wird ihm schon Anregungen geben.

2. Er muß bewußt eine Haltung entwickeln, die andere Menschen mit in seine Gedanken einbezieht. D.h., er muß den Heiligen Geist so auf sich wirken lassen, daß er Liebe zu anderen geschenkt bekommt, daß er sie berücksichtigt und ihre Nöte erkennt, anstatt zuerst an seine eigene Bequemlichkeit zu denken.

3. Er sollte erkennen, daß er von innen her nicht genug motiviert ist und daher Anregungen von außen braucht, die ihn aktiver machen. Ich habe schon manchen Phlegmatikern geraten, in einen Kegelklub zu gehen, Besichtigungsfahrten mitzumachen oder irgend etwas anderes zu unternehmen, nur um überhaupt in Aktivität zu kommen, denn von Natur aus ist der Phlegmatiker ähnlich wie eine Uhr, deren Uhrwerk irgendwann einmal abläuft. Er muß sich ab und zu etwas vornehmen, was ihn sozusagen wieder aufzieht.

4. Er soll sich in Gedanken möglichst oft selbst in Aktion vorstellen. Das Schlimmste, was ein Phlegmatiker auf dem Heimweg von der Arbeit tun kann, ist, zu sagen und zu zeigen, wie müde er von dem langen Tag ist. Von Natur aus wird der Schlaf immer mehr zu seinem vorrangigen Bedürfnis, und das kann zum Problem werden. Die Psychologie hat schon festgestellt, daß man meist das tut, woran man am meisten denkt. Also sollte der Phlegmatiker ganz besonders an sinnvolle Beschäftigungen denken, wenn er nach Hause kommt. Er sollte sich auch bewußt angewöhnen, sich Ziele zu setzen, für morgen, für die nächste Woche und auch langfristige für sein ganzes Leben. Wenn man nämlich erst gar kein festes Ziel hat, kann man auch keins erreichen.

5. Er sollte Vitamine einnehmen. Die meisten Ernährungswissenschaftler sagen, daß wir heutzutage viele Mineralien, die wir ei-

gentlich mit unserer Nahrung aufnehmen sollten, nicht mehr bekommen. Besonders Männer über 40 Jahre sollten zusätzlich Vitamine nehmen.

6. Er sollte sich vom Arzt untersuchen lassen und sicherstellen, daß alle seine körperlichen Systeme funktionstüchtig sind.

7. Er sollte regelmäßig Sport treiben. In vernünftigem Maß überanstrengt das einen Mann durchaus nicht, sondern es erhöht die Muskelspannung und gibt neuen Schwung. Mehr als jedes andere Temperament ist der Phlegmatiker anfällig für das Gesetz der Trägheit: Ein Körper in Ruhestellung tendiert dazu, auch unbewegt zu bleiben. Er muß dieser Tendenz mit ganz genau geplanten Aktivitäten gegenübertreten. Sowohl er selbst als auch seine Familie werden davon profitieren.

2. Die Tendenz, sich selbst zu schützen

Niemand läßt sich gern beleidigen, und das trifft auf den Phlegmatiker ganz besonders zu. Obwohl er nicht so empfindsam ist wie ein Melancholiker, hat er doch eine dünne Haut, und er lernt meist schon als Kind, daß er sich selbst schützen muß. Oft lebt er wie eine Schildkröte, d.h., er entwickelt einen starken Selbstschutzpanzer, um sich alle Sorgen und Angriffe von außen vom Leib zu halten. Aber selbst von der Schildkröte könnte ein Phlegmatiker noch etwas lernen: Man kommt nicht von der Stelle, wenn man nicht gelegentlich den Kopf unter dem Panzer hervorstreckt. Und man kann auch niemandem helfen, wenn man nicht riskiert, ab und zu auch verletzt und beleidigt zu werden.

3. Selbstsucht und Empfindlichkeit

Eine der weniger deutlichen, aber doch vorhandenen Schwächen des Phlegmatikers ist sein Egoismus. Jedes Temperament hat damit zu kämpfen, aber der Phlegmatiker neigt ganz besonders dazu, obwohl er so freundlich und liebenswürdig wirkt, daß wenige Leute, die mit ihm zusammenleben, etwas davon merken. Die Selbstsucht bringt ihn dazu, daß er sich selbst gegenüber sehr nachsichtig ist und wenig empfänglich für die Bedürfnisse seiner Familie. Nirgends ist diese Selbstsucht offensichtlicher als in seinem Umgang mit Geld. Er ist meist ein Pfennigfuchser und Geizhals, außer wenn es um seine Kleider bzw. um seine Werkzeuge geht. Ein besonders ausgeprägter Phlegmatiker aus meinem Bekanntenkreis hat seine Frau, die Sanguinikerin ist, schon so oft im Restaurant bloßgestellt, daß sie jetzt schon damit rechnet. Wenn die Kellnerin fragt: «Möchten Sie auch etwas zum Nachtisch?», dann ist seine Erwiderung immer: «Nur, wenn es im Preis inbegriffen ist.» Natürlich wird ein Phlegmatiker selbst seine Knauserigkeit niemals Selbstsucht nennen. Für ihn ist das Bescheidenheit, aber manchmal sollte man auch seine Frau fragen, wie sie das ansieht.

Man kann darauf gehen, daß der Phlegmatiker im Restaurant immer das kleinste Trinkgeld gibt, und wenn es um das Opfer für seine Gemeinde geht, so ist er der Letzte, der wirklich 10 % von seinem Einkommen dafür gibt. Und wenn er das doch tut, dann ist er nur sehr selten dazu bereit, auch noch mehr als nur ein Almosen in die Kollekte zu geben. Die Folge davon ist, daß er nicht oft den Segen Gottes in seinen Finanzplänen spürt. Er bekommt von allen Temperamenten am ehesten Streit mit seiner Frau, wenn es ums Geld geht.

4. Und ganz besonders: Eigensinn

Niemand kann halsstarriger sein als ein Phlegmatiker. Er geht dabei so diplomatisch vor, daß er schon halbwegs seinen Kopf durchgesetzt hat, bevor die anderen das erst richtig merken. Er stellt andere eigentlich nie offen zur Rede und weigert sich auch nie direkt, etwas zu tun, aber irgendwie wird er es immer fertigbringen, eine Forderung, die ihm nicht gefällt, zu umgehen. In der Leitung unserer Gemeinde habe ich oft die Erfahrung gemacht, daß diese freundlichen, liebenswürdigen, versöhnlichen Menschen einen manchmal regelrecht auf die Palme bringen können. Sie lächeln mir zustimmend zu, wenn ich einen neuen Plan vorbringe, machen den Eindruck, als hätten sie alles verstanden und akzeptiert, und dann gehen sie ihrer Wege und handeln so, als ob es diesen Plan überhaupt nicht gäbe. Sie machen das eben nur auf ihre Art, sehr geschickt und ohne offene Konfrontationen, aber doch letzten Endes genauso, wie sie es wollen.

In ihrer Familie streiten und brüllen die Phlegmatiker nie, sie stellen sich nur stur und rühren sich nicht. Manchmal erinnern sie mich an Esel, die wie angewurzelt dastehen und auf kein Zureden reagieren. Zum Glück sind sie aber nicht sehr oft eigensinnig, und wenn sie es sind, ist es fast lustig mitanzusehen.

5. Unentschiedenheit und Furchtsamkeit

Unter der gelassenen Fassade des diplomatischen Phlegmatikers schlägt ein im Grunde ängstliches Herz. Von Natur aus macht sich ein Phlegmatiker viele Sorgen und scheint Philipper 4, 6 oft falsch zu verstehen, als hieße es dort:

«Sorget euch um alles, in allen Dingen lasset eure Bitten im Gebet und Flehen vor Gott kundwerden.»

Diese Neigung zum Sorgen hält sie sehr oft davon ab, etwas ganz allein zu wagen und ihre Möglichkeiten ganz auszuschöpfen. Ein offensichtlich phlegmatischer Mann, der schon fast im Pensionsalter war, kam einmal bei einem Familienseminar zu mir und machte mir gelinde Vorwürfe. Er erzählte, er sei jahrelang Mechaniker im öffentlichen Dienst gewesen und beklagte sich: «Ihr Pfarrer redet immer davon, wie sehr man gesegnet würde, wenn man regelmäßig den Zehnten gibt. Ich habe das jahrelang getan, und jetzt bin ich fast Rentner, aber Gott hat mir niemals die Fenster des Himmels geöffnet und Segen auf mich herabgeschüttet.» Ich fragte ihn ein wenig nach seinen Lebensumständen und nach seiner Familie und stellte bald fest, daß er Gott für eine ganze Reihe von Dingen nicht dankbar war: Für ein langes Leben in Gesundheit, für eine liebevolle Frau und eine gute Ehe, für vier erwachsene Kinder und mehrere Enkel und für eine sehr zuverlässige Arbeitsstelle, wo er seit über dreißig Jahren seinen Lohn pünktlich ausgezahlt bekam. Das alles waren doch klare Segnungen in seinem Leben. Schließlich fühlte ich mich gedrängt, ihn noch etwas zu fragen: «Sagen Sie mal, hat man Ihnen in all den Jahren eigentlich niemals die Gelegenheit angeboten, selbst ein Geschäft zu eröffnen?» — «Doch», erwiderte er, «dreimal sogar.» Ich fragte ihn, warum er das immer ausgeschlagen hätte, und seine Antwort war: «Ich hatte Angst, daß es vielleicht schiefgehen könnte.» Dann erzählte er mir von einem Freund, der ihn vor 10 Jahren gefragt hatte, ob er nicht 3000 Dollar (die er damals durchaus besaß) investieren und sein Partner in einer Reparaturwerkstatt werden wollte. Aber auch da hatte er zu viele Befürchtungen gehabt.

Als ich ihn danach fragte, wie es diesem Freund heute ginge, senkte er den Kopf und mußte zugeben, daß der mittlerweile drei solcher Unternehmen hätte und daß alle gut liefen.

Diese Art von Furcht hält die Phlegmatiker auch davon ab, in ihrer Gemeinde alle ihre Fähigkeiten einzusetzen. Ich bin überzeugt davon, daß die meisten von ihnen ganz gern im Kindergottesdienst oder in der Sonntagsschule mitarbeiten würden, im Chor singen oder Gespräche über ihren Glauben führen könnten. Aber sie haben Angst davor. Eine der Stärken, die der Heilige Geist uns nach und nach schenkt, ist der Glaube, der unsere Furcht zerstreut. Ein gesundes Resultat des Lesens im Worte Gottes ist das Wachstum im Glauben. Viele Menschen haben Angst vor Mißerfolg, aber die, die Gott dienen wollen, bekommen anstelle ihrer Angst nach und nach Vertrauen geschenkt. Ich habe die Erfahrung gemacht, daß es sich sehr wohl lohnt, Phlegmatiker dazu zu überreden, daß sie in der Gemeinde Verantwortung übernehmen. Sie können gute Führungskräfte sein und die Richtungen einer Gemeinde mitbestimmen, und sie sind auch gute Sonntagsschullehrer oder Beauftragte für besondere Aufgaben. Wenn sie einmal davon überzeugt sind, daß sie an dieser Stelle ihren Dienst verrichten sollen, sind sie sehr verläßliche Mitarbeiter und das jahrelang. Das Schwierige ist nur, sie dazu zu bringen, daß sie eine solche Aufgabe zunächst einmal übernehmen.

Das Temperament beeinflußt alles, was wir tun

Nachdem wir jetzt die vier grundlegenden Temperamente in ihren Einzelheiten untersucht und dargestellt haben, können Sie vielleicht verstehen, warum ich immer wieder betone, daß es keinen wichtigeren Einfluß auf alle Ihre Verhaltensweisen gibt als das Temperament. Glauben Sie, daß es sogar Ihre Fahrweise bestimmt?

Das Temperament und die Fahrgewohnheiten

Sanguiniker sind sehr sprunghafte Autofahrer. Manchmal brausen sie nur so los und plötzlich, ohne ersichtlichen Grund, verlieren sie die Lust daran und werden deutlich langsamer. Wenn man hinten im Auto sitzt, während ein Sanguiniker fährt, dann kann das geradezu lebensgefährlich sein; er ist nämlich so auf andere Menschen hin orientiert, daß er einem unbedingt ins Gesicht sehen muß, wenn er sich mit einem anderen unterhält, und das tut er auch, wenn er Auto fährt. Und da er nun einmal furchtbar gerne redet, verbringt er gefährlich wenig Zeit damit, darauf zu achten, wo er eigentlich fährt, wenn er jemand hinter sich sitzen hat.

Choleriker sind die reinsten Geschwindigkeitsfanatiker, die ständig die Spur wechseln und so schnell wie möglich vorwärtskommen wollen. Sie versuchen einfach immer, in einer gegebenen Zeit mehr zu schaffen als menschenmöglich ist, und so bemühen sie sich, Zeit zu sparen, indem sie von einer Verabredung zur nächsten fahren «wie die Irren». Seltsamerweise bekommen sie nur sehr selten Strafmandate, nicht weil sie sie nicht verdienen würden, sondern vielmehr weil sie schlau genug sind, immer ein Auge im Rückspiegel zu haben, um einen eventuell auftauchenden Verkehrspolizisten rechtzeitig zu entdecken.

Melancholische Autofahrer treten keine Fahrt an, ohne sich genauestens im voraus zu informieren. Sie studieren sorgfältig die Karte und suchen sich die günstigste Strecke von A nach B heraus. Von allen Temperamenten kann man bei ihnen am ehesten erwarten, daß sie ein vollständiges Bordbuch mit ihrer ganzen Fahrgeschichte führen, einschließlich Benzinverbrauch, Ölwechsel und Autoreparaturen. Da sie sich ihrem Wesen nach besonders streng an gesetzliche Vorschriften halten, fahren sie selten zu schnell und sind eher geneigt, noch ein paar Stundenkilometer langsamer zu fahren als erlaubt ist. Leider scheinen sie besonders gern auch auf der Überholspur die Geschwindigkeitsbegrenzungen einzuhalten, und sie zwingen dadurch, fast mit einer sadistischen Schadenfreude, schnellere Fahrer hinter sich, nach rechts auszuweichen und gefährliche Manöver zu machen, um sie zu überholen. Wenn Melancholiker überhaupt ein Strafmandat bekommen, dann meist dafür, daß sie die linke Fahrbahn nicht zügig für andere Fahrzeuge freigemacht haben. In einer solchen Situation reagieren sie dann mit großer Entrüstung, denn schließlich haben sie doch nur die Vorschriften eingehalten.

Der Phlegmatiker ist erwartungsgemäß der langsamste Autofahrer. Er ist immer der letzte, der eine Kreuzung verläßt, und er wechselt auch nur selten auf die linke Fahrspur. Er ist ein besonderer Risikofaktor, wenn er sich von einer Auffahrt auf die Autobahn einfädelt, denn unweigerlich hält er genau dann, wenn er sich eigentlich in den fließenden Verkehr einordnen müßte. Er ist ein echter Sonntagsfahrer, aber das sieben Tage in der Woche. Er bekommt zwar nur selten Strafmandate oder verursacht Unfälle, kann aber andere gefährden.

Das Temperament und die Gartenarbeit

Wenn es Ihnen auch unglaublich erscheinen mag, Sie können wirklich das Temperament eines Menschen schon aus der Art und Weise erraten, wie er seinen Garten pflegt. Der Sanguiniker steht jeden Samstagmorgen früh auf und nimmt sich vor, im Garten nach dem Rechten zu sehen. Mit großer Befriedigung reiht er alle seine Geräte und Werkzeuge vor sich auf (er besitzt jedes Instrument, das sich Menschen überhaupt nur je für die Gartenarbeit ausgedacht haben, denn er kann nicht widerstehen, wenn ihm etwas als besonders gut angepriesen wird). Dann bereitet er alles vor, um in seinem Garten zu hacken, zu trimmen und zu stutzen. Eine halbe Stunde später kann seine Frau immer noch nicht das kleinste Geräusch vernehmen, das darauf schließen ließe, daß ihr Mann bei der Gartenarbeit ist. Sie schaut aus dem Fenster und stellt fest, daß er in eine angeregte Unterhaltung mit dem Nachbarn verwickelt ist. Bevor der Tag zur Neige geht, trägt der Sanguiniker seinem Sohn auf, er solle die Gartengeräte wieder in den Schuppen tun, und er entscheidet sich dafür, in der nächsten Woche einmal etwas im Garten zu tun. Er ist eindeutig einer der besten Verzögerungstaktiker.

Der Choleriker verabscheut die Gartenarbeit, und wenn er sich überhaupt daran macht, dann tut er es mit einem inneren Gefühl der Wut und Rache. Von Natur aus ist er nicht unbedingt technisch begabt, und so hält er nicht viel von Reparaturen oder vom Arbeiten im Garten, weil er, wenn er ehrlich ist, nicht sehr viel davon versteht. Wenn er sich endlich dazu überwindet, dann geht er mit einer affenartigen Geschwindigkeit vor, damit er diese unangenehme Plackerei möglichst schnell hinter sich bringt, aber Gründlichkeit und Exaktheit sind dabei nicht seine Stärken. Seine Familie sollte möglichst darauf achten, daß er niemals eine Gartenschere in die Finger bekommt und womöglich Büsche oder

Bäume zurückschneidet, denn er hat dabei immer nur einen Gedanken im Kopf: «Wenn man das schon unbedingt tun muß, dann kann man es doch auch gleich so machen, daß es fürs ganze Jahr reicht!» Man kann wirklich schon von weitem den Garten eines Cholerikers erkennen, man muß dann nur nach Miniaturhecken und Zwergbäumen suchen!

Der Melancholiker hat eine naturgemäße Neigung dazu, Dinge zu hegen und zu pflegen. Sein Garten ist meistens am besten in Ordnung. Er ist der Typ, der sogar mit seinen Pflanzen redet und sie liebevoll umsorgt, und fast jedes Wochenende findet man ihn im Garten auf allen vieren, wo er seine Hecken, Büsche und seinen Rasen sorgsam pflegt.

Der Garten des Phlegmatikers sieht normalerweise so aus, als ob der Hausherr noch am späten Samstagmorgen im Haus sitzt und gerade die dritte Tasse Kaffee trinkt. Und so ist es meistens auch. Er ist an sich durchaus geeignet dafür, einen Garten gut in Schuß zu halten, und er wird sich auch liebevoll darum kümmern, wenn sein Bedürfnis nach Ruhe einmal von dem Trieb überwunden worden ist, das zu tun, was er eigentlich ja gern tut. Es hängt natürlich viel davon ab, ob er regelmäßig sein Stärkungsmittel, seinen Weizenkeim und seine Vitaminpillen eingenommen hat...

Das Temperament und der Fußball

Bisher haben wir nur einige Gebiete genannt, auf denen man beobachten kann, wie eng die Beziehung zwischen dem Temperament eines Mannes und seinem gesamten Verhalten ist. Als ich mich mit einigen Fußballspielern von den «San Diego Chargers» unterhielt, die bei uns jede Woche einmal eine Bibelstunde zusammen haben, erfuhr ich, daß das Temperament eines Spielers gewöhnlich auch die Position bestimmt, die er auf dem Spielfeld einnimmt, wobei vorausgesetzt ist, daß auch Größe, Gewicht und besondere Fähigkeiten wichtige Faktoren sind. Für das amerikanische Fußballspiel gilt etwa folgendes: Die Stürmer, rechtsaußen und linksaußen, die den Ball souverän beherrschen müssen und das Spiel oft diktieren, sind hauptsächlich Choleriker; die Mittelstürmer, die den Ball nicht unbedingt in eine neue Richtung bringen, sondern ihn halten und weiterreichen, sind meist Melancholiker; aber die Stürmer, die sowohl den Ball vorwärtstreiben als ihn auch sehr gut weitergeben können, sind eine Mischung aus den beiden Temperamenten.

Mittelfeldspieler, deren Hauptaufgabe es ist, den, der gerade den Ball weitergibt, zu schützen und offene Gassen für den Rücklauf des Balles freizuhalten, müssen hauptsächlich Melancholiker sein, denn nur ein Melancholiker kann sich so aufopfernd verhalten.

Die Verteidiger, die weite Schüsse abfangen und die Richtung des ganzen Spiels ändern, sind meist Melancholiker oder Phlegmatiker. Sie müssen Perfektionisten sein und ihre Bewegungsabläufe ausgezeichnet beherrschen und sehr viel Selbstdisziplin haben, damit sie sich ganz auf ihre Aufgabe konzentrieren können. Ansonsten sind die Verteidiger oft Choleriker, sowohl in der Mitte als auch rechts- und linksaußen, obwohl manche auch Sanguiniker oder cholerische Sanguiniker sind, denn sie haben den Nahkampf gern.

Die äußeren Verteidiger sind oft Choleriker oder Melancholiker oder eine Kombination aus beiden, und die Torwarte sind sehr oft ausgesprochene Sanguiniker, Choleriker oder eine Mischform aus beiden, denn extravertierte Menschen sind normalerweise schneller in ihrer Reaktionsfähigkeit, was ja auch für die Verteidiger eine sehr wichtige Eigenschaft ist.

Die Ersatzspieler können einfach jedes Temperament haben, denn sie setzten ihren Eifer ein, um in der Manschaft möglichst gut mitzuspielen.

Diese mehr informellen Beobachtungen, die das Temperament beim Fußballspiel betreffen, wurden im Grundsatz von dem früheren Psychologen dieses Vereins bestätigt, der mittlerweile ein Buch darüber veröffentlicht hat. Er hatte einen klaren Zusammenhang zwischen der Position eines Spielers und der Art, wie er seinen Spind in Ordnung hielt, festgestellt. Die aufopfernden Verteidiger und Rückläufer oder auch die phlegmatischen und melancholischen Stürmer hatten meist sehr ordentlich aufgeräumte Fächer, während die Schränke der Verteidiger, die Sanguiniker oder Choleriker waren, oft so ähnlich aussahen wie eine Matratzenfabrik kurz nach einer Explosion. Auch hier wurde wieder einmal der Grundsatz bestätigt, daß das Temperament eines Menschen einfach alles beeinflußt, was er tut.

Das Temperament und die Eßgewohnheiten

Wenn ich einen Mann essen sehe, kann ich daraus schon fast auf sein Temperament schließen. Sanguiniker essen meist alles, was nur erreichbar ist, und bei ihnen ißt das Auge stets besonders mit. Nur gelegentlich, z.B. in Restaurants, sehen sie kaum auf die Speisekarte, bis die Kellnerin kommt. Sie sind dann nämlich so vertieft ins Gespräch, daß sie alles um sich herum vergessen, bis sie schließlich etwas ungeduldig gefragt werden: «Und was möchten Sie bitte?»

Choleriker sind geradezu stereotype Esser. Ihre Speisenfolge ändert sich kaum von einem Tag zum anderen, und wenn das Essen kommt, schlingen sie es in großen Bissen herunter und sprechen oft dabei noch mit vollem Mund. Meist sind sie als erster fertig.

Melancholiker sind sehr wählerische Esser. Sie brauchen in einem Restaurant immer sehr lange, bis sie sich endlich entschieden haben, was sie essen wollen, und genießen dann jeden Bissen.

Phlegmatiker sind die bedächtigsten Esser und brauchen immer am längsten. Das ist der Hauptgrund dafür, daß sie selten zunehmen. Alle Spezialisten warnen Patienten mit Übergewicht dringend davor, zu schnell zu essen, denn es dauert ungefähr 20 Minuten, bis der Nüchternschmerz beim Essen nachgelassen hat. Dementsprechend verlieren die Melancholiker und Phlegmatiker schon oft den Appetit, bevor sie aufgegessen haben. Für die Choleriker und Sanguiniker trifft das aber durchaus nicht zu. Sie sind nach durchschnittlich sieben Minuten fertig und verlangen nach mehr, weil ihr Hunger noch nicht gestillt ist. Nach dem Essen haben sie aber dann ein Völlegefühl.

Es gibt noch eine Reihe anderer Gebiete, bei denen das Temperament das Verhalten eines Menschen beeinflußt: Die Kleider, die er trägt, die Freunde, die er sich aussucht, seine Arbeits- und Lerngewohnheiten, seine Hobbys, eben fast alles, was er tut. Daher ist es in jedem Fall gut für Sie, Ihr Temperament zu erkennen und dann bewußt so zu lenken, daß die beste Lebensart für Sie und Ihre Familie dabei herauskommt. Wenn Sie das nicht tun, wird Sie Ihr eigentliches Temperament doch unbewußt bestimmen. Um ehrlich zu sein: Es kann kein Mensch von sich aus seine

Stärken auf ein Höchstmaß bringen und seine Schwächen ganz unterdrücken, er braucht dazu die persönliche Beziehung zu Gott, die nur durch seinen Sohn Jesus Christus möglich gemacht worden ist und auch durch die Kraft seines Heiligen Geistes.

Weitere Einzelheiten zu der Lehre von den vier Temperamenten können Sie in folgenden Büchern finden:

1. O. Hallesby: «Dein Typ ist gefragt», R. Brockhaus Verlag

4. Tim LaHaye: «Geisterfülltes Temperament», Leuchter-Verlag

5. Tim LaHaye: «Verwandeltes Temperament» Verlag der Liebenzeller Mission (erscheint 1980)

Kapitel 6

Die zwölf Mischformen der Temperamente

Einer der Haupteinwände gegen die Theorie von den vier Temperamenten, die seit der Antike bekannt ist, besteht darin, daß nicht jeder ganz und gar Vertreter eines dieser vier Temperamente ist. Ich habe schon in früheren Büchern darauf hingewiesen, daß das auch gar nicht so sein muß. Wir alle sind Mischformen aus wenigstens zwei Temperamenten, das eine bestimmt uns vorwiegend, das andere erst an zweiter Stelle. Nach meiner Kenntnis ist bis jetzt noch nichts veröffentlicht worden, was sich mit diesen Mischformen näher beschäftigt. Wir wollen hier nun kurz die zwölf möglichen Mischformen untersuchen, um so die Lehre von den Temperamenten verständlicher und lebensnaher zu machen. Höchstwahrscheinlich wird es dann für Sie einfacher sein, sich selbst in einer dieser Formen wiederzuerkennen, als in den vier Grundtypen.

Das Mischungsverhältnis kann verschieden sein

Ein wesentlicher Faktor sollte dabei im Auge behalten werden: Nicht alle Mischungen sind von der gleichen Art. Ein Mann z.B., der zu 60 % Sanguiniker und zu 40 % Choleriker ist, wird sich bestimmt von dem unterscheiden, der zu 80 % Sanguiniker und nur zu 20 % Choleriker ist. Es existieren also auch noch Unterschiede innerhalb einer Mischform. Aber der Übersichtlichkeit halber wollen wir hier die Temperamente nicht in mehr als zwölf Formen darstellen, sondern davon ausgehen, daß bei den beschriebenen Typen das vorherrschende Temperament etwa 60% ausmacht und das zweitrangige etwa 40 % . Die feineren Unterscheidungen muß der Leser dann selbst anstellen.

Die beste Art, auf die man die Mischformen beschreiben kann, sehe ich in einer Weiterführung des Schemas, auf dem zu Beginn des 4. Kapitels alle Temperamente mit ihren Stärken und Schwächen dargestellt waren (s. S. 72). Man kann sich dann zwei Kreise in Form einer Acht vorstellen, der obere Kreis stellt das vorherrschende Temperament dar, der untere das zweitrangige. Aus der Skizze ist ersichtlich, daß jedes der Grundtemperamente etwa 10 Stärken und 10 Schwächen hat. Wenn man sie untereinander schreibt, erkennt man leicht die 10 vorherrschenden und die 10 zweitrangigen Stärken und entsprechend auch die Schwächen. Jeder Mensch besitzt dann also im wesentlichen 20 starke und 20 schwache Seiten, die mehr oder weniger ausgeprägt sind. Einige werden sich gegenseitig aufheben, andere wiederum verstärken sich, wieder andere vermischen und ergänzen sich und akzentuieren nur eine Seite. So wird die Verschiedenartigkeit des Handelns, der Vorurteile und der natürlichen Fähigkeiten bei den Menschen bewirkt, die dasselbe vorherrschende, aber unterschiedliche zweitrangige Temperamente haben. All das wird Ihnen aber noch klarer werden, wenn wir jetzt die zwölf Mischformen der Temperamente näher betrachten.

1. Der cholerische Sanguiniker

Der am stärksten extravertierte Typ unter allen Mischformen ist der cholerische Sanguiniker. Die zwei Temperamente, die ihn bestimmen, sind beide extravertiert. Die glückliche Veranlagung des Sanguinikers macht ihn offen für andere Menschen, begeisterungsfähig, im großen und ganzen der Prototyp eines Verkäufers; aber die cholerische Seite seiner Natur gibt ihm auch Entschlossenheit, und er ist dadurch ordentlicher und produktiver, als wenn er ein reiner Sanguiniker wäre.

In seinem Berufsleben wird ein solcher Mann meist die Industrie wählen; als Einkaufsleiter einer Firma kann er sich z.B. sehr gut bewähren. Fast jedes Gebiet, in dem man es mit Menschen zu tun hat, steht ihm offen, aber es muß abwechslungsreich, aktiv und aufregend genug sein, um sein Interesse lebendig zu halten. Der cholerische Sanguiniker ist nahezu immer für Sport begeistert. Normalerweise wird er auch finanziell erfolgreich sein, wenn er eine gute Ausbildung und genug Anregung von außen hat, und er wird von seiner Familie geliebt, wenn er sich nicht von seinen schwachen Seiten zu sehr bestimmen läßt.

Die möglichen Schwächen des cholerischen Sanguinikers sind gewöhnlich ganz offensichtlich, weil er eben ein so stark extravertierter Mensch ist. Er redet meist zuviel und stellt sich damit auch mit seinen Schwächen ins Rampenlicht. Er ist sehr eigenwillig und entschlossen. Sein Urteil zu einer Sache steht meist schon fest, bevor er über alle Tatsachen und Informationen verfügt. Um ehrlich zu sein, muß man sagen: Kein Temperament hat so viele Probleme mit seiner schnellen Zunge wie gerade dieses. Erst neulich haben wir lachen müssen, als ein sehr bekannter Evangelist, der auch cholerischer Sanguiniker ist, unsere Stadt besuchte und in der Presse als «der Mann mit dem schnellsten Mundwerk des ganzen Westens» bezeichnet wurde. Sein sehr großes Geltungsbedürfnis bringt ihn dazu, daß er jede Unterhaltung beherrschen will, und dabei kann er oft den guten Eindruck zerstören, den er zuerst gemacht hat, und später nicht mehr so beliebt sein. Wenn er spürt, daß andere Leute ihn nicht leiden mögen, dann verdoppelt er vielleicht noch seine Anstrengungen und macht dadurch alles nur noch schlimmer. Wenn er aber der Mittelpunkt einer Gesellschaft ist, dann ist er nicht zu schlagen; nur wenn er sich bedroht und unsicher fühlt, kann er sehr lästig werden. Sein Hauptproblem im emotionalen Bereich ist die Wut. Auf die leiseste Provokation hin kann er schon explodieren. Ein cholerischer Sanguiniker kann sehr liebenswürdig sein, wenn das seinen Absichten dienlich ist, aber wenn man ihm entgegentritt und ihm widerspricht, dann kann er sein Gegenüber auch in der Luft zerreißen. Vom Sanguiniker hat er die Neigung, andere schnell wieder zu vergessen, wenn er sie nicht mehr sieht; vom Choleriker die manchmal schon eigensinnige Haarspalterei, und oft hat er auch ein nicht allzu empfindliches Gewissen, sondern neigt eher dazu, alle seine Handlungen zu rechtfertigen. Dieser Mann hat es — wie jedes andere Temperament — nötig, jeden Tag aufs neue mit Gottes Wort und seinem Heiligen Geist erfüllt zu werden.

Simon Petrus, der sich selbst zum Wortführer der zwölf Jünger machte, ist ein klassisches Beispiel für den cholerischen Sanguiniker. Er hatte offensichtlich mit seiner schnellen Zunge Schwierigkeiten und äußerte verschiedentlich schon seine Meinung, bevor jemand anders überhaupt etwas sagen konnte. Er spricht im ganzen Evangelium mehr als alle anderen Jünger zusammen, und das meiste von dem, was er sagt, erweist sich hinterher als falsch. Er ist egoistisch und recht willensschwach und «fleischlich», wie es die Bibel nennt. In der Apostelgeschichte jedoch wird er bemerkenswert anders dargestellt: Entschlossen, tüchtig und produktiv. Worin bestand der Unterschied? Er war in der Zwischenzeit vom Heiligen Geist erfüllt worden.

2. Der melancholische Sanguiniker

Melancholische Sanguiniker sind sehr gefühlvolle Menschen, die drastischen Stimmungsschwankungen ausgesetzt sind. Sie können in einem Augenblick geradezu hysterisch lachen und im nächsten schon in Tränen ausbrechen. Für sie ist es unmöglich, eine traurige Geschichte zu hören, das tragische Los eines anderen Menschen mit anzusehen oder getragener Musik zuzuhören, ohne zu weinen. Sie fühlen die Sorgen anderer Menschen ganz echt mit. Ärzte z.B., die diese Temperamentslage haben, sind stets die besten Zuhörer am Krankenbett. Gewöhnlich sind melancholische Sanguiniker auch sehr gute Lehrer, Erzieher und Professoren, meist die beliebtesten in ihrem Kollegium. Fast jedes Berufsfeld steht ihnen offen; besonders eignen sie sich aber für die öffentliche Rede, das Theater, die Musik und die Kunst. Sie sind allerdings von einem fast unbegrenzten Perfektionismus bestimmt, der sie anderen Menschen oft entfremdet, wenn sie ihre Kritik uneingeschränkt äußern. Sie sind aber meist auf andere Menschen hin ausgerichtet und haben Substanz genug, den anderen etwas zu sein, wenn ihr Ich und ihre Eitelkeit sie nicht so halsstarrig machen, daß sie sich dadurch Feinde schaffen.

Eine der schlimmsten Schwächen der melancholischen Sanguiniker liegt in ihrer Denkweise. Sowohl Sanguiniker als auch Melancholiker sind Träumer, und wenn der melancholisch geprägte Teil des Denkens eine negative Richtung einschlägt, dann können alle guten Möglichkeiten zunichte gemacht werden. Ein solcher Mensch kommt leicht dazu, daß er über sich selbst verzweifelt ist. Zusätzlich dazu wird er mehr als andere mit seinem Ärger und seiner Wut zu kämpfen haben und auch eine Tendenz zur Angst haben. Beide Temperamente, die ihn bestimmen, leiden unter ziemlicher Unsicherheit, und nicht selten fürchtet er sich, seine Begabungen und Möglichkeiten voll auszuschöpfen. Ein solcher Mensch sollte möglichst immer mit andern zusammenarbeiten. Wenn er von anderen bewundert und gelobt wird, bedeutet ihm das sehr viel, und das kann ihn am ehesten auch dahin bringen, daß er das tut, wozu er eigentlich fähig ist. Von allen sanguinischen Rednern ist der melancholische Sanguiniker derjenige, der in seinen Zitaten und Zahlenangaben am genauesten verfährt und dessen Darstellung am besten gegliedert ist. Er hat eine große Begabung, mit Gott zu reden, und wenn er vom Geist Gottes bestimmt wird, kann er ein ausgesprochen tüchtiger Diener Christi werden.

Der König David ist ein klassisches Beispiel für das Temperament des melancholischen Sanguinikers. Er war ein sehr liebenswürdiger Mann, der Männer und Frauen für sich gewinnen konnte. Er war lebhaft, dramatisch begabt, gefühlsbetont und auch willensschwach. Er konnte sehr gut Harfe spielen und singen und hat in den Psalmen auch sehr viel poetische Begabung gezeigt.

Außerdem traf er sehr impulsive Entscheidungen. Aber leider — wie übrigens die meisten melancholischen Sanguiniker — verdarb er in seinem Leben viel durch eine Reihe von schlimmen und sehr kostspieligen Fehlern, bis er schließlich genug Selbstdisziplin entwickelt hatte, um seine Bestimmung ganz auszufüllen. Natürlich sind nicht alle melancholischen Sanguiniker zu der Leistung fähig, die Scherben des ganzen Lebens aufzusammeln und noch einmal von vorne zu beginnen, wie David das tat. Es ist für sie sehr viel besser, den Geist Gottes jeden Tag von neuem in sich wirken zu lassen und dadurch tragische Fehler zu vermeiden.

3. Der phlegmatische Sanguiniker

Diese Mischform bringt den Sanguiniker hervor, den man am ehesten gern hat. Die vereinnahmenden und eigensinnigen Tendenzen des Sanguinikers werden durch die liebenswürdige und gemütliche Art des Phlegmatikers entschärft, und so macht ihn das offene Wesen, das jeder Sanguiniker hat, zu einem erfreulichen Gesprächspartner. Phlegmatische Sanguiniker sind meist ausgesprochen glückliche Menschen, und ihre sorglose Art und ihr Humor machen sie zu gutgelaunten Unterhaltern, die bei anderen stets beliebt sind. Anderen Menschen zu helfen, ist bei ihnen ein erklärtes und alltäglich angestrebtes Ziel; aber auch in Verkaufsbereichen verschiedener Art bewähren sie sich gut. Sie sind die am wenigsten extravertierte Spielart der Sanguiniker und werden oft mehr von ihrer Umgebung und den Lebensumständen reguliert als von ihren eigenen Antrieben.

Sie sind von Natur aus gute Familienväter und verstehen es, sich die Liebe ihrer Kinder zu erhalten. Von anderen werden sie oft deswegen bewundert. Sie sind nicht fähig, absichtlich einen anderen Menschen zu verletzen.

Die größten Schwächen der phlegmatischen Sanguiniker sind mangelnde Antriebskraft und wenig Disziplin. Sie unterhalten sich viel lieber, als daß sie arbeiten, und sie neigen dazu, das Leben oft zu leicht zu nehmen. Der Chef eines solchen Mannes hat ihm gegenüber oft gemischte Gefühle. Er hat ihn sehr gern, aber er wünschte sich, daß er erheblich fleißiger wäre. Wie ein Personalchef es einmal sehr treffend ausgedrückt hat: «Das ist der netteste Mensch, den ich je entlassen habe!» Ein phlegmatischer Sanguiniker regt sich nur selten über irgend etwas auf, sondern ist vielmehr geneigt, jedem Ding noch eine gute Seite abzugewinnen. Er wird am ehesten seiner Frau lächelnd sagen: «Guck mal, ich habe heute so einen Zettel gekriegt. Ich glaube, ich bin entlassen worden.» Er hat gewöhnlich ein unendliches Repertoire an Witzen und lustigen Geschichten, die andere unweigerlich zum Lachen bringen, auch dann, wenn die augenblicklichen Umstände eher Ernst erfordern würden. Wenn er sich ganz auf Jesus Christus ausrichtet, dann wird er verändert in eine entschlossenere, zielgerichtetere, produktivere Persönlichkeit.

Der Evangelist Apollos, der im ersten Jahrhundert lebte, ist einem phlegmatischen Sanguiniker von allen Männern am ähnlichsten, die wir im Neuen Testament finden können. Er war ein gut ausgebildeter Redner, der mit Paulus ging und auch mit anderen, die Gemeinden gegründet hatten. Er hielt die Christen der ersten Zeit lebendig durch seine vom Heiligen Geist erfüllten Predigten und Lehren und wurde von allen geliebt und von vielen ehrfürchtig betrachtet. Er war ein fröhlicher Mann und ganz an seine Aufgaben hingegeben. Er reiste offensichtlich sehr viel, gründete aber keine neuen Gemeinden.

4. Der sanguinische Choleriker

Der am zweitstärksten extravertierte Typ bei den Mischformen ist die Umkehrung des allerersten Typs, nämlich der sanguinische Choleriker. Dieser Mann hat sich ganz und gar der Aktivität verschrieben. Die meisten seiner Unternehmungen sind produktiv und zielgerichtet, aber man muß auch auf seine Freizeit achten. Selbst die ist meist noch so mit Aktivität angefüllt, daß es schon fast penetrant wird. Er ist von Natur aus ein ausgezeichneter Anpreiser und Verkäufer und hat die Veranlagung, mit anderen Menschen gut zurechtzukommen. Er ist sicher am besten dazu geeignet, andere anzutreiben oder herauszufordern, und er ist fast furchtlos und verfügt über eine schier endlose Energie. Seine Frau sagt vielleicht, daß es für ihn nur zwei Bewegungsarten gibt: Entweder Vollgas voraus oder absoluter Stillstand. Ein sanguinischer Choleriker kann z.B. ein Anwalt sein, der auch die hartherzigsten Richter und Geschworenen umstimmen kann, oder ein Mann, der für einen guten Zweck sammelt und es fertigbringt, den Leuten das Geld aus der Tasche zu ziehen, das sie doch eigentlich sparen wollten. Er ist der Mann, der nirgendwo unbemerkt bleibt, ein Prediger, der sowohl in praktischer Bibelkunde beschlagen ist als auch die Gemeindeverwaltung gut bewältigt, oder der Politiker, der die Vertreter seines Wahlkreises so sehr beeinflussen kann, daß sie sogar ihre Grundsätze ändern, nur damit er noch einmal kandidieren kann. Er ist ein überzeugender Argumentierer, und wenn ihm im Moment keine Fakten einfallen, dann arbeitet er auch mit Effekten oder mit schierer Angabe. Als Lehrer kann er sehr gut vermitteln und erklären, besonders in sozialwissenschaftlichen Fächern. Mathematik, Naturwissenschaften oder überhaupt abstrakte Zusammenhänge liegen ihm weniger. Was er auch beruflich tut, sein Verstand ist dabei immer voll in Aktion.

Die Schwächen eines solchen Mannes konzentrieren sich vor allem auf die Feindseligkeit, sind aber auch so breit gestreut wie seine Begabungen. Er kombiniert die schnelle, explosive Wut des Sanguinikers (allerdings ohne seine schnelle Vergebungsbereitschaft) mit dem langanhaltenden Groll, zu dem der Choleriker fähig ist. Er ist der Typ, der nicht nur selbst leicht Magengeschwüre bekommt, sondern sie auch noch andern beibringt. Er ist ungeduldig mit denen, die nicht über soviel Energie und Antriebe wie er verfügen, und er bildet sich etwas darauf ein, immer schonungslos offen zu sein. Manche nennen ihn aber deswegen auch sarkastisch. Es fällt ihm schwer, sich längere Zeit auf eine Sache zu konzentrieren. Deshalb beauftragt er auch oft andere, das fertigzumachen, was er angefangen hat. Er ist eigensinnig, von Vorurteilen bestimmt, leicht aufbrausend und neigt dazu, ein einmal angefangenes Projekt eisern zu Ende zu führen, auch wenn sich herausstellt, daß er die ganze Sache vielleicht besser gar nicht erst begonnen hätte. Wenn er nicht von Gott geführt wird, dann wird er wahrscheinlich nach Kräften versuchen, alles zu rechtfertigen, was er tut, und auch selten zögern, andere zu manipulieren oder links liegen zu lassen, um seine Ziele zu erreichen. Die meisten sanguinischen Choleriker engagieren sich so sehr in ihrem Beruf, daß sie Frau und Kinder deutlich vernachlässigen und auch noch mit ihnen schimpfen, wenn sie sich darüber beklagen. Die Frau eines solchen Mannes wird meist mit der Zeit neurotisch werden, denn sie fühlt sich nicht gebraucht und genausowenig geliebt. Sie bewundert ihren Mann zwar meistens, aber fürchtet ihn auch und macht ihm Vorwürfe. Wenn die Kinder erwachsen sind, kommt es häufig vor, daß sie ihren Mann verläßt, weil er sie zur regelrechten Un-Person gemacht hat. Wenn er aber einmal die Bedeutung und Wichtigkeit von Liebe und Anerkennung für seine Familie erkannt hat, dann kann er sein ganzes privates Leben entscheidend verändern.

Jakobus, der Schreiber des gleichnamigen Briefes, könnte sehr gut ein sanguinischer Choleriker gewesen sein. Jedenfalls klingt sein Brief so. Eine seiner Hauptaussagen ist die, daß der Glaube ohne Werke tot ist. Das ist eine der Lieblingsideen der Choleriker, die Aktivität über alles lieben. Jakobus hatte die praktische Argumentationsweise eines Cholerikers, war aber offenbar auch ein hochgeachteter Mann Gottes.

Eine menschliche Schwäche, die in seinem Brief auch vorkommt, ist die Gefährlichkeit der Zunge, die kein Mensch kontrollieren kann (s. Jak. 3). Das bezieht sich direkt auf die schwierigste Eigenschaft dieser Temperamentsmischform, denn wir wissen, daß die sanguinischen Choleriker eine messerscharfe, stets aktive Zunge haben. Sein Sieg über diese Schwäche und seine Leistungsfähigkeit im Dienst Jesu Christi ist für jeden sanguinischen Choleriker ein bedenkenswertes Beispiel.

5. Der melancholische Choleriker

Der Temperamentstyp, der zu etwa 60 % Choleriker und zu 40 % Melancholiker ist, ist ein äußerst fleißiger und fähiger Mensch. Der Optimismus und die praktische Begabung des Cholerikers überdecken die Tendenz zu Stimmungsschwankungen beim Melancholiker, und so wird der melancholische Choleriker zu einem Mann, der sowohl feste Ziele hat als auch auf die Details achtet. Er ist meist schon ein guter Schüler, hat eine schnelle und analytisch betonte Auffassungsgabe und gleichzeitig eine feste Entschiedenheit. Er entwickelt bald gute Führerqualitäten und ist der Mann, dem man immer zutraut, eine außergewöhnlich schwierige Aufgabe zu lösen. Jeder würde ihn z.B. am liebsten als Anwalt in einem problematischen Prozeß haben. Er kann ausgezeichnet diskutieren, und man sollte ihn nie herausfordern, wenn man sich nicht ganz sicher ist, daß alle Fakten, die man selbst vorbringt, genau stimmen; denn er macht seinen Gegner sehr leicht «zur Schnecke», indem er verbale Aggressivität mit der Exaktheit bis ins Detail verbindet. Dieser Mann liebt jede Art von Wettbewerb und ist vital in allem, was er tut. Seine Strategie besteht immer darin, daß er aufs Ganze geht. Er kann ein verbissener Forscher sein und hat im allgemeinen überall Erfolg, ganz gleich, was er anpackt. Ein Beispiel, das mir dazu immer einfällt, ist der Chefarzt eines großen Krankenhauses in Kalifornien, ein Chirurg, der gleichzeitig ein ausgezeichneter Sonntagsschullehrer in seiner Gemeinde ist. Ich kenne auch Architekten, Baumschulbesitzer, Politiker, Fußballtrainer, Pfarrer, Geschäftsleute, Handwerker (die allerdings meist bald Vorarbeiter werden oder sich selbständig machen) und Führernaturen in vielen Bereichen, die melancholische Choleriker sind. Diese Temperamentsmischung ist wahrscheinlich die beste Voraussetzung, um hervorragende Führerqualitäten zu entwickeln. Der General George S. Patton, der die Dritte U.S. Armee im Zweiten Weltkrieg befehligte und mit ihr die deutschen Streitkräfte bis Berlin zurückschlug, war wahrscheinlich auch ein melancholischer Choleriker.

Doch so groß wie die Stärken sind auch die Schwächen eines solchen Menschen. Er wird sehr leicht herrschsüchtig und entwickelt sich zu einem richtigen Diktatortyp, der bei anderen Menschen gleichzeitig Bewunderung und Haß hervorruft. Er ist sehr eigensinnig, liebt geradezu Streit und Argumentation und gefällt sich manchmal auch in der Rolle des «advocatus diaboli», indem er einen Standpunkt vertritt, der in Wirklichkeit gar nicht sein eigener ist, nur aus Lust am Diskutieren. Er ist ein sehr schlagfertiger Redner, dessen Sarkasmus andere Menschen oft sehr verletzen kann. Es kommt auch oft bei ihm vor, daß er jemanden schon längst in die Enge getrieben hat und doch noch weiter auf ihm herumhackt. Er ist von Natur aus dazu bestimmt, alle Arten von Kreuzzügen zu unternehmen, und seine Arbeitsgewohnheiten sind recht unregelmäßig. Er kann aber auch sehr lange Zeit konzentriert arbeiten.

Ein melancholischer Choleriker hat in sich mit außerordentlich viel Feindseligkeit und Haß zu kämpfen. Wenn er nicht glücklicherweise eine gute und liebevolle Beziehung zu seinen Eltern erlebt hat, dann wird er sich mit allen persönlichen Beziehungen sehr schwer tun, besonders in seiner Familie. Kein Mann neigt mehr dazu, seine Kinder besonders hart zu bestrafen, als der melancholische Choleriker. Er hat in sich sowohl die Tendenz des Cholerikers, dem man kaum etwas recht machen kann, als auch den Perfektionismus des Melancholikers. Ein solcher Vater, den ich kenne, der ein sehr erfolgreicher Versicherungsfachmann ist, befahl seinem 15jährigen Sohn, einen ganzen Sommer lang tagsüber in seinem Zimmer zu bleiben. Es ist wohl unnötig zu sagen, daß er damit seinen Sohn zum äußersten Zorn reizte und ihn so schließlich von sich selbst und auch vom Glauben an Gott abbrachte. Ein Mann mit diesem Temperament leidet sehr oft an blutenden Magengeschwüren ohne rein organische Ursachen oder auch unter Koliken oder Bluthochdruck, und er ist ein besonders guter Kandidat für einen Herzinfarkt, wenn er etwas über 50 Jahre alt ist. Wird er jedoch vom Heiligen Geist erfüllt und geleitet, dann wird sein Gefühlsleben von Grund auf verändert, und er wird zu einem Christen von ganz besonderem Format.

Meiner Meinung nach ist es wenig zweifelhaft, daß der Apostel Paulus ein melancholischer Choleriker war. Vor seiner Bekehrung zeigte er viel Feindseligkeit und Grausamkeit, denn wir erfahren aus der Heiligen Schrift, daß er sich ganz darauf konzentriert hatte, die Christen zu verfolgen und ins Gefängnis zu bringen. Auch noch nach seiner Begegnung mit Jesus Christus verwandelte sich seine Willensstärke und Entschiedenheit manchmal in unvernünftige Starrköpfigkeit, z.B. als er nach Jerusalem zog, obwohl er wußte, daß es nicht Gottes Wille war und Gott ihn auch davor gewarnt hatte. Seine Schriften und sein Dienst für Gott zeigen, daß er sowohl eine praktische und analytische Argumentationsweise hatte als auch eine aufopfernde und zielgerichtete Art zu denken und zu leben. Er ist ein sehr gutes Beispiel für Gottes verändernde Macht im Leben eines solchen Menschen, sobald er es nur wagt, sich ganz unter Gottes Willen zu stellen.

6. Der phlegmatische Choleriker

Er ist der zurückhaltendste von allen extravertierten Temperamenten. Er stellt eine glückliche Mischung aus dem Schnellen, Aktiven und Heißblütigen und dem Ruhigen, Kühlen und Gleichmütigen dar. Er hat nicht die Tendenz, so mit beiden Beinen in alles hineinzuspringen wie die bisher beschriebenen Extravertierten, weil er in allem bedächtiger und zurückhaltender ist. Auf die Dauer entwickelt er aber auch sehr gute Fähigkeiten, obwohl er einen fremden Menschen zunächst nicht besonders beeindruckt. Er ist ein recht ordentlicher Mensch, der Planung und Arbeit gut verbinden kann. Andere arbeiten gewöhnlich gern mit ihm zusammen, weil er weiß, was er will, und den Weg dahin schon vorgezeichnet hat, aber doch mit seinen Mitarbeitern nicht sehr streng umgeht. Er kann besonders gut anderen die Möglichkeiten geben, ihre Fähigkeiten und Begabungen ganz zu entwickeln, und beleidigt oder entmutigt sie selten und gibt ihnen auch nicht das Gefühl, daß sie nur ausgenutzt werden. Oft ist es so, daß er im Endeffekt mehr als andere Temperamente leistet, weil er nicht den Ehrgeiz hat, alles allein zu tun, und es immer fertigbringt, andere sinnvoll in seine Arbeit mit einzubeziehen. Sein Wahlspruch ist dabei etwa: «Warum soll ich selbst die Arbeit von zehn Leuten machen, wenn ich genausogut zehn andere dafür anstellen kann?» Ein phlegmatischer Choleriker, der auch Pfarrer ist und eins meiner Familienseminare mit organisiert hatte, demonstrierte mir vor kurzem gerade diesen Zug seines Temperaments sehr deutlich. Es waren viel mehr Leute gekommen, als wir erwartet hatten, und deshalb zogen wir in einen größeren Raum um und mußten nun auch ein paar hundert Bücher transportieren. Anstatt nun wie wild selbst alle Bücher die Treppe hinunterzuschleppen, sah dieser Mann sich die Leute an und bestimmte zehn Männer, die er bat, ihm zu helfen. Der ganze Umzug nahm so nur vier Minuten in Anspruch, und er selbst trug wie alle andern nur einen Stapel Bücher. Ein phlegmatischer Choleriker handelt in bezug auf Organisation nach dem Motto: «Alles, was es zu tun gibt, kann man erheblich besser tun, wenn es gut organisiert ist.» Er ist normalerweise ein guter Ehemann und Vater und meist auch ein ausgezeichneter Verwaltungsexperte in fast jedem Fachgebiet.

Trotz seiner offensichtlichen guten Seiten ist der phlegmatische Choleriker auch mit Schwächen behaftet. Er braust zwar nicht so schnell auf wie andere Choleriker, aber er hegt insgeheim leicht Bitterkeit oder eine vorwurfsvolle Haltung. Die schneidende Art des cholerischen Sarkasmus wird bei ihm zwar überdeckt durch die liebenswürdige Haltung des Phlegmatikers, und so äußert er nicht sehr viele bissige oder brutale Bemerkungen, aber seine Vorwürfe erscheinen doch, nur oft indirekt in ironischen Aussagen verpackt. Man ist bei ihm nie ganz sicher, ob er nur Spaß macht oder doch irgend jemand lächerlich machen will, das hängt ganz von seiner Stimmung ab. Niemand kann starrköpfiger als er sein, und es fällt ihm unendlich schwer, einmal eine vorgefaßte Meinung zu ändern. Reue oder die Erkenntnis, daß er einen Fehler gemacht hat, ist für ihn durchaus nicht leicht. Er wird vielleicht eher an jenen, denen er unrecht getan hat, etwas gutmachen, als seine Fehler offen zuzugeben. Die Neigung zu vorsichtigen, von Sorgen bestimmten Gedanken, die er vom Phlegmatiker hat, beschneiden oft seine mehr zum Abenteuer neigenden Pläne so sehr, daß er seine Begabungen und Fähigkeiten selten ganz gebraucht.

Titus, der geistliche Sohn des Apostels Paulus, war Leiter der über hundert Gemeinden auf Kreta. Er kann sehr gut ein phlegmatischer Choleriker gewesen sein. Als er vom Heiligen Geist geführt wurde, entwickelte er sich zu einem Mann, auf den Paulus sich in bezug auf seine Verkündigung des Wortes Gottes und auf die treue Verwaltung der Gemeinden verlassen konnte. Der Brief, den Paulus an ihn geschrieben hat, ist eine ideale Lektüre für jeden Pfarrer, falls er ein phlegmatischer Choleriker ist.

7. Der sanguinische Melancholiker

Wir kommen nun zu den vorwiegend introvertierten Temperamenten. Jedes von ihnen wird in gewisser Weise einem von den bereits vorgestellten ähnlich sein, nur sind die zwei Temperamente, aus denen es sich zusammensetzt, in ihrer Intensität anders. Durch diese Variationen kommen die interessanten individuellen Unterschiede bei allen Menschen zustande.

Der sanguinische Melancholiker ist normalerweise sehr begabt. Er ist durchaus fähig, ein Musiker oder Interpret zu werden, der ein ganzes Publikum zu Begeisterungsstürmen hinreißen kann. Als bildender Künstler kann er nicht nur sehr schön zeichnen und malen, sondern seine Werke auch gut verkaufen, sofern er in der richtigen Stimmung dazu ist. In der Industrie wird ein solcher Mann meist in der Produktionskontrolle oder in der Kostenanalyse gebraucht. Oft arbeitet er sich zu einer Tätigkeit hoch, in der ihm irgendeine Aufsicht anvertraut wird. Es ist auch nicht ungewöhnlich, ihn im Bereich der Erziehung und Bildung zu finden, denn er ist ein guter Former und vielleicht sogar der beste Lehrer, jedenfalls für den Hochschulbereich. Der Melancholiker in ihm wird die wenig bekannten Einzelheiten und Fakten heraustüfteln und exakt wiedergeben; die sanguinische Seite in ihm macht es ihm leicht, ein gutes Verhältnis zu seinen Studenten zu haben. Er eignet sich besonders für die Sozialwissenschaften, die Theologie, die Philosophie oder die Humanwissenschaften. Manchmal wird er auch in den kaufmännischen Berufen sein Glück versuchen, dann aber meist in weniger aufregenden Zweigen, die genaue Detailkenntnis und ein gutes Fachwissen verlangen, z.B. in der Produktion und im Verkauf von Computern, Registrierkassen, Rechenmaschinen etc. Er kann auch ein guter Anwalt, Zahnarzt oder Arzt werden. Fast alles im Bereich der Medizin steht ihm offen. Wenn es Sie vielleicht auch überrascht: Viele große Filmschauspieler, Opernsänger oder auch Schlagerinterpreten sind sanguinische Melancholiker. Wenn man einem von ihnen eine Gitarre in die Hand drückt, kann er meist ein Publikum stundenlang fesseln. Er ist auch ein guter Ansager oder Conférencier, und wenn er Theologie studiert, wird er auch ein guter Prediger, denn er bereitet sich gründlich vor, um eine substantielle Botschaft weiterzusagen und gleichzeitig die Zuhörer mit einem interessanten Stil zu packen. Als Pfarrer hat er gewöhnlich ein gutes Verhältnis zu seiner Gemeinde. Auch fast jedes Handwerk ist für ihn geeignet. In den meisten Fällen ist er ein treuer Ehemann und mit Leib und Seele Vater, wenn er es im Laufe der Jahre gelernt hat, andere Menschen in ihrer Eigenart anzunehmen und nicht zu kritisch zu sein. Obwohl er große Fähigkeiten hat, arbeitet er meist für jemand anders und hat selten den Mut, einen eigenen Betrieb aufzumachen oder eine neue Organisation zu gründen.

Der sanguinische Melancholiker ist interessant in seinen Stimmungsschwankungen. Man muß sich darüber im klaren sein: Im Grunde ist er ein gefühlsmäßig gesteuerter Mensch. Wenn ihm die allgemeinen Lebensumstände gefallen, dann kann er sehr glücklich und fröhlich sein, aber wenn sich die Dinge schlecht entwickeln oder wenn er abgewiesen, beleidigt und verletzt wird, dann wird seine Laune so schlecht, daß die sanguinische Natur in ihm ganz im Meer des Selbstmitleids ertrinkt. Wie jeder, der vorherrschend Melancholiker ist, muß er ganz besonders auf seine Denkweise achtgeben, wenn er sich nicht selbst zerstören will. Er kann leicht zu Tränen gerührt werden und hat ein tiefes Mitgefühl für andere, aber er kann auch manchmal unvernünftig hart und kritisch mit anderen umgehen. Er neigt dazu, starr und gesetzlich zu sein und wird normalerweise nicht mit anderen zusammenarbeiten, wenn das nicht so möglich ist, wie er sich das vorgestellt hat, und das ist oft idealistisch und nicht zu verwirklichen. Als Student bekommt er meist gute Noten, aber er braucht vielleicht auch fünf oder sechs Jahre, bis er sein Studium beendet, weil er oft noch das Studienfach wechselt. Es sieht ihm auch ähnlich, wenn er plötzlich die Ausbildung ganz abbricht, und das macht es ihm schwer, seine eigentlichen Begabungen ganz zu entwickeln. Er ist oft ängstlich und unsicher und hat wenig Selbstachtung, und das beeinträchtigt ihn in unnötiger Weise. Vertreter dieses Temperaments sind oft viel leistungsfähiger, als sie selbst meinen, aber sie ziehen sich so in sich selbst zurück, daß andere ihre Fähigkeiten meist auch nicht erkennen. Sie sind übrigens verantwortlich für die meisten Melodien in Schlager und Volksmusik, die heute so beliebt sind. Wenn man genau hinhört, erkennt man darin sehr oft eine melancholische Klage, Traurigkeit und düstere Stimmungen. Wenn ein sanguinischer Melancholiker dann auch noch eine tragische Erfahrung gemacht hat, z.B. in der Liebe eine Enttäuschung erlebt hat, und das in einem solchen Schlager oder Lied beschrieben wird, dann passen Sie auf: Bevor es noch zu Ende gesungen ist, haben Sie selbst auch schon eine melancholische Stimmungslage.

Als Berater habe ich den besonderen Wunsch, gerade Melancholikern dazu zu verhelfen, eine positivere Lebenseinstellung und Gefühlslage zu bekommen, und ich weiß gut, was die Kraft Gottes gerade in ihnen bewirken kann. Viele der Propheten im Alten Testament waren sanguinische Melancholiker, Johannes der Täufer, Elia, Jeremia und andere. Sie hatten eine unglaubliche Fähigkeit, mit Gott zu reden, waren aufopfernde Helfer für andere und hatten genug Ausstrahlung, viele Menschen um sich zu scharen. Sie neigten aber auch dazu, streng und gesetzlich in ihrer Lehre zu sein und ernsthaft zur Buße zu rufen. Sie hatten einen Hang zum Dramatischen und starben notfalls bereitwillig für ihre Grundsätze.

8. Der cholerische Melancholiker

Die Stimmungsumschwünge des Melancholikers werden bei ihm normalerweise durch den Willen und die Entschlossenheit des Cholerikers stabilisiert. Beruflich gibt es fast nichts, was ein solcher Mann nicht tun könnte. Er ist sowohl ein Perfektionist als auch ein Mensch mit vielen inneren Antrieben. Er kann ein ausgezeichneter Anwalt werden, besonders auf Gebieten, die viel Wissen und Genauigkeit verlangen, z.B. im Körperschaftsrecht oder im Versicherungswesen. Und da er sich doppelt so gut vorbereitet wie jeder andere, verliert er seine Prozesse auch nur selten. Als Arzt ist er immer auf dem neuesten Stand der Wissenschaft und Technik und vermittelt einem auch den Eindruck, daß er alles weiß. Er hat sehr ausgeprägte Führerqualitäten und ist gern Vorsitzender in irgendwelchen Gremien, wo er dann auch zu keiner

Sitzung unvorbereitet kommt. Als Mediziner wird er zwar eher Hausarzt als Spezialist, aber er ist auch fähig dazu, die ganze Praxis nach zehn oder fünfzehn Jahren an den Nagel zu hängen und etwas ganz anderes anzufangen. Ich habe festgestellt, daß viele Flugkapitäne cholerische Melancholiker sind, da sie Präzision mit Entschlossenheit verbinden können. Im Erziehungsbereich unterrichtet ein solcher Mann nach einer Weile oft nicht mehr, sondern geht in die Verwaltung. Er kann der stellvertretende Chef fast jedes gut organisierten Betriebes werden, er wird das Geschäft bestimmt voranbringen. Auch jedes Handwerk, die Bauindustrie und der Lehrberuf stehen ihm offen. Im Gegensatz zum sanguinischen Melancholiker ist er auch durchaus in der Lage, einen eigenen Betrieb aufzumachen und ihn gut zu führen, nicht mit vielen großen Reden, aber mit Tüchtigkeit. Auch viele große Dirigenten und Chorleiter sind cholerische Melancholiker. Oft gehen solche Männer auch in die Politik; es ist eine Tatsache, daß viele unserer Gründerväter mit Sicherheit cholerische Melancholiker waren. Sie sind meist sehr sportbegeisterte Leute. Viele Stars, besonders im Baseball gibt es manche überdurchschnittliche Verteidiger und auch viele Stürmer im Fußball haben diese Temperamentslage. Auch zahlreiche Missionswerke, christliche Schulen oder andere Organisationen sind von cholerischen Melancholikern gegründet worden, die sich ganz vom Heiligen Geist haben leiten lassen.

Die natürlichen Schwächen dieser Mischform zeigen sich vor allem in den Gedanken und Gefühlen und auch in ihren Äußerungen. Cholerische Melancholiker sind extrem schwer zufriedenzustellen und gefallen sich sehr oft auch selbst nicht. Wenn sie einmal angefangen haben, negativ über jemanden oder irgend etwas zu denken, sich selbst eingeschlossen, dann kann das Zusammenleben mit ihnen unerträglich werden. Ihre Stimmung ist sehr von ihrer augenblicklichen Denkweise abhängig. Obwohl sie eine depressive Stimmung nicht so lange beibehalten wie andere Melancholiker, können sie doch sehr schnell in Trübsinn zurückfallen. Die zwei Grundtemperamente, die von Selbstanklage, Feindseligkeit und Kritik geprägt sind, sind nun einmal der Choleriker und der Melancholiker. In unserer Mischform sind nun beide vereinigt, und einer von ihnen regt sich immer auf, wenn irgend etwas schiefgeht. Das Lieblingsgebet des cholerischen Melancholikers ist: «Herr, warum gerade ich?!» Es kommt sogar öfter vor, daß er auf Gott genau wie auf seine Mitmenschen oder sich selbst wütend wird, und wenn solche Gedanken lange genug in ihm Raum gewinnen, dann kann er manisch-depressiv werden. In vielen Fällen ist er auch sadistisch. Wenn man ihn aber auf seine schlimme Denkweise oder seine ärgerliche, bittere Haltung hinweist, dann kann man fest damit rechnen, daß er sofort einen Wutanfall bekommt.

Seine Neigung zur Analyse und zur detaillierten Perfektion macht aus ihm auch leicht einen ewigen Nörgler, und wenn er nicht von Gottes Geist verändert wird oder sonstwie eine positive Haltung aufrechterhalten kann, dann ist es auf längere Zeit hinaus ganz und gar nicht angenehm, mit ihm zusammenzuleben. Niemand erfährt das schmerzlicher als seine Frau und seine Kinder. Er tut seine Mißachtung nicht nur durch seine Haltung kund, sondern fühlt sich auch genötigt, seine Familie im Falle von Mißerfolgen auch mit Worten zu tadeln und ihre Fehler zu korrigieren, und zwar unabhängig davon, ob man gerade zu Hause oder mit fremden Menschen zusammen ist. Das führt meist dazu, daß seine Frau durch seine kritische Haltung und durch seine vernichtenden Worte allen Selbstschutzinstinkt und alle Selbstachtung verliert, bis sie sich völlig erniedrigt vorkommt. Wenn seine Kinder nicht gerade selbst Perfektionisten sind, dann behandelt er sie genauso. Er hällt es z.B. für sehr schwer, mit seiner Frau sexuelle Gemeinschaft zu haben, wenn sein Test «mit dem weißen Handschuh» gerade erwiesen hat, daß sie heute nicht ordentlich Staub gewischt hat. Ein mir bekannter cholerischer Melancholiker hat mit seiner Frau monatelang jeden Intimkontakt vermieden, weil ihm ihre Art zu kochen, sauberzumachen oder mit dem Geld umzugehen nicht gefiel. Er dachte dabei: «Das wird ihr zu denken geben, damit sie es besser lernt!» Ein solcher Mann braucht ganz verzweifelt die Liebe Gottes, daß sie in sein Herz ausgegossen wird, und seine Familie hat es sehr nötig, daß er diese Liebe an sie weitergibt.

Viele große Männer der Bibel weisen typische Kennzeichen des cholerischen Melancholikers auf. Zwei, die mir zuerst einfallen, sind Lukas, der unermüdliche Reisegefährte von Paulus, der gewissenhafte Gelehrte, der das Leben Jesu genau erforschte und der Kirche die meisten Einzelheiten aus dieser Zeit in seinem Evangelium hinterließ und auch den einzigen Bericht vom Leben der Urchristenheit in den ersten Gemeinden; und zweitens Mose, der große Führer Israels, der wie viele cholerische Melancholiker niemals ganz den Sieg über seine Feindseligkeit und Bitterkeit errang; folglich starb er noch vor seiner Zeit. Wie Mose, der vierzig Jahre in der Wüste umsonst lebte und Bitterkeit und Haß in sich nährte, bis er sein Leben endlich an Gott auslieferte, so lebt auch heute mancher cholerische Melancholiker niemals ganz das erstaunliche Kräftepotential aus, das in ihm steckt, weil er Ärger und Rachegefühle in sich hochkommen läßt.

9. Der phlegmatische Melancholiker

Die größten Gelehrten, die diese Welt gekannt hat, sind fast immer phlegmatische Melancholiker gewesen. Sie neigen längst nicht so zur Feindseligkeit wie die vorhin besprochenen Melancholiker und kommen im allgemeinen gut mit anderen aus. Diese begabten, introvertierten Menschen verbinden den analytischen Perfektionismus des Melancholikers mit der Tüchtigkeit und dem Ordnungssinn des Phlegmatikers. Fast immer sind sie gutmütige, humanitär eingestellte Menschen, die die ruhige, einsame Umgebung ihrer Studien und Forschungen lieber mögen als eine endlose Reihe von Aktivitäten, die extravertierte Temperamente eher suchen. Sie sind meist ausgezeichnet in Rechtschreibung und Mathematik. Außerdem fallen sie als besonders gut in der Medizin, der Zahnmedizin, der Pharmazie, in der Architektur, in der bildenden Kunst, in der Literatur und Theologie und vielen anderen wissenschaftlichen Gebieten auf. Sie sind oft bekannte Schriftsteller, Philosophen, Naturwissenschaftler, Handwerksmeister oder Fachleute beim Bau, in der Musik und in der Kunst. Da sie sehr genau bis ins Detail sind, werden sie immer gute Buchhalter oder Verwaltungsexperten. Im Bereich der Medizin werden sie meist Spezialisten. Im Verlauf der letzten Jahre hat mich mein Zahnarzt einige Male in eine Zahnklinik wegen einer komplizierten Wurzelbehandlung überwiesen, und alle Fachärzte, die ich dort getroffen habe, waren interessanterweise phlegmatische Melancholiker. Diese begabten Menschen haben der Menschheit insgesamt schon viele Dienste erwiesen. Die meisten Erfindungen und medizinischen Entdeckungen sind von ihnen gemacht worden. Ein solcher Spezialist, den ich persönlich kenne, ist derartig begabt, daß man wirklich sagen muß, daß er auf einfach allen Gebieten Bescheid weiß.

Neben seinen unbestreitbaren Fähigkeiten weist der phlegmatische Melancholiker aber, wie wir alle auch, spezifische Schwächen auf, wenn er nicht vom Geist Gottes geleitet wird. Er läßt sich leicht entmutigen und entwickelt dann eine sehr negative Denkweise. Wenn er aber einmal eingesehen hat, daß es im Grunde Sünde ist, in einer kritischen Haltung zu beharren, und wenn er gelernt hat, sich zunächst einmal an allem zu freuen, was ihm begegnet, dann wird seine ganze Grundhaltung verändert. Normalerweise ist er zwar ein sehr ruhiger Mensch, aber er ist doch imstande, tiefen Ärger und Feindseligkeit zu empfinden, und hat auch eine deutliche Tendenz zur Rache. Wenn er solche Gefühle lange genug in sich wirken läßt, geht das bis zur Rachsucht. Ich kenne zwei phlegmatische Melancholiker, die sich in vielen Punkten ähnlich sind. Beide sind Spitzenmänner in ihrem Berufsbereich, sie wissen ungeheuer viel und werden gut bezahlt, beide sind Familienväter und aktive Christen; aber damit hört der Vergleich dann auch auf. Der eine wird von seiner Familie geliebt und bewundert und hat viele Freunde, er hat sich sehr viel Bibelkenntnis angelesen und ist ein großartiger Mann in meinen Augen; der andere wird auch von seiner Familie geachtet, ist aber recht ungesellig, niemand mag ihn wirklich gern, und er ist im Grunde sehr unglücklich. Der Unterschied zwischen beiden liegt darin, daß der zweite schon vor Jahren sehr verbittert wurde, und heute beeinflußt diese Haltung sein ganzes Leben, das zeigt sich sogar in seinen Gesichtszügen.

Phlegmatische Melancholiker sind im allgemeinen sehr anfällig für Angst, Furcht und ein negatives Bild von sich selbst. Es hat mich immer wieder erstaunt, daß ausgerechnet die Leute mit den größten Talenten und Fähigkeiten so oft Minderwertigkeitskomplexe haben.

Außer ihren Stimmungsumschwüngen haben diese Menschen auch mit großem Starrsinn zu kämpfen, sie werden dadurch sehr leicht unversöhnlich und unfähig zu irgendeiner Zusammenarbeit.

Ihre Neigung, ganz besonders gewissenhaft zu sein, führt oft dazu, daß sie sich von anderen dazu drängen lassen, etwas zu versprechen oder Verpflichtungen auf sich zu nehmen, die ihre Energie und Phantasie überstrapazieren. Wenn sie aber mit Gottes Geist erfüllt worden sind, dann werden solche Leute von ihren Familien wegen ihrer Selbstdisziplin und ihrer Gewissenhaftigkeit geliebt und geachtet, die vorbildlich ist, obwohl es manchmal so werden kann, daß sie vor lauter Sorge um andere Menschen ihre Familie vernachlässigen. Wenn sie nicht lernen, sich selbst zu beschränken und manchmal auch bewußt Entspannungen und Ablenkungen zu suchen, dann sterben sie oft schon recht früh.

Der biblische Mann, der höchstwahrscheinlich ein phlegmatischer Melancholiker war, ist der Apostel Johannes. Er war offensichtlich sehr sensibel, denn als junger Mann, z. B. beim Abendmahl, saß er Jesus immer am nächsten. Bei anderer Gelegenheit wurde er so wütend auf einige Leute, daß er den Herrn Jesus bat, Feuer vom Himmel auf diese Gottesverächter zu schicken. Auf Golgatha war er der einzige Jünger, der treu unter dem Kreuz ausharrte. Als Jesus starb, war er derjenige, dem er seine Mutter anvertraute. Später wurde er ein ausgezeichneter Gemeindeleiter und hat uns fünf Bücher des Neuen Testaments hinterlassen, von denen zwei (das Evangelium und die Offenbarung) Jesus in ganz besonderer Weise verherrlichen.

10. Der sanguinische Phlegmatiker

Der Temperamentstyp, mit dem man am leichtesten auskommt, auch über längere Zeit hinweg, ist der sanguinische Phlegmatiker. Er ist sympathisch, zufrieden, hilfsbereit, nachdenklich, aufgeschlossen für andere, diplomatisch begabt, zuverlässig, humorvoll und fröhlich. Er ist bei Kindern und Erwachsenen gleichermaßen beliebt und hat fast nie Eigenschaften, über die sich andere aufregen. Er wird nur selten Geschäftsmann, obwohl er eigentlich gute Fähigkeiten hat, um Dinge zu verkaufen, wenn er eine ordentliche Firma vertritt und nicht unter Hochdruck arbeiten muß. Man findet ihn vielmehr im Bereich der Bildung und Erziehung, er wird auch ein guter Verwaltungsexperte, Archivar, Buchhalter oder Mechaniker, Beerdigungsinstitutsleiter, Wissenschaftler, Maschinist, Statistiker oder Radiosprecher, Berater, Aufsichtsbeamter, Tierarzt oder Bauer, Fliesenleger oder Bauarbeiter. Meist ist er ein guter Familienvater, der ein ruhiges Leben zu Hause schätzt und seine Frau und Kinder liebt. Im allgemeinen benimmt er sich in jeder Hinsicht anständig und ist in der ganzen Nachbarschaft beliebt. Wenn er Christ ist und zu einer Gemeinde gehört, deren Pfarrer ihn gut aus der Reserve herauslocken kann, dann wird er wahrscheinlich eine aktive Rolle im kirchlichen Leben spielen.

Die Schwächen des sanguinischen Phlegmatikers sind so sanft und zunächst unauffällig wie seine ganze Art. Das ändert sich allerdings, wenn man dauernd mit ihm zusammenlebt. Da er die mangelnde Antriebskraft des Phlegmatikers und die mangelnde Disziplin des Sanguinikers in sich vereinigt, ist es keine Seltenheit, daß er seine eigentlichen Fähigkeiten nicht verwirklicht. Oft bricht er seine Ausbildung vorzeitig ab oder verpaßt gute berufliche Gelegenheiten und vermeidet alles, was mit zuviel Arbeit verbunden sein könnte. Er «gammelt» lieber eine Zeitlang, ist gern allein und scheint nicht zu begreifen, daß mittlerweile die Jahre vergehen und er nichts Richtiges erreicht. Da sich bei der Partnerwahl oft Gegensätze anziehen, heiratet eine sanguinische Phlegmatikerin oft einen stärker aggressiven Mann, der sie «auf Händen tragen» soll. Wenn der Mann aber ein sanguinischer Phlegmatiker ist, dann wird die Sache schon schwieriger, denn einer Frau fällt es schwer, ihren Mann auch in beruflicher Hinsicht voranzubringen, und sie ärgert sich oft über seine unglaubliche Passivität. Diese Frau wird ihrem Mann jedes gute Buch mit Erfolgsrezepten für die Persönlichkeitsaufbesserung kaufen, das sie nur auftreiben kann, aber er wird unweigerlich darüber einschlafen, wenn er es liest. Die Angst ist ein weiteres Problem, das den sanguinischen Phlegmatiker bestimmt. Sie bewirkt unrealistische Gefühle und Unsicherheit. Wenn er nur 15 % mehr Glauben hätte, könnte er von seiner Zurückhaltung und seiner Angst um die eigene Person befreit werden. Er zieht es aber vor, sich einen Selbstschutzpanzer zu bauen, und vermeidet jedes Engagement und jede Tätigkeit, die ihm doch so gut tun könnte und auch für seine Kinder und seinen Ehepartner zum Segen werden würde. Ich habe außerordentlichen Respekt vor den Fähigkeiten dieser glücklichen, zufriedenen Menschen, aber sie müssen auch bereit sein, sich von Gott zu

Handlungen herausfordern zu lassen, die nicht mehr von ihrem eigenen Ich bestimmt sind.

Der Mann in der Bibel, der mich am meisten an einen sanguinischen Phlegmatiker erinnert, ist der zurückhaltende, treue und gutmütige Timotheus. Er war der geistliche Lieblingssohn des Apostels Paulus, ein zuverlässiger und stetiger Mann, gleichzeitig aber ängstlich und schüchtern. Mehrmals mußte Paulus ihn dazu ermahnen, aggressiver zu sein, z.B. in 2. Timotheus 4, 5:

«Du aber sei nüchtern allenthalben, leide willig, tu das Werk eines Predigers des Evangeliums und richte dein Amt redlich aus.»

11. Der cholerische Phlegmatiker

Er ist der aktivste unter allen Phlegmatikern, aber doch bleibt er vorwiegend Phlegmatiker und wird also niemals vor Energie sprühen. Auch mit ihm kommt man gut aus. Er kann ein ausgezeichneter Gruppenleiter, Vorarbeiter, Vizepräsident, Buchhalter, Erzieher, Planer und Arbeiter in fast allen Bereichen des Baugewerbes werden. Als Phlegmatiker hat er auch die Begabung, ein guter Berater zu werden, denn er ist ein ausgezeichneter Zuhörer, unterbricht die Patienten nicht, um ein paar Geschichten von sich selbst zu erzählen, sondern zeigt ein echtes Interesse an anderen Menschen. Obwohl dieser Mann selten anderen seine Dienste anbietet, bietet er doch gute Hilfen an und hat einen sehr gut organisierten Betrieb. Sein Rat ist immer praktisch ausgerichtet und hilfreich, und wenn er sich außerdem noch gut in der Bibel auskennt, ist er durchaus vertrauenswürdig. Er hat die Geduld eines Hiob und kann oft den Menschen helfen, die mit anderen Beratern nicht weitergekommen sind. Seine Freundlichkeit nimmt seinem Gegenüber das Gefühl, bedroht oder beobachtet zu werden. Er tut immer das Richtige, ragt aber auch nur selten über das Normalmaß hinaus. Wenn seine Frau sich daran gewöhnen kann, daß er einen im Grunde passiven Lebensrhythmus hat, die Führung in der Familie nur ungern übernimmt, besonders wenn es um die Erziehung der Kinder geht, dann kann es eine recht glückliche Ehe werden.

Die Schwächen des cholerischen Phlegmatikers liegen nicht gleich auf der Hand, aber sie kommen doch besonders in der Familie an die Oberfläche. Die Antriebslosigkeit und die Ängstlichkeit, mit der auch die anderen Phlegmatiker zu kämpfen haben, wird hier noch durch Starrköpfigkeit und Unnachgiebigkeit erweitert. Ein solcher Mensch brüllt zwar niemanden an, aber er weigert sich einfach, nachzugeben oder mit anderen zusammenzuarbeiten. Er ist keine Kämpfernatur, sondern drückt seinen Ärger und seinen Widerstand meist in hartnäckigem Schweigen aus. Ein solcher Mann, dessen Frau eine ausgesprochen schnelle Zunge hatte, sagte mir einmal: «Jetzt weiß ich endlich, wie ich mit meiner Frau umgehen muß. Ich muß nur schweigen. Letzte Woche habe ich fünf Tage lang nicht mir ihr geredet. Das kann sie einfach nicht ertragen.» Ich warnte ihn und sagte, daß er genau den Weg eingeschlagen hätte, der fast immer bei Magengeschwüren endet. Ich mußte fast staunen, was für ein guter Prophet ich war, als ich genau 28 Tage später erfuhr, daß dieser Mann gerade ins Krankenhaus gekommen wäre; sein Befund: Blutende Magengeschwüre. Der cholerische Phlegmatiker zieht sich gern in seine Werkstatt zurück oder setzt sich Abend für Abend vor den Fernseher. Je älter er wird, desto größer wird seine Neigung zur Seßhaftigkeit und Bequemlichkeit, und er wird nach und nach immer passiver. Sein Leben wird dadurch vielleicht lang und friedlich, aber auch langweilig für ihn und seine Familie. Er muß sich immer wieder an die Sorgen und Nöte anderer Menschen erinnern lassen.

Kein Mann in der Bibel ist ein besseres Beispiel für den cholerischen Phlegmatiker als Abraham im Alten Testament. Zunächst bestimmte die Angst alles, was er tat. Er gab z.B. nicht gern die Sicherheit seiner Heimatstadt auf, als Gott ihn rief, und verleugnete zweimal seine Frau und gab sie als seine Schwester aus, weil er Angst hatte. Dann aber lieferte er sich ganz Gott aus und wuchs im Glauben. Die Folge davon war, daß seine größte Schwäche schließlich zu seiner größten Stärke wurde. Heute ist er uns nicht als der furchtsame Abraham bekannt, sondern hat den Ruf, daß er ganz besonders Gott vertraute, was ihm zur Gerechtigkeit gerechnet wurde.

12. Der melancholische Phlegmatiker

Er ist von allen Temperamenten der liebenswürdigste, sanfteste und ruhigste Vertreter. Er ist sozusagen nie wütend oder feindselig und sagt eigentlich nie etwas, für das er sich entschuldigen müßte (hauptsächlich deshalb, weil er überhaupt nicht viel spricht). Nie bringt er sich selbst oder andere in Verlegenheit, tut immer das Richtige, kleidet sich einfach, ist zuverlässig und genau. Er besitzt meist die geistlichen Gaben des Mitgefühls und der Hilfsbereitschaft und ist sauber und ordentlich in seinen Arbeitsgewohnheiten. Melancholische Phlegmatiker tun besonders gute Dienste im Bereich der Photographie, des Drucks, bei Erfindungen und Analysen, in der Graphik, in der Werbung und Mechanik, in der Pharmazie, als Zahnärzte und Uhrmacher oder als Zimmerleute. Unter Akkordarbeitern oder in der industriellen Produktion findet man sie höchst selten, denn sie trödeln gern ein bißchen. Sie können Glasbläser, Maler, Tapezierer oder irgend etwas anderes werden, das Genauigkeit, Wissen und Geduld erfordert. Wie viele Phlegmatiker ist er im häuslichen Bereich geschickt, und wenn er genug Energie aufbringen kann, hält er Haus und Garten gut im Schuß. Wenn er eine Frau hat, die seine Neigung zur Passivität erkennt und taktvoll wartet, bis er die Führung in der Familie übernimmt, und sich aus biblischen Gründen auch bemüht, sich ihm unterzuordnen, so wird es ein gutes Ehe- und Familienleben werden. Wenn sie sich jedoch über sein Widerstreben, eine Führerrolle zu übernehmen, ärgert, dann wird sie unzufrieden und wird bei allen Gelegenheiten Streit anfangen. Wenn ein solcher Mann nicht auch von seiner Gemeinde daran erinnert wird, dann umgeht er gern die Strenge und Konsequenz, die doch nötig ist, um seine Kinder auf ein produktives und selbstdiszipliniertes Leben vorzubereiten. Obwohl er es nicht zugeben wird, ist er doch meist ein passiver Vater, der seine Kinder einfach so aufwachsen läßt und zusieht, wie sie manchmal unverschämt reden und ihm und seiner Frau ungehorsam sind. Damit macht er sich genauso schuldig, seine Kinder zum Zorn zu reizen, wie der wütende Tyrann, dessen unvernünftige Disziplinarmaßnahmen die Kinder verbittern.

Die anderen Schwächen dieses Mannes gruppieren sich um Furcht, Selbstbezogenheit, Pessimismus, Kritik und mangelnde Selbstachtung. Neulich nahm ein gutaussehender junger Anstreicher an einem unserer Familienseminare teil. Er sagte nach einer Veranstaltung, daß ihn besonders das angesprochen hätte, was meine Frau über die Angst gesagt hatte. Er war zum erstenmal dazu bereit, anzuerkennen, daß Angst im Grunde Sünde ist. Er hatte dadurch ganz klar eingesehen, daß er aus Angst eine gute geschäftliche Gelegenheit nicht ausnutzen wollte, die ihm geboten worden war. Aus seinen Worten konnte ich schon erkennen, daß er ein sehr gut ausgebildeter, fleißiger Mensch und ein melancholischer Phlegmatiker sein mußte, der sich bisher sozusagen unter Preis verkauft hatte. Jemand hat einmal gesagt: «Es gibt zwei Arten von Denkern. Die einen denken, sie können alles; und die andern denken, sie können nichts. Und beide haben recht.» Sobald ein Mensch diese Temperamentslage erkannt hat, daß nur seine Angst und seine Zweifel an sich selbst seinem Erfolg im Wege stehen, dann ist er schon fähig, aus seinem Versteck hervorzukommen und ein tüchtiger Arbeiter, Ehemann und Vater zu werden. Die meisten melancholischen Phlegmatiker haben eine unglaubliche Angst vor Engagement und fürchten sich so davor, sich zu sehr zu verausgaben, daß sie sich grundsätzlich weigern, irgendwo Mitglied zu werden. Ich selbst habe aber noch nie einen melancholischen Phlegmatiker erlebt, der sich verausgabt oder verzettelt hätte außer in dem Bestreben, sich aus allem möglichst herauszuhalten. Er muß erkennen, daß er offensichtlich mehr Verantwortung übernehmen muß, als er sich selbst zuzutrauen scheint, denn diese äußere Herausforderung wird seine innere Antriebslosigkeit überwinden und ihn zu größeren Leistungen bringen. Alle Phlegmatiker arbeiten gut, wenn sie unter Druck stehen. Aber dieser Druck muß von außen kommen. Ein solcher Mann sollte sein Leben immer wieder unter den Geist Gottes stellen und gleichzeitig auch nicht vergessen, Vitaminpräparate einzunehmen und seinen Körper durch Sport in Spannung zu halten. Das kann ihm eine völlig neue Lebenssicht geben. Die größte anregende Kraft wird natürlich die des Heiligen Geistes bleiben.

Barnabas, der Gottesmann in der Kirche des ersten Jahrhunderts, der den Apostel Paulus auf seiner ersten Missionsreise begleitete, war aller Wahrscheinlichkeit nach ein melancholischer Phlegmatiker. Er war der Mann, der die Hälfte seines Besitzes den ersten Gemeinden gab, um die Armen zu versorgen, der mit Paulus darüber stritt, ob man Markus, seinem Neffen, noch einmal eine Chance geben sollte, Gott zu dienen, und ihn dazu auf die zweite Missionsreise mitnehmen sollte. Obwohl der Streit so heftig wurde, daß Barnabas die Reise schließlich mit seinem Neffen allein fortsetzte und sich von Paulus trennte, hat dieser Markus später gelobt, indem er sagte:

«Markus nimm zu dir und bringe ihn mit dir, denn er ist mir nützlich zum Dienst» (2. Tim. 4, 11).

Heute haben wir das Evangelium von Markus nur deshalb in unserer Bibel, weil der treue, eifrige und sanfte Barnabas fest entschlossen war, ihm über eine schwere Zeit hinwegzuhelfen. Melancholische Phlegmatiker reagieren positiv auf die Nöte anderer, wenn sie sich nur einmal in den Strom des Lebens hinaustrauen und mit den Menschen zusammenarbeiten, mit denen sie leben.

Zusätzliche Dinge, die man bedenken muß

Mit den zwölf Temperamentsmischformen, aus denen man auswählen kann, sollte es Ihnen einfacher gemacht werden, sich selbst wiederzuerkennen, wenn Ihnen das in den vier Grundformen nicht recht gelingen wollte. Seien Sie dennoch nicht enttäuscht, wenn Sie jetzt nach der Lektüre meinen, daß Sie in keine der beschriebenen Kategorien so ganz hineinpassen. Es gibt ja bekanntlich keine zwei Menschen, die sich haargenau gleichen, also muß man auch noch andere Komponenten bedenken, die das allgemeine Erscheinungsbild eines Menschen so sehr verändern können, daß er nicht genau in ein Modell paßt. Die wichtigsten Dinge sind dabei folgende:

1. Die Anteile, die jedes Temperament bei der Mischform hat, können sehr verschieden groß sein. Der Satz 60 % zu 40 %, von dem ich ausgegangen bin, ist nur eine willkürliche Festsetzung. Sie werden sicher einsehen, daß es unmöglich ist, alle denkbaren Temperamentsmischungen im einzelnen aufzuzählen. Das muß ich schon dem Leser überlassen. Ein cholerischer Melancholiker im Mischungsverhältnis 40 % zu 60 % wird sich deutlich von einem anderen unterscheiden, der zu 80 % Melancholiker und nur zu 20 % Choleriker ist. Ähnlich ist es mit dem Unterschied zwischen einem phlegmatischen Sanguiniker im Verhältnis 45 % zu 55 % und einem anderen im Mischungsverhältnis 15 % zu 85 %. Nur mit exakten wissenschaftlichen Tests kann man hier die genaue Diagnose stellen, und obwohl ich schon längere Zeit mit eini-

gen qualifizierten Wissenschaftlern daran arbeite, liegt der Temperamentserkennungstest noch nicht vollständig vor, den man dann eines Tages als ein hilfreiches Werkzeug verwenden kann.

2. Der soziale Hintergrund und die Erziehung können die Temperamentsanlagen erheblich beeinflussen. Ein phlegmatischer Sanguiniker z.B., der von liebevollen, aber konsequenten Eltern erzogen worden ist, wird sich sehr viel disziplinierter verhalten als ein Mensch mit gleichen Temperamentsanlagen, der im «laissez-faire»-Stil aufgewachsen ist. Ein phlegmatischer Melancholiker, der von harten und haßerfüllten Eltern erzogen worden ist, wird sich drastisch von dem phlegmatischen Melancholiker unterscheiden, der liebevolle und verständnisvolle Eltern hatte. Die beiden haben zwar dieselben Stärken und Begabungen geerbt, aber der eine kann von Feindseligkeit, Depression und selbstzerstörerischen Gedanken so weit bestimmt sein, daß er sein Leben lang seine Stärken nie ganz zeigen wird. Obwohl die Erziehungsweise einen mächtigen Einfluß auf jeden Menschen hat, kann man doch noch gar nicht ganz ermessen, wie der kulturelle Hintergrund und das soziale Milieu auf einen Menschen wirken. Auch das wäre bei einer Temperamentsanalyse zu berücksichtigen. Ich kann nur darauf hinweisen, daß der Leser diese Faktoren mit bedenken muß, wenn er sich in einer Temperamentsform wiedererkennen will.

3. Vielleicht kann es auch sein, daß Sie nicht ganz objektiv sind, wenn Sie sich selbst beurteilen sollen. Deshalb wäre es sicher gut, darüber mit Ihrer Familie oder Ihren Freunden einmal zu reden. Wir alle neigen dazu, uns selbst durch eine rosarote Brille zu sehen. Wir müssen aber nach und nach lernen, uns so zu betrachten, wie die anderen uns sehen.

4. Intelligenzquotient und schulische Bildung beeinflussen die Beurteilung eines Temperamentstyps auch sehr oft. Ein sanguinischer Melancholiker beispielsweise, der einen sehr hohen Intelligenzquotienten aufweist, wird anders wirken als ein Mann mit dem gleichen Temperament, der einen durchschnittlichen oder besonders niedrigen Intelligenzquotienten hat. Als Faustregel kann man sagen, daß ein ungebildeter Mensch zum Reifen länger benötigt. Es dauert bei ihm meist sehr viel länger, bis er sich auf irgendeinem Gebiet besonders hervortut oder herausfindet, wofür er besonders geeignet ist. Mit Bildung meine ich hier auch jede hand-

werkliche Ausbildung. Es ist ganz und gar nicht ungewöhnlich, daß ein Mann, der eine Lehre als Installateur oder Anstreicher durchmacht, nachher mehr aus sich herausgeht, selbstbewußter wird und auch ausdrucksstärker sein kann als er es sonst je geworden wäre. Aber bei Vertretern einer Temperamentsform werden Sie im Endeffekt trotz verschiedener Intelligenz, unterschiedlichem Bildungsniveau und verschiedenen Graden der Lebenserfahrung doch immer wieder dieselben Stärken und Schwächen erkennen können.

5. Die körperliche Gesundheit und der gesamte Stoffwechsel spielen ebenfalls eine Rolle. Ein phlegmatischer Choleriker in guter körperlicher Verfassung wird viel aggressiver sein als einer, der an Überfunktion der Schilddrüse oder einer anderen Krankheit leidet. Ein nervöser melancholischer Phlegmatiker wird auch sehr viel aktiver werden als einer, der chronisch niedrigen Blutdruck hat.

Ich habe vor kurzem mit einem geradezu beängstigend aktiven cholerischen Sanguiniker zusammengearbeitet, ein Geistlicher, der äußerst liebenswürdig, impulsiv und lebhaft reagiert. Es ermüdete mich schon, nur mit ihm zusammenzusein. Er wirkte fast zu überschäumend für seine Temperamentsform. Und so erstaunte es mich wenig, als ich etwas später erfuhr, daß er dauernd zu hohen Blutdruck hatte, was jedem Temperament eine etwas übertriebene Art geben kann.

6. Manchmal können auch drei Temperamente in einem Menschen vertreten sein. Es gibt zwar noch keine wissenschaftlichen Untersuchungen, die das bestätigen, aber es besteht doch die hypothetische Möglichkeit, daß ein Mensch ein vorherrschendes und zwei zweitrangige Temperamente hat. Allerdings denken das mehr Menschen von sich selbst als ich es tatsächlich beobachten konnte. Der Grund dafür ist oft, daß sie entweder nicht genau über die Charakteristika der vier Grundtemperamente Bescheid wissen oder daß sie sich selbst nicht objektiv genug betrachten. Ich habe bis jetzt noch niemanden erlebt, von dem ich auf Anhieb gesagt hätte, daß er drei Temperamente in sich vereinige, aber es bleibt eine Denkmöglichkeit.

7. Die innere Motivation ist etwas, worauf es entscheidend ankommt.

«Behüte dein Herz mit allem Fleiß, denn daraus quillt das Leben» (Sprüche 4, 22).

Wenn ein Mensch richtig motiviert ist, hat das Einfluß auf sein ganzes Verhalten, ganz abgesehen von seiner Temperamentslage. Genau deshalb habe ich ja schließlich dieses Buch geschrieben. Menschen, die von falschen Antrieben bewegt werden, sollen die Kraft Gottes an ihrem eigenen Leibe erfahren, um ihr Verhalten völlig ändern zu können. Von Tausenden von Menschen habe ich hören können, daß sie nach der Lektüre von meinen anderen Büchern über die Lehre der vier Temperamente oder nach meinen Vorträgen zu diesem Thema eine konkrete Änderung gespürt haben. Ich vertraue darauf, daß Gott auch dieses Buch, das mehr in die Einzelheiten geht und auch mehr lebensnahe Ratschläge gibt, für noch mehr Menschen zum Guten gebrauchen kann.

8. Das Leben unter der Führung des Heiligen Geistes verändert das Verhalten eines Menschen. Reife Christen, deren Handlungsweisen vom Heiligen Geist nach und nach verwandelt worden sind, finden es oft schwer, ihr Temperament festzustellen, weil sie den Fehler machen, die Typenbeschreibungen mit ihrem jetzigen Verhalten zu vergleichen. Die Beschreibung der Temperamente ist aber ganz auf den natürlichen Menschen abgestimmt, sie ist zunächst ganz und gar nichts Geistliches. Deshalb ist es oft viel leichter, einen ungläubigen Menschen in diese Kategorien einzuordnen oder auch einen fleischlichen Christen als es bei einem lebendigen und reifen Christen möglich ist. Weil ein solcher Mensch schon soviele seiner Schwächen besiegt und in Stärken verwandelt hat (mit der Hilfe Gottes), ist es bedeutend schwieriger, sein eigentliches Temperament zu erkennen. Er sollte sich entweder nur an seinen Stärken orientieren oder an sein Verhalten denken, das er an den Tag legte, bevor er Jesus und seinen Geist kennenlernte.

Die Lehre von den Temperamenten ist ein nützliches Instrument

Die Theorie von den vier Temperamenten erklärt sicher nicht restlos alle Formen des menschlichen Verhaltens, und aus diesem und anderen Gründen wird nicht jeder sie für befriedigend halten. Aber von allen Verhaltenstheorien, die es bisher gegeben hat, halte ich diese immer noch für die plausibelste und hilfreichste. Man kann noch zusätzliche Faktoren mit bedenken, die noch einige andere Unterschiede zwischen den Menschen erklären können, aber die hier dargelegten Beschreibungen werden im groben genügen. Wenn Sie sie im Gedächtnis behalten, werden Sie vielleicht herausfinden, daß Sie selbst und auch die Menschen, denen Sie gern helfen wollen, in eine der zwölf Kategorien fallen, die wir zusammen betrachtet haben. Jetzt aber erhebt sich eine ganz andere Frage: Was kann man dagegen tun? Die Antwort darauf versuche ich im nächsten Kapitel zu geben.

Kapitel 7

Möglichkeiten zur Veränderung des Temperaments

«Welche Temperamentsform ist denn nun eigentlich die beste?» Diese Frage hat man mir schon häufig gestellt, aber ich kann darauf keine endgültige Antwort geben, denn jede Temperamentslage hat Stärken und Vorzüge, die für andere Menschen ein großer Vorteil sein können, aber leider haben sie auch alle ihre Schwächen. Und da fängt das Problem an: Wenn man nur die Stärken berücksichtigt, dann könnte bei der richtigen Bildung und Berufsausrichtung ein ideales Temperament herauskommen, aber keine Temperamentsform existiert ohne die ihr eigenen Schwächen. Wenn der Mensch diesen Schwächen nachgibt, dann kann er damit seine Stärken völlig wirkungslos machen oder zumindest beschränken. Es scheint auch ein Gesetz zu sein, daß, je hervorstechender und deutlicher die Vorteile eines Menschen sind, seine Schwächen um so gefährlicher sein können.

Eine gute Entwicklung für den Menschen scheint mir dann von zwei Faktoren abzuhängen:

1. Er muß ein geeignetes Ziel finden, auf das er seine Stärken ausrichten kann, und die bestmögliche Ausbildung anstreben, um sich in dem für ihn geeigneten Gebiet ganz entfalten zu können.
2. Er muß die Schwächen seiner Temperamentslage überwinden, bevor sie die Wirkung seiner Stärken beeinträchtigen können.

Im Grunde ist das schon alles, was Gegenstand des folgenden Kapitels sein soll.

Mir begegnen gelegentlich Menschen, die sich weigern, ihr eigentliches Temperament anzunehmen, und viel Zeit damit verschwenden, daß sie wünschen, sie wären anders, als sie nun einmal sind. Solche Überlegungen sind völlig nutzlos. In bezug auf ihre Begabungen sind diese Menschen das, was sie sind, sie können ihre Gaben verstärken und verbessern und weiterentwickeln, aber sie können nie mehr Begabungen haben als die, mit denen sie schon geboren worden sind. Zum Glück besitzt jeder normale Mensch genügend «Rohmaterial», um ein glückliches, produktives und für andere nützliches Leben zu führen. Das aber kann er nicht ohne die Hilfe Gottes erreichen. Das ist einer der Gründe, warum Jesus Christus in unsere Welt kam, denn er hat gesagt:

«Ich bin gekommen, daß sie das Leben und volle Genüge haben sollen» (Joh. 10, 10).

Dieses Leben im Überfluß, das jedem Menschen zur Verfügung steht, wenn er nur will, ermöglicht es erst, alle gegebenen Fähigkeiten ganz auszunutzen. Haben Sie im vorigen Kapitel etwas Besonderes bemerkt? Ich hoffe, daß Sie deutlich sehen konnten, daß Gott Menschen mit allen möglichen Temperamenten für seine Ziele gebrauchen konnte. Denn schließlich «sieht Gott die Person nicht an» (s. dazu Apostelgesch. 10, 34). Er kann alle Arten von Menschen gebrauchen. Wenn wir die Zeit dazu hätten, könnten wir die Bibel ebenso noch daraufhin untersuchen, ob Gott auch Menschen verschiedenster Temperamente nicht gebraucht hat, und wir würden genug Beispiele dafür finden. Worin liegt der Unterschied? Der eine hat sich Gott ganz zur Verfügung gestellt, sich von der Sünde reinigen lassen und seine Schwächen in Stärken umwandeln lassen. Der andere hat genau das nicht getan. So einfach ist das.

Sind Sie verändert?

Eine meiner Voraussetzungen ist, daß ein Mensch anders werden muß, wenn er Jesus Christus als Herrn und Heiland annimmt. Anders gesagt, wenn ein normaler, natürlicher Mensch der übernatürlichen Kraft Jesu Christi begegnet, dann wird er sich zwangsläufig ändern. Wie drückt sich nun diese Änderung aus? Vor allem im Überwinden und Stärken seiner schwachen Seiten. Das ist es, was Paulus in Galater 5, 16 gemeint hat, wenn er sagt:

«Wandelt im Geist, so werdet ihr die Lüste des Fleisches nicht vollbringen.»

Wenn die Kraft Jesu Christi also Ihr Leben bestimmt, dann werden Sie nicht mehr von Ihren Schwächen beherrscht, sondern vom Heiligen Geist. Der gibt Ihnen genug Kraft, um Ihre schwachen Stellen zu überwinden. In Galater 5, 22 + 23 sind die neuen, vom Geist bewirkten Stärken aufgezählt, die alle Gläubigen in ihrem Leben verwirklichen sollen:

«Liebe, Freude, Friede, Geduld, Freundlichkeit, Gütigkeit, Glaube, Sanftmut, Keuschheit.»

Die wichtigste Entdeckung, die ich je gemacht habe, und die es mir erst ermöglicht, anderen Menschen zu helfen, ist die folgende: Bei diesen Stärken kann man Punkt für Punkt die Überwindung einer typisch menschlichen Schwäche erkennen. Auch wenn es zunächst simpel erscheint, wenn man jemandem sagt: «Sie müssen mit dem Heiligen Geist erfüllt werden, um Ihre Schwäche zu überwinden», so ist es dennoch wahr.

Der Mensch muß vom Heiligen Geist gelenkt und kontrolliert werden, nicht von seiner natürlichen Anlage und Neigung zu spezifischen Schwächen. Denn Gott hat genau die Kraft, die man braucht, um überwinden zu können, anstatt selbst übermannt zu werden.

Um diese Aussage zu beweisen, habe ich einmal alle vierzig Schwächen der vier Grundtemperamente zusammengestellt und sie in ihrem Verhältnis zur Kraft des Heiligen Geistes geprüft. Wenigstens eine, in den meisten Fällen sogar zwei oder drei der genannten Stärken des Geistes können jede der temperamentsbedingten Schwächen überwinden.

Wenn Sie das für sich selbst noch einmal nachprüfen wollen, dann bestimmen Sie doch bitte Ihre Temperamentslage und schreiben Sie dann einmal auf einem Blatt Papier die zehn Schwächen Ihres vorherrschenden Temperaments und die zehn Ihres zweitrangigen Temperaments auf. Einige Ihrer Schwächen werden durch die Stärken des zweiten Temperaments schon aufgehoben, also werden nicht mehr zwanzig übrigbleiben. Konzentrieren Sie sich einmal auf die zehn, die Sie für Ihre gefährlichsten Schwächen halten. Und dann schreiben Sie daneben eine oder mehrere Stärken des Heiligen Geistes (s. Gal. 5, 22 + 23), die für die jeweilige Schwäche das richtige Heilmittel ist. So haben Sie die zehn Bereiche vor Augen, in denen Sie zu allererst an sich arbeiten müssen. Und wenn Sie eine dieser Schwächen überwunden haben, dann merken Sie vielleicht, daß Sie sich inzwischen schon ganz von selbst mit den anderen beschäftigt haben.

Wie man durch den Heiligen Geist gestärkt werden kann

Als ich meinen Flugschein machte, lernte ich zuerst die vier Grundregeln für Notfälle:

1. Steigen, denn je höher man kommt, desto sicherer ist man und desto mehr Möglichkeiten hat man zur Rettung.
2. Über Funk den nächsten örtlichen Flugdienst, die nächste Radarkontrolle oder sonstige Stellen verständigen.
3. Berichte über die entstandenen Schwierigkeiten und eine kurze Beschreibung geben.
4. Den Anweisungen des Flugdienstes gehorchen, genau das tun, was der Funkpartner einem sagt.

Flugspezialisten haben Millionen von Arbeitsstunden und Dollar darauf verwendet, diese vier Regeln zu entwickeln und durchzusetzen, damit das Fliegen sicherer wird. Jeder ausgebildete Pilot kann eine gute Maschine sicher fliegen, sogar sicherer als Auto fahren. Aber früher oder später wird jeder Pilot einmal einen Notfall oder eine notfallähnliche Situation erleben, und dann ist es lebensnotwendig, daß er diese vier Regeln beherrscht und sich danach richtet. Mancher Pilot hat dadurch sein eigenes und das Leben der Passagiere retten können.

Auf geistlicher Ebene ist das ganz genauso. Gott hat eine ganz einfache Methode entwickelt, nach der man mit den Notfällen des Lebens fertigwerden kann, die entweder als Folge unserer Sünden und Fehler oder wegen unsicherer Lebensumstände plötzlich auftreten können, ohne daß wir sie beeinflussen könnten. Er nennt dieses Programm «Wandelt im Geist» oder «Seid erfüllt mit dem Heiligen Geist». Das Ergebnis davon wird immer wieder sein, daß man seine Schwächen überwinden und in Stärken verwandeln kann.

Vier Regeln zur Überwindung der Schwächen

«... darum werdet nicht unverständig, sondern verstehet, was da sei des Herrn Wille: Saufet euch nicht voll Wein, daraus ein unordentlich Wesen folgt, sondern werdet voll Geistes» (Eph. 5, 17 + 18).

«Ich sage aber: Wandelt im Geiste, so werdet ihr die Lüste des Fleisches nicht vollbringen» (Gal. 5, 16).

Von allen Ermahnungen in der Bibel sind diese zwei Verse die deutlichsten Hinweise darauf, daß wir vom Heiligen Geist gelenkt werden müssen. Jeder Christ tut gut daran, diese Ermahnungen ernstzunehmen und sich Tag für Tag danach zu richten. Denn wenn er das tut, kann er seine Schwächen überwinden. Aber wie geht das vor sich? Einer der Gründe, warum meiner Ansicht nach meine anderen Bücher «Geisterfülltes Temperament» und «Verwandeltes Temperament» so großen Erfolg hatten, ist der, daß ich darin eine praktische und realisierbare Methode angeboten habe, wie man vom Heiligen Geist regiert werden kann. Das ist ein Thema, das die meisten Redner und Schriftsteller, die sich mit dem Heiligen Geist beschäftigen, meist ausklammern. Ohne hier wiederholen zu wollen, was ich in den genannten Büchern schon ausgeführt habe, und auch im Bemühen, die dort beschriebenen Vorgehensweisen noch zu vereinfachen, möchte ich Ihnen die vier Grundregeln zur Überwindung unserer Schwächen vorstellen:

1. Das Bekenntnis

Das Bekenntnis einer Sünde ist immer der Ausgangspunkt, wenn ein Mensch näher zu Gott kommen will. Der Psalmist hat dazu gesagt:

«Wenn ich Unrechtes vorgehabt hätte in meinem Herzen, so hätte der Herr nicht gehört» (Ps. 66, 18).

Wenn Sie in Ihrem Leben irgendwo an der Sünde hängen, dann werden Sie das auch merken, denn der Heilige Geist öffnet seinen Kindern die Augen über ihre Sünden (s. dazu Joh. 16,8). Und das wird nicht nur nebelhaft geschehen, sondern er wird Ihnen ganz konkret die spezifische Sünde zeigen, die ihm nicht gefällt. Vielleicht ist es Haß, Eifersucht, Begehrlichkeit, Angst, Habgier, Selbstbezogenheit oder Ungehorsam. Der klarste Vers in der Bibel, der von der Vergebung redet, ist 1. Joh. 1, 9:

«Wenn wir aber unsere Sünden bekennen, so ist er treu und gerecht, daß er uns die Sünden vergibt und reinigt uns von aller Untugend.»

Dieser Vers versichert uns, daß wir sofort gereinigt werden und Vergebung erhalten. Das Wort «bekennen» wird jedoch oft mißverstanden. Es meint nicht nur, daß wir mit unseren Lippen zugeben, daß eine schlechte Angewohnheit in unserem Leben Sünde ist. Das ist nicht genug. Wir sollen vielmehr mit Gott darin übereinstimmen, daß dies Sünde ist. Wir sind also mit dem heiligen, gerechten Gott einer Meinung darin, daß diese Tat oder Gewohnheit eine abscheuliche Sünde ist, die uns von ihm trennt und in unserem Leben keinen Platz haben sollte. Ein solches Bekennen ist mehr als die fleischliche Haltung, daß man Gott sachlich über eine Sünde informiert, von der man doch keinesfalls Abstand nehmen will. Das Ziel des Bekennens ist vielmehr anzuerkennen, daß das, was Gott uns gezeigt hat, seinem Willen für unser Leben entgegenläuft und deswegen ausgemerzt werden muß. Diese Art von Bekenntnis wird immer mit Vergebung und Reinigung beantwortet.

Natürlich kann Ihnen jede Sünde vergeben werden, auch dann, wenn Sie sie wieder und wieder tun. Gott weiß nur zu gut, wie schwach und unvollkommen wir sind. Aber im Augenblick des Bekennens muß Ihre Haltung von Grund auf so sein, daß Sie die Sünde zurückweisen und die Absicht haben, sie aus Ihrem Leben mit der Hilfe Gottes ganz auszulöschen. Er kennt die Macht der Gewohnheit in Ihrem Leben und weiß auch, daß jede Änderung Zeit braucht. Aber wenn Sie gar nicht wirklich die Bereitschaft dazu haben, die Sünde zu lassen, dann ist Ihr Bekenntnis nur eine Farce.

Was ist nun mit dem Menschen, der zwar überzeugt ist, daß eine bestimmte Gewohnheit in seinem Leben Sünde ist, sich aber nicht damit beschäftigt und sich auch nicht von ihr distanzieren will? Der kann den «Wandel im Geist» gleich vergessen, denn es ist unmöglich, die Führung durch den Heiligen Geist zu erfahren und gleichzeitig Sünde zu praktizieren. Nur wenn man aufrichtig Gott gehorchen will in allem, was man tut, kann man im Geist leben.

Ein weiterer Aspekt des Bekenntnisses muß hier noch erwähnt werden: Wenn man eine Sünde einmal bekannt hat, dann darf man sie getrost vergessen. Lassen Sie nicht zu, daß Satan bzw. Ihre überempfindlichen Schuldkomplexe Sie immer wieder bedrücken, nachdem Sie eine Sünde im Namen Jesu Christi bekannt haben. Ein junger Pfarrer beklagte sich vor kurzem bei mir, daß er immer wieder von Schuldgefühlen in bezug auf sein sexuell zügelloses Leben vor seiner Ehe geplagt würde. Jetzt war er seiner Frau schon sieben Jahre lang treu gewesen, aber die Schuld verfolgte ihn immer noch. Als ich das Nächstliegende fragte, nämlich: «Haben Sie denn diese Sünden vor Gott bekannt?» da antwortete er: «Aber sicher, an die hundertmal.» Darauf sagte ich ihm: «Bekennen Sie diese Sünde nie wieder. Einmal ist genug.» «Und was soll ich tun, wenn ich wieder daran denken muß?» fragte er. «Dann danken Sie Gott aus dem Glauben heraus für seine Vergebung! Mit der Zeit werden diese Gedanken Sie nicht mehr belästigen.»

2. Das Gespräch mit Gott

Genau wie der Pilot, der durch dichten Nebel fliegt, ganz davon abhängt, daß die Kommunikation mit der Radarstation aufrechterhalten bleibt, damit er sicher durchkommt, so muß auch der Christ mit Gott reden und seine Stimme regelmäßig hören. Ihr Funkpartner in der Radarstation weiß immer, wo Sie sind, weil er Ihre Leuchtzeichen auf dem Schirm erkennen kann. Sie hören vielleicht längere Zeit nichts von ihm, aber wenn ein Notfall eintritt, oder wenn es plötzlich wichtige Entscheidungen zu treffen gilt, etwa kurz vor der Landung, dann muß der Pilot dauernden Funkkontakt mit der Kontrollstation halten, und beide Sprecher reden und hören abwechselnd. Gottes Kinder müssen genauso auf Gottes Stimme hören und dazu in der Bibel lesen. Er will, daß sie im Gebet mit ihm sprechen. Es gibt keine andere Möglichkeit, im Geist Gottes zu leben, als die, eine wechselseitige regelmäßige Kommunikation mit Gott aufzubauen.

Die wichtigste Seite bei diesem Kontakt ist das tägliche Lesen in Gottes Wort. Ich bin mir schon bewußt, daß manche Verfechter des Gebets mich in diesem Punkte angreifen werden, aber ich bin doch davon überzeugt, daß es für uns wichtiger ist, etwas von Gott zu erfahren, als umgekehrt. Wir können ihm bestimmt nichts erzählen, was er nicht schon weiß, aber das Lesen in seinem Wort wirkt wie ein Suchscheinwerfer auf unserem Lebensweg, den wir gerade gehen. Ich glaube, daß es ganz wesentlich ist, sich täglich Zeit zu nehmen, um in der Bibel zu lesen. Sonst ist es unmöglich, vom Heiligen Geist regiert zu werden. Genauso wie der Betrunkene, der in Eph. 5, 18 angesprochen ist, immer weiter trinken muß, wenn er nicht nüchtern werden will, so müssen wir regelmäßig vom Wort Gottes trinken, sonst werden wir uns unweigerlich von seinem Willen entfernen. Denken Sie daran, «Wandel im Geist» bedeutet, sich vom Geist kontrollieren zu lassen. Man kann einfach nicht vom Heiligen Geist geführt werden, wenn man Gottes Willen nicht kennt, der uns in der Heiligen Schrift mitgeteilt wird. Männer und Frauen, die nicht regelmäßig darin lesen, betrügen sich nur selbst, wenn sie glauben, daß der Heilige Geist sie bestimmt, denn sie wissen dann so wenig vom Wort Gottes, daß sie auch nicht erkennen, wenn sie ihm ungehorsam werden. Das ist ein Grund dafür, daß so viele Christen kein geistliches Wachstum verzeichnen können. Sie ernähren sich, geistlich gesehen, nur unzureichend oder gar nicht. Es erklärt auch, warum viele andere sich so schwer tun, den Willen Gottes für ihr Leben zu erkennen. Er hat uns die Bibel gegeben, damit wir seinen Willen kennenlernen. Wir müssen täglich darin lesen, um das immer wieder neu herauszufinden.

Die «San Diego Chargers», die jede Woche eine Bibelstunde bei uns halten, haben mir den Anstoß dazu gegeben, ein Buch zu schreiben, das ihnen dazu helfen sollte, die Bibel regelmäßig für sich zu lesen und darin zu forschen. Ich habe damals ein einfaches Programm entwickelt, um die Stille Zeit so praktisch und hilfreich wie möglich werden zu lassen und zu weiteren Erfahrungen anzuregen. Zur Übersichtlichkeit fügte ich auch einige Schaubilder und Tabellen hinzu.

(Dieses Buch erschien unter dem Titel «How to Study the Bible for Yourself» bei Harvest House Publishers.
Zum Zeitpunkt der Veröffentlichung dieses Buches ist uns keine deutsche Ausgabe des o.g. Werkes bekannt.
Anmerkung des Verlags.)

Diese Schrift erwies sich als eine so brauchbare Hilfe, besonders für noch sehr junge Christen, daß das Buch mittlerweile schon fast ein Bestseller ist. Viele Leser haben mir bestätigt, daß sie dadurch dazu gekommen sind, regelmäßig und täglich in Gottes Wort zu lesen, was sie vorher nie fertiggebracht hatten. In diesem kleinen Buch stelle ich eine einfache und narrensichere Methode vor, die zu der Beständigkeit führt, die jeder aufrichtige Christ anstrebt. Jeder, der einmal in meiner Beratung gewesen ist und darüber klagte, daß seine Schwächen ihn einfach übermannt hätten, hatte nicht regelmäßig in der Bibel gelesen. Wenn Sie daran arbeiten, Ihre zehn größten Schwächen zu überwinden, dann werden Sie die Erfahrung machen, daß tägliches Lesen in der Bibel und Beten Ihre Absicht stärken wird und die Kraft vergrößern kann, mit der Sie gegen diese Schwächen angehen.

An einem dieser Abende mit den «Chargers», an dem wir unter anderem über die «zwei Seelen» sprachen, die man in sich fühlt, wenn es um Entscheidungen geht, fragte einer: «Ja, welcher Mensch, der alte Adam oder der neue Mensch, beherrscht denn dann eigentlich mein Leben?» Bevor ich noch antworten konnte, warf einer von den anderen ein: «Ganz einfach: Der, dem du am meisten zu essen gibst.» Es hätte nicht treffender gesagt werden können. So wie wir uns vernünftig ernähren müssen, um unseren Körper aufzubauen und zu erhalten, so muß man auch den inneren Menschen mit geistlicher Nahrung versorgen. Deswegen hat Petrus erklärt:

«Seid begierig nach der vernünftigen, lauteren Milch wie die neugeborenen Kindlein, auf daß ihr durch dieselbe zunehmt in eurem Heil» (1. Petr. 2, 2).

Diese Art des geistlichen Wachstums kann Ihnen helfen, Schwächen zu überwinden und in der Gegenwart Gottes zu leben. Die andere Hälfte der Kommunikation, die wesentlich ist für das Leben im Geist, besteht im Gebet. Kein Gebiet unseres Lebens darf von diesem Gebet ausgenommen sein. Paulus, der melancholische Choleriker und Aktivist, hat uns ermahnt:

«Betet ohne Unterlaß!» (1. Thess. 5,17).

Das soll heißen: Bleibt in Kontakt mit Gott, wenn ihr die Erfahrungen eures Lebens macht. Das ist eine ausgezeichnete Gewohnheit, die man entwickeln kann, denn so wird einem Gottes Führung greifbar. Wenn ich eine Maschine fliege und mich nach den Instrumenten richte, dann bin ich in dauerndem Kontakt mit der Radarstation. Wir sprechen zwar nicht dauernd miteinander, aber mein Empfangsgerät ist immer in Betrieb, und ich achte auf den geringsten Hinweis. Wenn ich die Richtung ändern will oder die Flughöhe, oder wenn ich wissen will, wie das Wetter ein paar Kilometer vor mir aussieht, dann schalte ich das Mikrophon ein und erkundige mich bei der Kontrollstation. So ist es im Leben mit Gott auch. Wenn wir vom Heiligen Geist regiert werden, dann bleiben wir in dauerndem Kontakt mit unserem himmlischen Vater und teilen ihm unsere großen und kleinen Entscheidungen mit. Das Geheimnis des guten Fliegens besteht in der Planung und Vorbereitung. Der Pilot wartet mit seinen Entscheidungen nicht, bis er unmittelbar in einer gefährlichen Situation drinsteckt; und dasselbe gilt auch für unser Leben. Wenn ein Plan vor Ihnen liegt, dann gehen Sie Ihre einzelnen Entscheidungen noch einmal anhand der Bibel durch, so wie ein Pilot alle seine Instrumente durchprüft, und dann reden Sie darüber im Gebet mit Gott. Das alles muß lange genug im voraus geschehen, damit Sie nicht nachher unter dem Druck der Ereignisse mehr oder weniger unüberlegt handeln müssen. Zu viele Christen stolpern von einer Krise in die andere, von denen die meisten hätten vermieden werden können, wenn sie vorher regelmäßig in der Bibel gelesen und gebetet hätten. Die zweiseitige Kommunikation ist ganz wesentlich für das Leben im Geist.

3. Die Bindung

Der schwierigste Teil des Fliegenlernens bestand für mich darin, mich ganz und ausschließlich auf die Fluginstrumente zu verlassen. Wenn ich die Erde nicht mehr sehen konnte, dann gab es unweigerlich Konflikte zwischen den Instrumenten und meinem Instinkt. Ich hätte in Wirklichkeit auf dem Kopf fliegen können und hätte doch gemeint, die Lage würde stimmen. Der künstliche Horizont ist ein äußerst zuverlässiges Instrument, das einem genau die augenblickliche Lage in bezug auf den Horizont angibt, aber das ist normalerweise genau das Gegenteil von dem, was man instinktiv annimmt. Diesen Instinkten eben nicht nachzugeben, sondern sich ganz auf die Anzeige zu verlassen, kostet viel Überwindung und Übung. Aber die Folgen können tödlich sein, wenn man diesen Lernprozeß nicht durchmacht.

Eine hundertprozentige Bindung an den Heiligen Geist ist für viele Menschen genauso schwierig einzuüben, besonders, wenn sie willensstarke oder analytische Typen sind. Aber eine nur 90 oder 95%ige Bindung ist vielleicht der Hauptgrund dafür, daß viele Christen nicht im Geist leben. Sie verstehen nicht, daß Gott von uns eine 100%ige Hingabe verlangt. Aber eigentlich sollte einen das gar nicht so überraschen, denn Gott sagt uns das mehrere Male in der Schrift:

«Wie ihr nun angenommen habet den Herrn Jesus Christus, so wandelt in ihm» (Kol. 2,6).

Wie haben Sie Jesus angenommen? War es Ihr Verdienst zusammen mit ein bißchen Gnade, wodurch Sie gerettet worden sind? Doch bestimmt nicht. Es war die ganze Hingabe Ihrer Sünde und Wertlosigkeit an den Christus am Kreuz, was Sie gerettet hat. Und es war nicht ein Glaube an Christus und Buddha oder an Christus und das eigene Ich, sondern ein totaler Glaube an Jesus Christus allein. Dasselbe gilt nun auch für das Leben im christlichen Glauben. Alles, was weniger ist als diese 100%ige Bindung, ist Unglaube. Das aber ist eine Sünde, die die Wirkung des Heiligen Geistes einschränkt. Zwei weitere Bibelverse reden von dieser totalen Bindung oder Hingabe:

«Auch ergebet nicht der Sünde eure Glieder zu Waffen der Ungerechtigkeit, sondern ergebet euch selbst Gott als die aus den Toten lebendig sind und eure Glieder Gott zu Waffen der Gerechtigkeit» (Römer 6, 13).

«Ich ermahne euch nun, liebe Brüder, durch die Barmherzigkeit Gottes, daß ihr eure Leiber gebet zum Opfer, das da lebendig, heilig und Gott wohlgefällig sei. Das sei euer vernünftiger Gottesdienst» (Römer 12, 1).

Das ist etwas, was Sie unbedingt verstehen müssen. Gott will Sie ganz, mit Leib, Seele und Geist. Er hat Sie geschaffen, er hat Sie durch das Geschenk seines Sohnes errettet, und er möchte, daß Sie ihm die Kontrolle über Ihr ganzes Leben überlassen. Er wird Sie niemals dazu zwingen, aber Sie werden auch niemals wahres Glück empfinden, bis Sie alles in Ihrem Leben ihm übergeben haben. Das umfaßt Ihre Begabungen, Ihre Erziehung, Ihre Lebensziele, Ihren Beruf, Ihre Kinder, die Beziehung zu Ihrem Ehepartner, Ihre Gemeinde, Ihre Hobbys und auch Ihre Sünden und Schwächen. Wenn ich mich nur zu 97 % auf meine Fluginstrumente verlasse, dann bleibt noch ein Spielraum für Irrtümer, und ich kann dadurch ganz plötzlich verunglücken. Genauso ist eine nur 97 %ige Auslieferung an Gott zuwenig. Sie zerstört die Wirkungskraft des gesamten Lebens, und das gilt für die meisten Christen heutzutage. Keine geliebte Gewohnheit, keine Sünde, kein Wunsch oder Rebellionsgeist kann es wert sein, daß man nur ein zweitklassiges Leben führt, das durch Kraftlosigkeit gekennzeichnet ist. Sicher werden Sie als Christen in den Himmel kommen, wenn Sie gestorben sind, aber ein Leben, das nicht vom Geist regiert wird, ist weit entfernt von dem Leben im Überfluß, das Jesus seinen Kindern in Joh. 10, 10 versprochen hat. Und es bietet auch keine Möglichkeiten, um Ihre temperamentsbedingten Schwächen zu überwinden.

Nach einem Familienseminar in Memphis überreichte mir ein gutaussehender junger Mann ein kleines Heft, auf dem ein Oldtimer abgebildet war. Es schien so, als ob dieses alte Auto die 3 % in seinem Leben ausgemacht hätten, die er Gott nicht ausgeliefert hatte. Entsprechend war sein christliches Leben nur sehr mittelmäßig gewesen. Erst als er diese 3 % ganz bewußt an Gott übergab, erfuhr er, wie man mit der Kraft des Heiligen Geistes erfüllt werden kann. Jeder von uns hat an irgendeiner Stelle eine besondere Schwäche. Das ist die «Sünde, die uns ständig umstrickt» (s. dazu Hebr. 12, 1). Im folgenden sollen nur einige Dinge angesprochen werden, die mir Männer als Gewohnheiten genannt haben, die sie ganz besonders von Gott ablenken: Bitterkeit einem Elternteil, der Frau, dem Chef oder auch Gott gegenüber, sexuelle Begierde, Alkohol oder Zigaretten, Eifersucht, Klatsch, Ehrgeiz, Stolz, Unehrlichkeit, Steuerbetrügereien, Hobbys, Sport, Motorräder... Sie könnten diese Liste sicher noch fortsetzen.

Gott nimmt uns diese 3 % gar nicht immer unbedingt weg, wenn sie nicht Sünde sind. Manchmal gibt er sie uns im Überfluß zurück, nachdem wir sie ihm ganz überlassen haben. Da ich selbst Pilot bin, kann ich sehr gut einen ehemaligen Air Force-Piloten verstehen, dem es nach dem Zweiten Weltkrieg sehr schwer fiel, sich ganz an Jesus Christus auszuliefern und dann Pfarrer zu werden, weil er im Grunde Angst davor hatte, nie im Leben wieder fliegen zu dürfen. Aber im Glauben überließ er schließlich sein Leben Gott einschließlich des Fliegens und fing zu studieren an. Kurz nach der Ankunft in der Universität erfuhr er, daß man dringend einen Fluglehrer für das missionarische Flugprogramm suchte. Da er eine entsprechende Ausbildung hatte, bewarb er sich um die Stelle und wurde genommen. Auf diese Art konnte er sich sein Studium verdienen. Und danach führte ihn Gott in die Missionsluftfahrt, und er hat diesen Dienst 25 Jahre lang mit Freuden getan. Aber sein Leben, das von Erfüllung und Freude gekennzeichnet war, wäre nie so geworden, wenn er damals diese 3 % nicht ganz Gott überlassen hätte. Bei Ihnen kann das ganz genauso gehen.

Aus irgendeinem Grund fürchten viele Christen, daß Gott sie, sobald sie sich nur ganz an Jesus Christus ausgeliefert haben, dazu zwingen wird, etwas zu tun, was sie gar nicht gern wollen. Und manche denken sogar, daß er ihnen dann jedes Fünkchen Freude nehmen wollte. Das ist aber kompletter Unsinn. Solche Angst entsteht aus einem falschen Bild von Gott und seiner Liebe zu uns Menschen. Das eine sollten Sie ganz klar sehen: Gott ist für Sie, niemals gegen Sie. In Römer 8, 31 - 32 wird das kristallklar ausgesagt:

«Was sollen wir nun hierzu sagen? Ist Gott für uns, wer mag wider uns sein? Welcher auch seines eigenen Sohnes nicht hat verschonet, sondern hat ihn für uns alle dahingegeben, wie sollte er uns mit ihm nicht alles schenken?»

Der Evangelist Bill Bright hat gerade diesen Sachverhalt schon vor Jahren einmal ganz klargemacht, als er die schon klassische Geschichte erzählte, die die Beziehung Gottes zu uns mit der eines Vaters zu seinem Sohn vergleicht. Wir wissen aus der Bibel, daß das ein legitimer Vergleich ist, denn der Herr selbst hat ihn ja in Lukas 11, 13 verwendet. Bill Bright sagte folgendes:

«Wenn Ihr Sohn Sie abends an der Tür empfängt, Sie umarmt und sagt: 'Ach, Papa, ich habe dich so gern, und ich will auch alles tun, was du von mir willst!', würden Sie sich dann die Hände reiben und antworten: 'Na prima, jetzt habe ich dich endlich dahin gekriegt, wo ich dich haben wollte! Ich werde jetzt deine Spielsachen alle verkaufen und dich erst mal für eine Woche in den Keller sperren!'?»

Natürlich nicht! Sie wären vielmehr von seinen Worten so gerührt, daß Sie ihm alles mögliche Gute tun würden. Gott reagiert auf uns genauso, nur auf seiner göttlichen Ebene. Ich habe noch nie erlebt, daß Gott einem Menschen irgend etwas genommen hat, was sich nicht nachher als sein Bestes erwiesen hätte. Und wenn er uns etwas nimmt, dann ersetzt er es immer durch etwas Besseres.

Haben Sie Ihr Leben jemals ganz bewußt Jesus Christus ausgeliefert? Wenn nicht, oder wenn Sie es nicht genau wissen, dann möchte ich Ihnen das folgende Vorgehen empfehlen, das schon für manche Leute eine Hilfe gewesen ist: Suchen Sie sich einen ruhigen Platz, wo Sie in den nächsten paar Minuten nicht gestört werden, und stellen Sie sich im Gebet einen Altar vor, so wie sie zur Zeit des Alten Testaments gebräuchlich waren. Und dann stellen Sie sich vor, so wie es in Römer 12, 1 ausgesagt wird, daß Sie selbst auf diesem Altar liegen und Gott ganz ausgeliefert sind. Legen Sie dann auf diesen Altar auch die «wichtigste Nebensache» in Ihrem Leben. Ich habe z.B. einmal mit einem Berufsbaseballspieler darüber gebetet, für den das wichtigste Ding in seinem Leben ein Baseballhandschuh war. Solange er den nicht im Geist auf den Altar gelegt hatte, war er noch nicht ganz an Christus ausgeliefert. Ein anderer war ein begeisterter Berufsmusiker, der sich erst von seiner Trompete lösen mußte. So habe ich Rechtsanwälte, Ärzte und viele andere erlebt, die ihren Beruf, ihr Bankkonto, ihr Auto, ihre Segeljacht, ihre Zigaretten oder was für Dinge auch immer an Gott auslieferten. Eines steht ganz fest: Jeder Christ sollte sich ganz und gar mit allem, was er ist und hat, an Jesus Christus hingeben. Nur dann kann er von dem Heiligen Geist erfüllt und von ihm weiter geleitet werden.

4. Der Gehorsam

Wenn ein Pilot sich einmal auf seine Instrumente und die Funkmeldungen der Radarkontrolle verläßt, muß er sich auch an die Anweisungen halten, die ihm über Funk gegeben werden. Sonst bindet er sich nicht mehr daran und gerät außer Kontrolle. Dasselbe gilt für den Christen. Wenn wir unsere Bindung an Gott aufrechterhalten wollen, müssen wir dem gehorchen, was der Heilige Geist uns sagt. Das fängt immer wieder mit der Bibel an. Wenn ein Christ sich an die Heilige Schrift hält, dann wird er sich dem Geist beugen und nicht den Fesseln seines eigenen Willens.

Ein junger Christ, der sich mit mir unterhielt, hatte Schwierigkeiten mit dem Verständnis der Taufe. Aus irgendeinem Grund wollte er dem Herrn in diesem Punkt nicht folgen, obwohl er sich ganz an Jesus Christus ausgeliefert hatte. Ich fragte nicht lange, in welcher Gemeinde er aufgewachsen war und welche Vorurteile er wohl hätte, sondern ich bat ihn, Matth. 28, 18 - 20 zu lesen. Und danach fragte ich ihn: «Was sagt Jesus da über die Taufe?» Er las noch einmal nach und sagte dann: «Ja, er hat seinen Jüngern aufgetragen zu lehren, zu taufen und die anderen darin zu unterweisen, dasselbe zu tun.» «Und was heißt das für Sie heute?» Er grinste ein bißchen und sagte dann: «Na, ich glaube, Jesus sagt mir hier indirekt, daß ich mich taufen lassen soll.» Zwei Wochen später war er getauft. Wenn Sie solche Anweisungen in der Bibel finden, dann sollte Ihre Haltung dazu immer sein: Ich will dem gehorchen, was Gott mir aufträgt. Ein Mann, den ich einmal beraten habe, behauptete gleich, er sei mit dem Heiligen Geist erfüllt, aber er zeigte nicht die mindeste Liebe zu seiner Frau. Er betonte, daß er ihr gegenüber nichts empfinden könnte. Ich las mit ihm Epheser 5, 18 und zeigte ihm, daß er dauernd mit dem Heiligen Geist erfüllt sein müsse. Er antwortete: «Ja, das bin ich ja auch immer oder doch wenigstens fast immer.» Ich entgegnete ihm: «Mein lieber Freund, da machen Sie sich selbst etwas vor! Gott sagt ja nur sieben Verse später:

'Ihr Männer, liebet eure Frauen, gleichwie auch Christus geliebt hat die Gemeinde und hat sich selbst für sie gegeben'» (Eph. 5, 25).

«Das ist doch unmöglich!» protestierte er. «Nein», sagte ich, «Gott befiehlt uns nie etwas, wozu er uns nicht auch die Fähigkeit geben könnte.» Dann führte ich noch eine andere Bibelstelle an, der er nicht gehorsam war:

«Seid dankbar in allen Dingen, denn das ist der Wille Gottes in Christus Jesus an euch» (1. Thess. 5, 18).

Solange er an seiner Frau herumkritisierte und alle möglichen Fehler an ihr fand, sowohl in Gedanken als auch in Worten, tötete er seine Liebe zu ihr einfach ab. Nur wenn er Gott nicht mehr ungehorsam war und sich seinen Anweisungen fügte, indem er positive Gedanken in bezug auf seine Frau hegte und Gott für sie dankte, konnte seine Liebe zu ihr wieder neu entstehen. Niemand kann Gottes Grundsätze verletzen und gleichzeitig den Segen des geistgeführten Lebens am eigenen Leibe spüren.

Heutzutage gibt es mehr Gespräche über und Verlangen nach einem geisterfüllten Leben als in den letzten 70 Jahren überhaupt. Die Folge davon ist, daß es viele strahlende, fröhliche Christen in unseren Gemeinden gibt und auch sehr viele Leute (laut einer kürzlich veröffentlichten Umfrage), die sich neu für Jesus interessieren. Wir müssen auch noch berücksichtigen, daß der säkulare

Humanismus eine regelrechte Verzweiflung in den Herzen der Menschen hervorgerufen hat, für die es nirgendwo anders als in Jesus einen wahren Trost gibt. Auch das Magazin «Newsweek» hat etwas festgestellt, was dort «Phänomen der 70er Jahre» genannt wird oder «religiöse Erneuerung». Viele Menschen lassen sich neu begeistern von einem Leben unter der Führung des Geistes oder von der Salbung durch den Geist. Und es ist etwas Wahres daran: Gott der Heilige Geist wird unseren Lebensweg bestimmen, aber es gibt eine ganz wichtige Voraussetzung dabei: Gott wird uns nie dazu bringen, daß wir den Inhalt seiner Heiligen Schrift mißachten, sonst würde er sich selbst widersprechen, und das paßt nicht zu seinem Wesen, wie uns auch die Bibel sagt. Durch den Heiligen Geist ist die Bibel geschrieben worden, durch Propheten und heilige Männer (s. 2. Petrus 1, 21), und so wird auch seine Leitung heutzutage immer der Heiligen Schrift entsprechend sein. Auch das ist ein Grund dafür, die Bibel täglich und konzentriert zu lesen. Sonst hat man keinen Maßstab, an dem man die inneren Stimmen, die einem ganz verschiedene Dinge einreden wollen, überprüfen kann. Wenn eine dieser Stimmen Sie dazu überreden will, etwas zu tun, was mit dem Wort Gottes im Grundsatz übereinstimmt, dann gehorchen Sie, aber wenn das nicht zutrifft, weisen Sie es energisch zurück. Denn ganz sicher sind nicht alle «inneren Führungen», nach denen sich heute viele Leute richten, ausschließlich vom Heiligen Geist. Vergewissern Sie sich erst, ob es bei Ihnen der Fall ist.

Die Probe aufs Exempel

Woher soll ich nun wissen, ob ich vom Heiligen Geist geleitet oder erfüllt bin ? Die Antwort auf diese Frage ist sehr einfach. Untersuchen Sie Ihr gesamtes Verhalten. Jesus hat gesagt: «An ihren Früchten sollt ihr sie erkennen» (Matth. 7, 20). Mit anderen Worten: Das, was Sie tun, zeigt das, was Sie sind. Das wird ganz klar in den beiden Schriftstellen, die uns ermahnen, mit dem Heiligen Geist erfüllt zu werden (s. Eph. 5, 18) und unter der Leitung des Geistes und nicht des Fleisches zu leben (s. Gal. 5, 16). Die Früchte des Geistes und die des Fleisches werden danach ganz konkret aufgeführt. Sehen Sie sich einmal die nachfolgende Aufstellung an und prüfen Sie daran Ihr Verhalten. Daran können Sie schon sehen, welcher Geist Sie bestimmt.

Die Werke des Fleisches
(Gal. 5, 19 - 21)

Sexuelle Sünden
Ehebruch, Unreinigkeit, Unzucht, Geilheit

Religiöse Sünden
Zauberei, Hexerei, Irrlehren, Götzendienst

Gedankliche Sünden
Haß, Neid, Streit, Zorn, Eifersucht, Zwietracht, Irrlehren

Offensichtliche Sünden
Mord, Trunkenheit, Völlerei

Die Werke des Geistes
(Eph. 5, 13 - 6, 9; Gal. 5, 22 + 23)

Liebe
«Ihr Männer, liebet eure Frauen, gleichwie auch Christus geliebt hat die Gemeinde...wie euren eigenen Leib» (Eph. 5, 25 + 28).

Freude
«Spielet dem Herrn in euren Herzen» (Eph. 5, 19). «Saget Dank allezeit für alles» (Eph. 5, 20).

Frieden
«Seid einander untertan...die Frauen seien untertan ihren Männer» (Eph. 5, 21 + 22).

Geduld
Freundlichkeit
Gütigkeit
Glaube (Gal. 5, 22.23)
Sanftmut
Keuschheit

Gehorsam
«Ihr Kinder, seid gehorsam euren Eltern» (Eph. 6, 1). «Ihr Väter, reizet eure Kinder nicht zum Zorn, sondern ziehet sie auf in der Zucht und Vermahnung zum Herrn» (Eph. 6, 4).

Sie werden niemals einen vom Geist geführten Vater finden, der sich nicht um die Erziehung seiner Kinder kümmert, ganz abgesehen von seinem Temperament.

«Ihr Angestellten, seid eurem Chef gehorsam, dienet ihm mit freudigem Herzen, darin tur ihr den Willen Gottes» (Eph. 6, 5).

Vom Geist bestimmte Angestellte setzen sich ganz ein.

«Ihr Chefs, bedroht sie nicht, denn der Herr ist auch über euch» (Eph. 6, 9).

Achtung vor allen Menschen

Diese Übersicht gibt Ihnen schon viele Anhaltspunkte zur Überprüfung aller möglichen Lebenssituationen. Sie können daran regelrecht ablesen, ob Sie vom Heiligen Geist regiert werden oder nicht. Und wenn Sie feststellen, daß das in irgendeinem Bereich nicht der Fall ist, dann kommen Sie immer wieder auf die vier Programmpunkte zur geistlichen Stärkung zurück!

1. Bekennen Sie, daß diese bestimmte Tat oder Verhaltensweise eine Sünde ist.
2. Reden Sie mit Gott über diese Sünde.
3. Binden Sie sich bewußt wieder ganz an Gott.
4. Gehorchen Sie. Bringen Sie Ihre Gedanken, Gefühle und Handlungen in Übereinstimmung mit Gottes Wort und Willen.

Kurz nachdem ich meinen Flugschein gemacht hatte, mußte ich nach Orange County fliegen, weil ich dort einen Vortrag vereinbart hatte. Der Wetterdienst meldete, daß es allgemein bewölkt wäre und daß sich die Wolkendecke mittlerweile bis auf die Höhe von 300 m gesenkt hatte. Das ist für berufsmäßige Routiniers eine ganz sichere Höhe, aber für Anfänger durchaus nicht. Als ich das Landungsmanöver vorbereitet hatte, war ich auch nicht überrascht, als der Mann in der Kontrollstation mich von Nordosten her einwies und mir die Landung in einem Winkel von 170 Grad freigab. Ich wußte, daß die Rollfelder zu meiner jetzigen Flugrichtung in 190 Grad Abweichung lagen, so wich ich nach der Schleife noch einmal 20 Grad vom Kurs ab und behielt die Richtung dann bei. In Höhe von etwa 1000 m flog ich bis jetzt, und von nun an ging ich langsam herunter. Als der Höhenmesser 400 m anzeigte, konnte ich immer noch nichts als Nebel unter mir sehen. Mittlerweile war ich schon so weit geflogen, daß eine Landung nicht mehr möglich war. Ich rief die Kontrollstation und sagte, ich wollte es noch einmal versuchen. Ich ging also wieder hoch bis auf 1000 m und flog die ganze Schleife wieder von vorne. Können Sie sich vorstellen, daß ich das ganze Manöver noch zweimal wiederholte? Schließlich redete ich laut mit mir selbst, während ich fühlte, wie mir der kalte Schweiß vom Kinn in den Schoß tropfte: «Also, LaHaye, jetzt hör mir mal zu: Wenn du diesen Vogel überhaupt auf die Erde bringen willst, dann halt dich jetzt gefälligst an das, was die Kontrollstation sagt! Niemals runtergehen und niemals vom Kurs abweichen, wenn sie dich einmal eingewiesen haben.» Man sagte mir, ich sollte aus einer Höhe von etwa 260 m zur Landung ansetzen, aber ich hatte einfach zuviel Bammel, so tief herunterzugehen.

Beim drittenmal ging ich nun sofort nach der letzten Anweisung zur Landung abwärts und hielt den Kurs von 290 Grad. Als ich unter 400 m kam, wurden mir die Hände feucht, aber ich vertraute jetzt meinen Instrumenten (und dem Herrn!). Ich ging weiter auf 380 m herunter, auf 350 und schließlich auf 300. Da rissen endlich die Wolken auf. In meinem Leben hatte ich mich noch nie so gefreut, die Erde wiederzusehen! Aber ich konnte immer noch kein Anzeichen vom Flughafen erkennen, obwohl ich verzweifelt nach rechts und links Ausschau hielt. Meinen Anzeigen nach konnte er nur noch drei Kilometer entfernt sein. Der Mann im Tower fragte: «Sehen Sie jetzt den Flughafen?» «Nein!» erwiderte ich. «Na, dann fliegen Sie nur mal der Nase nach», meinte er. Und endlich sah ich geradeaus und erkannte den Flughafen genau vor mir, exakt da, wo er sein sollte. Meine Instrumente waren also ganz präzise gewesen.

Es wird auch für Sie Zeiten geben, wo Sie durch den Nebel des Lebens fliegen müssen und nur Gottes Wort und den Geist Gottes bei sich haben, der Sie leiten kann. Aber das ist auch genug. Wenn Sie den nächsten Tag noch gar nicht überblicken können oder noch keine Ahnung haben, wo Sie die nächste Mark herbekommen sollen, dann vertrauen Sie Gott, seinem Wort und dem Heiligen Geist. Er wird Sie nie im Stich lassen, und sein Weg ist im Endeffekt immer der allerbeste.

Sie fragen sich vielleicht manchmal, ob so ein Autor wie ich eigentlich auch all das praktiziert, was er in seinen Büchern schreibt. Gerade diesen Abschnitt schreibe ich in einem Hotel in Caracas, wo das zweite von 50 Familienseminaren für Missionare in Großstädten stattfinden soll, die meine Frau und ich rund um die Welt leiten wollen. Fast zwei Jahre lang haben wir diese Zwei-Tages-Seminare (mit einem eventuellen zusätzlichen Tag, wenn Beratung gewünscht wird) vorbereitet und dafür gebetet. Unsere Gemeinde hat uns dafür ein Jahr lang freigestellt, ein sogenanntes Sabbatjahr, in Anbetracht der 20 Jahre, die wir in dieser Gemeinde gewesen sind. Heute bin ich 5 000 km von zu Hause entfernt und habe dort eine im Aufbau befindliche Gemeinde zurückgelassen, die nach der Zeitschrift «Christliches Leben» an 40. Stelle in den USA steht; außerdem eine in den Anfängen stehende christliche Schule und ein sehr gut besuchtes christliches College, das vor sieben Jahren gegründet wurde; ein Institut zur Erforschung der Schöpfungsvorgänge; ein ganzes christliches Schulsystem für San Diego, das uns in letzter Zeit ganz besonders am Herzen lag; und natürlich auch Familienseminare.

Dieser besondere Dienst, den wir jetzt tun, ist ganz davon abhängig, was wir hier vorbringen und wie wir das tun. Und doch erhalten wir dafür dieses eine Jahr lang keinerlei Einkünfte.

Alle die genannten Werke in San Diego machen sozusagen mein Berufsleben aus, in die ich jahrelang meine ganze Energie gesteckt habe. Jetzt aber habe ich sie für ein Jahr ganz Gott anvertraut, und ich bin sicher, daß wir hier und heute den Willen Gottes tun und daß die Einrichtungen zu Hause unter der fähigen Leitung unserer Mitarbeiter auch ohne uns weiter wachsen und gedeihen werden.

Wir rechnen im Glauben fest damit, daß jeder Zweig unserer Arbeit dort geistlich, zahlenmäßig und finanziell im nächsten Jahr, wenn wir zurückkommen, noch besser dran sein wird.

Natürlich muß auch ich von Zeit zu Zeit die Verheißungen Gottes in seinem Wort wieder neu lesen und mir einprägen, einfach um meinen Glauben, der gerade schlappmachen will, zu stärken.

Ich muß manchmal auch wieder ganz bewußt die Leitung des Heiligen Geistes erbitten und mir neu darüber klar werden, daß er uns bisher so gut geführt hat. Mit anderen Worten: Indem ich mich ganz auf meine Instrumente (das Wort Gottes) verlasse und der Führung durch den Heiligen Geist vertraue (so ähnlich wie den Anweisungen der Kontrollstation), bin ich ganz gewiß, daß ich sicher landen werde.

Sie können etwas ganz Ähnliches erwarten, wenn Sie den Willen haben, nach dieser Empfehlung zu leben.

Nehmen Sie die Kraft des Heiligen Geistes für jede Kleinigkeit in Ihrem Leben in Anspruch, auch um Ihr Temperament zu verändern, daß Sie Ihre Schwächen überwinden und zu Stärken verwandeln können.

Das Temperament und die Geistesgaben

Heute wird viel über Geistesgaben geredet. Manches davon ist klar, manches aber auch verwirrend. Wir können solche Diskussionen nur als Hinweise darauf verstehen, daß viele von Gottes Kindern sich ganz an den Herrn binden und wollen, daß er ihr Leben zum Guten gebraucht. Später einmal will ich auch die Beziehungen zwischen dem Temperament und den geistlichen Gaben untersuchen. Aber auch jetzt schon bin ich davon überzeugt, daß die Auslieferung des ganzen Lebens an Gott mit der Absicht, daß er die Schwächen stärken soll und das Leben zu seinen Zwecken gebraucht, dahin führt, daß dieser Mensch vom Heiligen Geist geleitet wird und seine geistlichen Gaben ganz entfalten kann. Ich glaube, daß Sie alle schon jetzt all die Talente und Gaben besitzen, die Gott für Sie vorgesehen hat. Sie haben diese Gaben schon bei der Empfängnis zusammen mit Ihrem Temperament und Ihrem Intelligenzquotienten ererbt. Sie können durch die frühkindliche Erziehung, Bildung, Erfahrung und Übung und vor allem durch die Anregung des Heiligen Geistes beeinflußt worden sein. Sie werden aber nur dann die Kraft haben, die grundlegenden Begabungen auch voll auszuschöpfen, wenn der Heilige Geist Ihnen dabei hilft, Ihre Schwächen unschädlich zu machen.

Vielleicht fragen Sie jetzt: Wie soll ich mir das mit den Geistesgaben überhaupt vorstellen? Überlegen Sie sich bitte folgendes: Gott hat jedem von uns Gaben gegeben, Talente und bestimmte Charakterzüge, die schon durch unser Temperament festgelegt werden.

«Dies alles aber bewirkt der eine selbe Geist und teilt einem jeglichen das Seine zu, wie er will» (1. Kor. 12,11).

Wie wir schon in dem Kapitel über die zwölf Mischformen der Temperamente gesehen haben, hat jeder Mensch mindestens 20 mögliche Stärken in verschiedenen Intensitätsgraden, je nach Temperament. Dennoch wird keiner von Natur aus alle diese Talente verwirklichen können, weil seine Schwächen ihn daran hindern oder in manchen Fällen sogar seine Möglichkeiten ganz zerstören. Wenn ein Christ vom Heiligen Geist erfüllt ist, der

«zu gemeinsamem Nutzen» (1. Kor. 12,7)

gegeben ist, dann wird er eine ganz neue Kraft kennenlernen, mit der er seine Schwächen überwinden kann. So wird er von Gott dazu befreit, den größtmöglichen Gebrauch von seinen Stärken zu machen, anstatt durch die Schwächen begrenzt zu werden. So wird dieser Mensch vom Heiligen Geist in eine neue Produktivität geleitet. Ich habe nie einen geisterfüllten Christen erlebt, der ohne Rücksicht auf sein naturgegebenes Temperament handeln konnte. Sanguinische Choleriker werden auch als Christen sehr selten Musik komponieren oder Bilder malen, und sanguinische Phlegmatiker werden auch dann noch nicht fröhlich bereit sein, neue Wagnisse auf sich zu nehmen. Aber alle sind von Grund auf für Gott zu gebrauchen, wenn ihre Schwächen durch die Kraft des Heiligen Geistes überwunden worden sind.

Kapitel 8

Der Einfluß des Temperaments auf den männlichen Charakter

Vor einigen Jahren wurde ich gebeten, bei einem Festessen anläßlich einer Preisverleihung dabei zu sein. Ich traf unter anderem dort auch Earl Faison, der 1,95 m groß und 3 Zentner schwer war. Zehn Jahre lang war er einer der gefürchteten Stürmer der «San Diego Chargers». Als ich das Hotel betrat, kam mir Earl gerade entgegen. Ich hatte zwar schon von ihm gehört, ihn aber noch nie persönlich gesehen. In einer etwas leichtsinnigen Laune blieb ich wie angewurzelt in der Tür stehen, stemmte die Hände in die Hüften, sah ihn (er war etwa einen Kopf größer als ich) von unten an und meinte dann: «Wer hat eigentlich gesagt, daß alle Menschen gleich geschaffen sind?!» Einen Augenblick sah er mich ganz finster an, doch dann verstand er, wie ich das meinte, und sein schwarzes Gesicht verzog sich zu einem breiten weichen Lächeln, und er begann herzlich zu lachen. Und ich war in diesem Moment ganz schön erleichtert!

Die Menschen sind verschieden

Jeder, der behauptet, daß alle Menschen gleich geschaffen sind, hat bis jetzt einfach noch nicht gut aufgepaßt. Historisch gesehen bedeutet diese Behauptung natürlich, daß in unserem Land, das sich als frei und gerecht bezeichnet, alle Menschen vor dem Gesetz gleichgestellt sind. Das ist aber etwas anderes, wenn man behauptet, daß ein Mann mit einem Intelligenzquotienten von 168 beispielsweise meinem früheren Hauptmann gleichgestellt ist, der seinen Dienstgrad verlor, weil er bei der Schießübung immer daneben schoß, selbst noch beim vierten Versuch.

Es wäre angebrachter zu behaupten, daß alle Menschen verschieden geschaffen sind, ganz abgesehen davon, was soziale Experimentierer uns heutzutage glauben machen wollen. Zum Glück gibt es eine ständig wachsende Zahl von Sozio-Biologen, die die Ansicht vertreten, daß das Temperament, das Geschlecht, die Intelligenz und die augenblickliche körperliche Verfassung eine wichtige Rolle für das menschliche Verhalten spielen. Gewiß sind auch frühkindliche Erziehung, Bildung und Lebenserfahrung bedeutend, aber das Temperament ist bei weitem das einflußreichste menschliche Charakteristikum. Wenn wir die früher vorgestellten Mischformen der Temperamente und die zehn Merkmale der männlichen Persönlichkeit miteinander verbinden, dann bekommen wir schon wenigstens 120 verschiedene Kombinationen. Und wenn wir die oben erwähnten anderen Variablen noch dazu nehmen, dann können Sie wohl sicher verstehen, wieso es Hunderte von Variationen zum Thema «Mann» gibt. Der Einfachheit halber und um zu zeigen, woher diese Unterschiede rühren, wollen wir hier auf die vier Grundformen der Temperamente zurückkommen und aufzeigen, wie sich die Merkmale der Männlichkeit unter dem Einfluß des Temperaments verschieden darstellen. Der Leser muß dann seine eigene besondere Ausprägung selbst herausfinden.

Die Absicht bei den folgenden Schemata liegt darin, aufzuzeigen, welches der zehn Charakteristika bei dem jeweiligen Temperament vorherrscht. Hierbei wird nun die Erziehung, die das Verhalten eines Menschen erheblich beeinflussen kann, nicht berücksichtigt. Ein Sanguiniker z.B. hat von Natur aus wenig Charakter (im früher beschriebenen Sinne). Wenn seine Eltern das aber erkennen und schon beim kleinen Kind daran arbeiten, dann wird sein Charakter sehr viel größeren Einfluß auf sein Verhalten haben, als wenn die Eltern sich nicht speziell darum kümmern.

Ein weiterer Zug, den ich hier für jedes Temperament als etwa gleich wichtig angesetzt habe, ist das Kernstück der Persönlichkeit, die Ichbezogenheit. Alle Temperamente haben hiermit ihre natürlichen Schwierigkeiten, obwohl jedes diese Probleme wieder anders ausdrückt. Die einzig entscheidenden Einflüsse gegen diesen Egoismus sind die frühkindliche Erziehung und der Antrieb durch den Heiligen Geist.

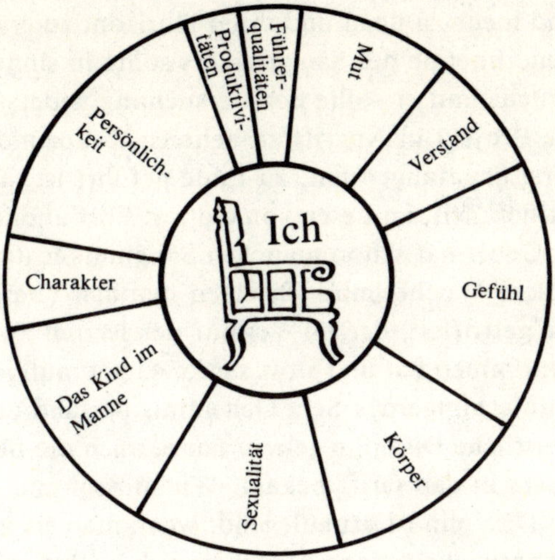

Der sanguinische Mann

Der sanguinische Mann

Die Merkmale der Männlichkeit beim Sanguiniker zeigen, daß seine Persönlichkeit, seine Gefühle, seine körperlichen Attribute und das Kind im Manne den größten Raum einnehmen. Das Verderben manches Sanguinikers ist gerade seine charmante Art, die ihn jedesmal aus einer Krise wieder herausreißt. Wegen ihr verwendet er nicht sehr viel Zeit darauf, Selbstdisziplin zu erlernen und ein moralisches Bewußtsein zu entwickeln. Weil er andern seine augenblickliche Stimmung gut mitteilen kann und auch sehr viel körperliche Ausstrahlung hat, sind Frauen meist von ihm begeistert. Doch auch das kann oft zu Schwierigkeiten führen.

Alle Sanguiniker sollten sich auf die bei ihnen von Natur aus schwachen Gebiete konzentrieren. Sie müssen sich besonders darum kümmern, ordentlicher und im Detail genauer zu werden. Dann können sie bessere Führungsqualitäten entwickeln und ihre strahlende Persönlichkeit auch dazu bringen, im guten Sinne zu wirken. Sie sollten sich bewußt dazu anhalten, mehr zu lesen, ihren Verstand mehr zu üben und ihren Horizont zu erweitern. Die ungebrochene Energie des Sanguinikers sollte in sinnvolle Arbeit gelenkt werden, und er sollte der Versuchung widerstehen, jedes verlockende Projekt in Angriff zu nehmen, bevor nicht das, was er gerade erst angefangen hat, zu Ende geführt ist. Treue in der täglichen Stillen Zeit, im Lesen von Gottes Wort und im Gespräch mit ihm im Gebet hat schon manchen Sanguiniker umgewandelt.

Gerade diese Woche habe ich einen deutlich übergewichtigen Sanguiniker getroffen, der im Verlauf der letzten zwei Jahre 96 Pfund abgenommen hat und stolz sagte: «Jetzt muß ich nur noch 56 Pfund runterhungern!» Sein Geheimnis bestand darin, daß er sobald er geistliche Disziplin gelernt hatte, auch die Beherrschung seines Körpers in den Griff bekam. Wir müssen uns darüber im klaren sein: Disziplin ist grundlegend; wenn man sie in einem Lebensbereich entwickelt, dann breitet sie sich auch auf die anderen aus.

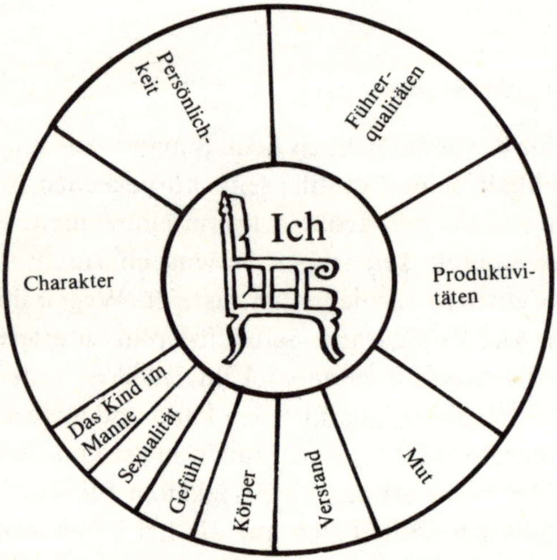

Der cholerische Mann

Der cholerische Mann

Der Choleriker zeichnet sich vor allem durch Charakter, Führungsqualitäten, Produktivität und Mut aus. Wenn seine Eltern ihm schon recht früh moralische Grundsätze und Richtlinien eingepflanzt haben, wird er einen starken Charakter entwickeln, wenn nicht, dann wird sein Charakter ebenso stark, aber auch sehr bösartig werden. Viele der größten Diktatoren und Verbrecher sind Choleriker ohne jede moralischen Prinzipien.

Der Choleriker ist gut beraten, wenn er seine Gefühle, seinen Verstand und das Kind im Manne besonders pflegt. Unsere Skizze ist eigentlich etwas mißverständlich, wenn sie den Gefühlen des Cholerikers einen so großen Platz einräumt. In Wirklichkeit bestehen diese Gefühle fast nur aus Ärger und Wut. Wenn wir die Fähigkeit zur Liebe darstellen würden, dann würde der Gefühlsanteil nur noch hauchdünn sein. Ich habe festgestellt, daß die wichtigste Frage eines christlichen Cholerikers das Wachsen der Liebe sein muß. Das ist eine ganz grundlegende Voraussetzung für ihn und seine Familie. Vor kurzem habe ich bei einem Zeltlager sechs Tage lang mit zehn anderen Menschen am Tisch gesessen. Der Choleriker war natürlich bald der wichtigste Mann in der Runde und bestimmt der aktivste Mensch im ganzen Lager. Obwohl er viel vom geisterfüllten Leben redete, konnte ich fast nichts von Liebe in seinem Verhalten entdecken. Er hatte sich sicher in bezug auf seine beruflichen Möglichkeiten vom Heiligen Geist führen lassen, sonst wäre er nicht dagewesen, aber ich konnte nicht eine einzige freundliche oder gütige Geste an ihm beobachten, besonders im Verhältnis zu seinen Kindern und zu seiner Frau. Bei Tisch befahl er, daß man ihm eine Schüssel reiche, und es fiel ihm gar nicht ein, «bitte» zu sagen. Er zeigte auch keinerlei persönliches Interesse an irgend jemand, der mit ihm am gleichen Tisch saß. Offenbar hatte er die besten Absichten, aber er hatte sich nur darauf konzentriert, für das Reich Gottes fleißig zu arbeiten, und das war ein Irrtum. Sein Ziel war eben nicht, sich zuallererst um die wichtigste Frucht des Geistes zu kümmern, nämlich um die Liebe. Wie die meisten fähigen Choleriker wird er noch einen langen Weg zu gehen haben.

Außer der Liebe braucht der Choleriker auch die Entspannung

im Geist. Er sollte versuchen, sich selbst und das Leben nicht so tierisch ernst zu nehmen. Er muß das Kind in ihm, das so gern Spaß macht, regelrecht füttern, damit es kräftiger wird. Sonst stirbt es nämlich fast an Unterernährung und mangelndem Einsatz.

Die vielen anderen Nöte, mit denen ein Choleriker zu kämpfen hat, sind vorher schon genauer beschrieben worden, aber auf eins möchte ich noch besonders hinweisen, auf die Enwicklung und Übung seines Verstandes. Obwohl der Choleriker ein Aktivist ist, liest er normalerweise sehr wenig. Er beschäftigt sich lieber mit praktischen Dingen, und dadurch wird er leicht stereotyp in seinem Denken und Handeln, wenn er seinen Horizont nicht durch Lesen erweitert. Das gilt auch besonders für den geistlichen Bereich. Er wird niemals ein vom Geist geführter, starker Mann werden können, wenn er sich nicht angewöhnt, regelmäßig im Wort Gottes zu lesen.

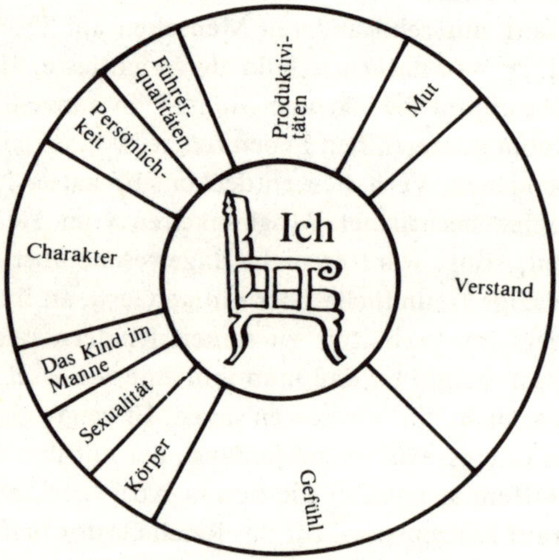

Der melancholische Mann

Der Melancholiker ist, wie die Skizze deutlich macht, vor allem bestimmt von seinem Verstand, von den Gefühlen, der Produktivität und dem Charakter. Seine verstandesmäßigen Gaben treten meist schon sehr früh hervor, und seine beruflichen Möglichkeiten sind fast unbegrenzt, wenn seine ausgeprägte emotionale Natur nicht verzerrt wird und er sich nicht schon früh angewöhnt, nachtragend zu sein, Selbstmitleid, Negativismus, Pessimismus, Kritik und selbstzerfleischende Gedanken in sich zu hegen. Wenn er schon als kleines Kind von seinen Eltern dazu angehalten wird, die Kunst des dankbaren Lebens zu erlernen, dann kann dieser Mann ein sehr lebhafter und faszinierender Mensch werden. Niemand sonst ist gefühlsmäßig so empfänglich für sein eigenes Denken wie er. Deshalb muß er unbedingt eine positive, vom Dank bestimmte Grundhaltung aufrechterhalten. Wenn er das fertigbringt, dann ist seine Kreativität beständig und nicht nur das gelegentliche Ergebnis einer besonders guten Laune, so wie es normalerweise bei den großen Komponisten, Künstlern und anderen der Fall ist.

Obwohl der Melancholiker im allgemeinen nicht besonders für leitende Positionen begabt ist, kann er solche Führungsaufgaben erlernen, wenn sein Selbstvertrauen wächst. Er kann eine tatkräftige Führernatur werden, obwohl er von sich aus solche Verantwortungen gern umgeht und lieber für sich arbeitet. Er vernachlässigt seine äußere Erscheinung oft und achtet auch nicht besonders auf seine körperliche Verfassung, aber er wird gefühlsmäßig und geistig eine Bereicherung erfahren, so wie jeder andere auch, wenn er diesen Bereichen mehr Aufmerksamkeit schenkt. In unserer Zeit, in der auf körperliche Fitness wieder Wert gelegt wird, hat mancher Melancholiker eine positive Verstärkung seiner Männlichkeit erlebt, wenn er regelmäßig Sport treibt. Das erhöht auch seine Muskelspannung und bessert sein Allgemeinbefinden, und es ist besonders notwendig, um die Lethargie zu vertreiben, die in unserer seßhaften Lebensweise unweigerlich aufkommt.

Die Persönlichkeit des Melancholikers ist oft noch unterentwickelter, als unsere Skizze das darstellt. Das hängt von der frühkindlichen Erziehung und von den weiteren Lebenserfahrungen ab. Solche Menschen sollten ihren Charakter, ihre geistigen Gaben und ihre inneren Antriebe immer darauf verwenden, anderen Menschen zu helfen. Sie sollten daran arbeiten, mehr aus sich herauszugehen, persönlicher zu werden und echtes Interesse an anderen zu zeigen.

Ich habe einmal etwas Bezeichnendes mit einem Melancholiker erlebt. Er kam zu mir, weil er tief betrübt darüber war, daß er so in sich gekehrt und kontaktscheu war. Außer den geistlichen Ratschlägen, die ich ihm hierzu gab, machte ich ihm auch Mut, seine Angst bei irgendwelchen gesellschaftlichen Ereignissen zu überwinden. Meistens wußte er einfach nicht, was er mit anderen reden sollte. Ich riet ihm, sich zunächst den Namen desjenigen zu merken, dem er gerade vorgestellt worden war, und sich dann ganz auf ihn zu konzentrieren. Gemeinsam entwickelten wir eine Strategie von fünf Fragen, die er seinem Gegenüber stellen sollte, wobei auch jedesmal der Name genannt werden sollte:

1. Wohnen Sie hier, Herr Müller?
2. Was machen Sie beruflich, Herr Müller?
3. Sind Sie neu in dieser Gruppe, Herr Müller?
4. Sind Sie verheiratet, Herr Müller?
5. Haben Sie Kinder, Herr Müller?

Ich arbeite sehr gern mit Melancholikern zusammen, denn wenn sie einmal davon überzeugt sind, daß mein Rat für sie eine Hilfe bedeuten kann, dann arbeiten sie sehr willig mit. Etwa einen Monat später kam dieser Mann zurück und war selbst begeistert von seinen Fortschritten. Einladungen und öffentliche Veranstaltungen schienen ihm jetzt interessant und aufregend, denn plötzlich war er dabei ein beliebter Gesprächspartner. Er zeigte Interesse an den anderen. Sie können fast jedem Menschen ein paar Fragen über sein persönliches Leben stellen, und schon wird er gern anfangen zu reden. Denn wir müssen uns darüber klar sein: Jeder ist an sich selbst interessiert. Ich mußte lachen, als dieser Melancholiker sagte:

«Obwohl ich doch alle fünf Fragen im Kopf hatte, habe ich niemals mehr als drei stellen können. Denn wenn es soweit war, waren wir bereits tief in eine Unterhaltung verwickelt.» Das hätte ich fast voraussagen können, aber ich wußte, daß ein echter Melancholiker mindestens fünf Waffen in der Hinterhand haben muß, um sich auf das Kampffeld der Konversation zu wagen.

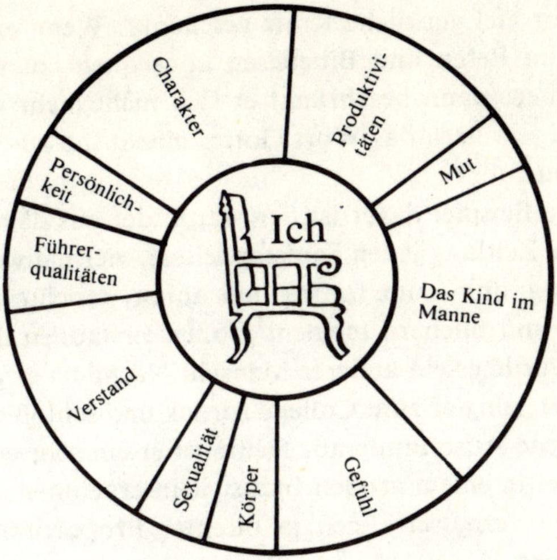

Der phlegmatische Mann

Der phlegmatische Mann

Der Phlegmatiker hat seine Stärke auf vier Gebieten der männlichen Persönlichkeit: Er hat einen starken Charakter, einen ausgeprägten Verstand, einen gesunden Humor, der auf das Kind im Manne zurückzuführen ist, und eine zuverlässige emotionale Kontrolle. Zusätzlich kann er auch gute Führungsqualitäten haben, wenn ihm diese Rolle angetragen wird oder wenn er geistlich dazu motiviert ist. Er kann auch sehr produktiv sein, wenn seine Arbeit es verlangt. Wie wir schon gesehen haben, leistet er selten mehr, als von ihm erwartet wird. Er meldet sich nie freiwillig für irgend etwas (das macht allerdings seine Frau manchmal für ihn).

Obwohl der Phlegmatiker ein sehr stabiles Gefühlsleben hat, ist es möglich, daß sich seine Emotionen besonders auf negative Bereiche verlagern, auf Angst, Sorgen, Furcht, und daß dadurch seine Liebe zu anderen Menschen leidet. Er muß sein Leben lang dieses Ungleichgewicht bekämpfen, sonst wird er seine Produktivität ernsthaft einschränken. Natürlich bekommt der christliche Phlegmatiker sehr viel geistliche Kraft geschenkt. Wenn er einmal gelernt hat, im Beten und Bibellesen konsequent zu sein und im Geist zu leben, dann beschränkt er sich nicht mehr selbst durch seine Angst, sondern das Wort Gottes macht ihn zu einem Mann des Glaubens.

Das beste Beispiel dafür ist ein Mann, der aus dem Bibelkurs, den ich eine Zeitlang jeden Samstag leitete, viermal wegblieb. Als ich das Programm zum fünftenmal anbot, tauchte er plötzlich wieder auf und blieb zu meinem großen Erstaunen dabei. Nach und nach wurde er ein anderer Mensch. Nachdem er geistlich gewachsen war, ging er zum College zurück und schloß seine früher unterbrochene Ausbildung ab. Heute ist er ein sehr erfolgreicher Personalchef in einem großen Industrieunternehmen. Sein berufliches Leben verbesserte sich in direkter Proportion zu seinem Glaubensleben.

Von allen Temperamenten ist der Phlegmatiker der Gefährdetste, von seiner Persönlichkeit her gleich Null zu werden. Ein guter Freund von mir ist dafür ein extremes Beispiel. Er übernimmt durchaus Aufgaben in unserer Gemeinde, wenn er darum gebeten wird, aber er trägt bei Sitzungen und Besprechungen praktisch nichts zum Gespräch bei. Bei einem sehr wichtigen Treffen, das wir neulich hatten und das über eine Stunde dauerte, bestand sein Beitrag aus ganzen vier Worten: «Guten Abend!» und «Gute Nacht!» Allerdings muß hinzugefügt werden, daß er auch einmal die Hand hob, als es um die entscheidende Abstimmung ging. Ein solcher Mensch wird niemals soweit kommen, daß er ein brillanter Redner wird, aber er kann sich doch bemühen, mehr aus sich herauszugehen. Er hat meistens sehr praktische Vorschläge zu machen, neigt aber dazu, sie lieber für sich zu behalten. Ich habe auch festgestellt, daß ein Phlegmatiker oft das Kind in sich, das jede Art von Spaß so liebt, verkümmern läßt, solange er sich nicht bemüht, etwas extravertierter zu werden. Und das ist ein echter Verlust für seine Umwelt und auch für ihn selbst.

Ein Phlegmatiker sollte sich auch ganz besonders auf seine körperliche Verfassung konzentrieren. Seine Neigung dazu, am liebsten in Ruhe gelassen zu werden, führt meist dazu, daß er der Letzte ist, der sich im Sport oder anderer körperlicher Ertüchtigung versucht, aber leider ist er vielleicht derjenige, der das am nötigsten hätte. Das entwickelt sein Atmungssystem, verlängert die Lebensdauer seines Herzens um Jahre und gibt ihm mehr Energie und mehr Selbstvertrauen. Und davon braucht er eine gehörige Portion. Er ist ein sehr umgänglicher Mensch, aber er braucht immer Anregung von außen, und Gott stellt ihm die beste Anregung zur Verfügung, wenn er ihm die Leitung durch seinen Heiligen Geist schenkt.

Ein Wort an die Ehefrauen

Verallgemeinerungen sind immer gefährlich, besonders wenn man Männer beurteilen will. Jeder Mann ist anders und muß anders genommen werden. Viele Frauen sind enttäuscht darüber, daß ihr Mann so ganz anders ist als ihr Vater. Ich mußte über eine Dame fast lachen, die einen Leserbrief verfaßt hatte. Offenbar war ihr Vater ein geborener Bastler und Handwerker gewesen, und als Kind war es immer ihre Beschäftigung gewesen, ihm die Werkzeuge zu reichen. Natürlich hatte sie dadurch auch sehr viel mechanisches Verständnis entwickelt und war sehr geschickt geworden. Leider aber war ihr Ehemann genau das Gegenteil davon. Er hatte sozusagen zwei linke Hände, konnte einen Steckschlüssel nicht von einem Schraubenschlüssel unterscheiden und hatte auch nicht die geringste Lust, das zu lernen. Er latschte auch lieber zehn Kilometer zur nächsten Tankstelle, als daß er versuchte, den Reifen zu wechseln. Als sie im achten Monat schwanger war und abends total erschöpft ins Bett gefallen war, wurde sie zwei Stunden später von einem großen Getöse im Badezimmer geweckt. Ihr Mann hatte einen Wasserhahn abgebrochen, und das Wasser spritzte nur so in alle Richtungen. Sie zog sich etwas an, holte einen Schraubenschlüssel aus der Garage und stellte erst einmal den Haupthahn ab. Er hatte keine Ahnung, wo sich dieser Hahn befand. Sie beklagte sich in dem Leserbrief, daß sie ihren Mann zwar liebte und daß er auch gut für sie sorgte, aber daß sie einfach nicht ertragen könnte, daß er in praktischen Dingen so völlig unwissend wäre. Die Antwort darauf war sehr weise. Es hieß darin, daß sie ihren Mann nun einmal annehmen müßte, wie er wäre, daß sie ihn lieben und ihm dankbar sein sollte und im übrigen für anfallende Reparaturen einen Handwerker bestellen müßte.

Eine unüberlegte Frau ärgert sich vielleicht auch manchmal über die so wenig derben und männlichen Umgangsformen ihres Mannes, dessen Beruf z.B. keine körperliche Arbeit verlangt. Aber der Dachdecker oder der Maurer, den sie vielleicht insgeheim bewundert, wird unter Umständen nicht so zärtlich und liebevoll mit seiner Frau umgehen wie ihr Mann das mit ihr tut. Ich habe oft Männer mit sehr rauhen, «männlichen» Umgangsformen kennengelernt, die brutal und den Bedürfnissen ihrer Frau gegenüber völlig abgestumpft waren. Sie waren alles andere als gute Ehemänner. Der zweitegoistischste Mann, den ich jemals beraten habe, war ein Profi-Fußballspieler. Nach seiner äußeren Erscheinung konnte man wahrhaftig nicht sagen, daß er nicht sehr männlich auftrat, aber in Wahrheit verstand er überhaupt nichts von Männlichkeit. Der Mann, der sich Tag für Tag in seinem Beruf quält, den er im Grunde haßt, damit er seine Familie ernähren kann, hat vielleicht keinen besonders kräftigen Körperbau und auch sonst keine Kennzeichen eines Supermannes, aber er ist in Wirklichkeit ein besserer Mann als der schwerfällige Holzfällertyp, der seine Familie im Stich läßt, um seine egoistischen Bedürfnisse zu befriedigen. Es ist immer falsch, einen Menschen nur nach einem Lebensbereich zu beurteilen. Und es ist noch falscher, einen Mann mit dem anderen zu vergleichen. Da Gott Ihnen Ihren Mann gegeben hat, ist es auch sein Wille, daß Sie ihn lieben und ihn bewundern. Sie werden beide glücklicher sein, wenn Sie ihn annehmen können, so wie er ist, und Gott vertrauen, daß er ihn in macher Hinsicht ändert, so wie er es für nötig hält. Einer Dame, die einmal zu mir in die Beratung kam, habe ich sehr deutlich gesagt: «Sagen Sie bitte nie mehr: 'Ich hätte gern, daß mein Mann so und so wäre!' Sondern fangen Sie an, die Sache so zu sehen: 'Ich danke Gott, daß mein Mann so und so ist!'» Sie sind der einzige Mensch auf der ganzen Welt, der Ihrem Mann dazu verhelfen kann, daß er sich als Mann wohlfühlt. Arbeiten Sie daran, und Sie werden im Endeffekt beide dadurch bereichert werden.

Bereitschaft zur Veränderung

Nach dem, was die Soziologen sagen, wehrt sich jeder Mensch zunächst gegen Veränderungen. Das gilt besonders dann, wenn jemand anders willkürlich versucht, uns eine Änderung aufzuzwingen. Jede Änderung in unserem Temperament oder in unserer Männlichkeit muß daher von innen kommen. In den vier Skizzen, die in diesem Kapitel besprochen wurden, haben Sie sicher bemerkt, daß im Zentrum immer das Ich auf dem Thron saß. Ich habe versucht, Ihnen hier nur das Rohmaterial des Temperaments und der Männlichkeit vorzustellen, wie es sich in jedem der vier Grundtemperamente zeigt. Ich nehme nun an, daß Sie noch wissen, was im 3. Kapitel behandelt wurde: Wenn dieser zentrale Thron einmal an Jesus Christus ausgeliefert worden ist, so wird damit eine ungeheure Kraft im Leben dieses Menschen freigesetzt. Es ist tatsächlich so, daß der neue Mensch, den Jesus Christus durch sein Heil entstehen läßt, die einzige Macht ist, die ich kenne, die das Temperament so verändern kann und ein selbstloses Leben möglich macht, wie es jeder Mensch eigentlich braucht. Die Bibel sagt uns, daß die, die das Evangelium von Jesus Christus annehmen, damit eine Gotteskraft empfangen haben.

Kapitel 9

Das ganz andere Temperament Ihres Ehepartners

Das Verständnis seiner selbst ist nur ein Vorteil, den man aus der Kenntnis von den vier Grundtemperamenten ziehen kann. Zusätzlich hilft das dazu, auch andere Menschen zu verstehen, besonders die, die einem am nächsten stehen. Manch ein Grund für dauernden Ehestreit wird plötzlich in eine demilitarisierte Zone verwandelt, wenn zwei Menschen das Temperament ihres Partners kennen und verstehen lernen. Wenn Sie einmal wissen, daß das Verhalten eines Menschen zum großen Teil von seinem Temperament herrührt, und keinesfalls eine Taktik ist, die er entwickelt hat, speziell um Sie zu ärgern oder zu beleidigen, dann ist sein Verhalten plötzlich nicht mehr bedrohlich oder empörend.

«Wir passen überhaupt nicht zueinander; deswegen wollen wir uns scheiden lassen.» So beklagte sich ein Ehepaar eines Abends bei mir. Ich fragte:

«Wie kommen Sie denn darauf?» Sie gaben zur Antwort: «Wir sind bei einer christlichen Beratungsstelle gewesen. Dort haben wir einen ganzen Stapel mit psychologischen Tests bekommen, und der Berater kam dann eben zu diesem Ergebnis.» Ich erwiderte spontan: «Na, das ist wohl der schlimmste Rat, den ein Christ überhaupt geben kann! Scheidung ist in Ihrer Situation völlig unbiblisch, und das kann Ihre Schwierigkeiten nur noch vergrößern.»

Der Mann stöhnte: «Meinen Sie denn, Gott will wirklich, daß wir diesen unseligen Zustand unser ganzes Leben lang ertragen sollen?!» «Nein», entgegnete ich, «es gibt einen viel besseren Weg. Gott kann Ihnen die Gnade geben, sich gegenseitig auf Ihr Temperament einzustellen und es zu akzeptieren.»

Da sie von der Theorie der vier Temperamente kaum etwas wußten, erklärte ich ihnen das Wichtigste anhand einiger Skizzen, und bald schon konnten sie daraus erkennen, daß sie völlig gegensätzliche Temperamente hatten. Ich versprach, sie weiter zu beraten, und sie annulierten daraufhin den Termin beim Rechtsanwalt, den sie für zwei Tage später schon ausgemacht hatten, und nahmen sich vor, vorläufig nicht mehr von Scheidung zu sprechen. Das war vor über zehn Jahren. Wenn Sie das Ehepaar heute erleben würden, dann würden Sie nicht im Traum daran denken, daß diese zwei einmal ernstlich erwogen hätten, sich scheiden zu lassen. In diesem Kapitel will ich die Grundsätze darlegen, die ich damals auch diesem Ehepaar erklärt habe. Ich bin davon überzeugt, daß jedes Ehepaar mit Gottes Hilfe die beiden betreffenden Temperamente verstehen und annehmen kann und daß sich beide so gut wie nur irgend möglich darauf einstellen können, wenn sie nur wollen.

Warum sich Gegensätze immer anziehen

Was könnte wohl unterschiedlicher sein als männlich und weiblich? Und doch ziehen sich diese beiden Pole schon jahrtausendelang immer wieder an. Die Zukunft der gesamten Menschheit hängt ja von dieser Anziehung ab. Leider sehen die Menschen aber oft nicht ein, daß ihre sichtbaren körperlichen Unterschiede nur ein Hinweis darauf sind, daß sie noch viele andere Unterschiede in ihrer Natur haben. Die bedeutendsten sind dabei die Unterschiede im Temperament. Ein negativer Pol wird nie von einem anderen negativen angezogen, und auch positive stoßen sich gegenseitig ab. Das gilt für die Elektrizität, für die Chemie, und besonders für die Temperamente. Statt dessen wird der negative Pol vom positiven angezogen und umgekehrt. Das kann man immer wieder von neuem feststellen. Haben Sie sich schon einmal gefragt, was Sie eigentlich an anderen Menschen besonders anzieht?

Meistens ist es die unbewußte Einsicht, daß diese Menschen ganz besondere Stärken haben, Stärken, die Ihre eigenen Schwächen überwinden könnten. Ob bewußt oder nicht, wir wünschen uns alle, daß wir unsere ganz spezifischen Schwächen auslöschen könnten, und wir beneiden andere Menschen glühend um ihre Stärken. Wenn wir oft genug mit dem Menschen zusammen sind, den wir so bewundern, dann sind zwei Erfahrungen möglich: Entweder wir entdecken nach und nach auch Schwächen an ihm, die unseren sehr ähnlich sind, und fühlen uns dann davon abgestoßen; oder aber wir entdecken nur noch andere Stärken, die wir auch nicht haben. Dann schlägt die Bewunderung meist in Liebe um. Wenn dann auch noch andere günstige Faktoren hinzukommen, ist es nicht ungewöhnlich, daß diese zwei Menschen sich heiraten.

Gleiche Temperamente finden sehr selten zueinander. Ein Sanguiniker z.B. würde kaum einen anderen Sanguiniker heiraten, denn beide sind von Natur aus so extravertiert, daß sie sich dauernd um den Platz auf der «Lebensbühne» streiten würden, und keiner könnte dann das Publikum spielen. Sanguiniker brauchen aber ein Publikum, das sie anregt. Choleriker stellen so harte Forderungen an andere Menschen, daß sie sich nicht nur nicht heiraten würden, sondern wahrscheinlich auch gar nicht miteinander auskommen würden. Vielmehr würden sie einen ganzen Abend verbringen, sich über irgend eine Sache zu streiten und würden miteinander um die Kontrolle und Autorität in ihrer Beziehung ringen. Zwei Melancholiker könnten sich eventuell heiraten, aber es ist doch sehr unwahrscheinlich. Ihre Neigung zur Analyse würde rasch dazu führen, daß sie die negativen Seiten des Partners entdecken, und so würde bald keiner mehr großen Wert auf den anderen legen. Zwei Phlegmatiker werden sich auch kaum heiraten, denn eher sterben sie an Altersschwäche, bevor einer von ihnen genug Energie entwickelt, um dem anderen einen Heiratsantrag zu machen. Sie sind außerdem so darauf bedacht, ihre Gefühle für sich zu behalten, daß sie dreißig Jahre lang miteinander befreundet sein könnten, bis sie sich einmal dazu überwinden könnten zu sagen: «Ich liebe dich!» Ein phlegmatischer Mann, der mit einer unglaublich geduldigen Frau befreundet war, hielt eine solche Beziehung vier Jahre lang durch. Schließlich aber war auch ihre Geduld zu Ende, und sie fragte: «Hast du eigentlich noch nie darüber nachgedacht, daß wir auch heiraten könnten?!» Er antwortete: «Doch, so ein- oder zweimal.» Sie entgegnete: «Ja, und willst du?» Seine Antwort war: «Wenn du willst.»

Jahre später gab er zu, daß er sie eigentlich schon zwei Jahre lang hatte heiraten wollen, aber einfach nicht den Mut aufgebracht hätte, sie darum zu bitten. Können Sie sich vorstellen, wie lange die beiden wohl gewartet hätten, wenn sie auch eine Phlegmatikerin gewesen wäre?

In unserer Kultur, in der sich die jungen Leute selbst ihren Ehepartner aussuchen können, werden Sie immer wieder feststellen können, daß sich normalerweise gegensätzliche Temperamente anziehen. Für eines meiner früheren Bücher habe ich einmal einen Test durchgeführt, an dem einige hundert Ehepaare teilnahmen, die schon einiges von der Lehre der vier Temperamente wußten. Ihre ausführlichen Angaben wurden später von einem Computer ausgewertet. Weniger als 4 % gaben an, daß sie dasselbe Temperament hätten wie ihr Partner. Ich habe grundsätzlich festgestellt, daß Sanguiniker meist von Melancholikern angezogen werden und Choleriker von Phlegmatikern, aber das muß nicht so sein.

Sanguiniker, die leicht unordentlich und undiszipliniert sein können, bewundern oft die sorgfältigen, konsequenten und im Detail noch genauen Melancholiker. Diese dagegen fühlen sich von den lebhaften, ungehemmten Menschen angezogen, die gerade das haben, was dem zurückgezogenen, manchmal engen, introvertierten Menschen fehlt. Ein energischer Choleriker bewundert oft den friedlichen und gleichmütigen Phlegmatiker, der seinerseits das Dynamische im Choleriker liebt. Aber in solchen Beziehungen kommen spätestens nach den Flitterwochen die ersten Probleme an die Oberfläche. Der Saguiniker ist eben nicht nur warmherzig, freundlich und ohne falsche Hemmungen, sondern auch vergeßlich, unordentlich und unzuverlässig. Und außerdem wird er richtig wütend, wenn seine Eheliebste, eine Melancholikerin, ihn freundlich bittet, doch endlich seine Kleider aufzuräumen, seine Werkzeuge wegzulegen oder pünktlich nach Hause zu kommen. Andererseits entwickelt sich die vorher so bewunderte dynamische Persönlichkeit des Cholerikers zu einem Menschen, der dauernd ärgerlich ist, Grausamkeit und Sarkasmus äußert und machmal richtig starrköpfig ist. Die Freundlichkeit und die wohlorganisierte Lebensweise des Melancholikers werden zur Pedanterie, und es scheint auf einmal unmöglich, ihn überhaupt zufriedenzustellen. Die gleichmütigen, friedlichen und freundlichen Umgangsformen des Phlegmatikers erscheinen plötzlich als Trägheit, Antriebslosigkeit und Starrsinn.

Was wir hier Anpassung in der Ehe nennen, bedeutet, sich auf die Schwächen des jeweiligen Partners einzustellen und gleichzeitig die eigenen Schwächen zu bekämpfen. Vielleicht tröstet es Sie zu hören, daß, ganz gleich, wen Sie heiraten oder welches Temperament Sie aussuchen, Sie diesen Anpassungsprozeß bis zu einem gewissen Grad immer durchmachen müssen. Und noch mehr Mut können Sie aus dem Wissen schöpfen, daß Gott uns durch seinen Heiligen Geist reiche Kraftreserven gegeben hat, um eine solche Anpassung auch fertigzubringen.

Acht Ratschläge für die Einstellung auf das Temperament Ihres Partners

Obwohl die folgenden acht Punkte ursprünglich für Ehepaare entwickelt worden sind, werden sie mit einigen kleinen Änderungen auch für Zimmergenossen, Geschwister, Arbeitskollegen oder jede andere menschliche Beziehung nützlich sein können.

1. Geben Sie vor sich selbst zu, daß Sie nicht vollkommen sind.

Es genügt nicht, wenn Sie einfach nur so dahinsagen: «Na ja, ich bin ja auch nicht vollkommen.» Sie müssen das ehrlich vor sich selbst einsehen. Wenn Sie einmal genz realistisch erkannt haben, daß Sie auch alle Ihre Schwächen mit in die Beziehung einbringen, mit denen Ihr Partner leben muß, dann wird es Ihnen leichter fallen, auch ihm diese Unvollkommenheit zuzugestehen.

2. Akzeptieren Sie die Tatsache, daß Ihr Partner Schwächen hat.

Wir haben während unserer Untersuchung des Temperaments schon öfter gesehen, daß alle Menschen sowohl Stärken als auch Schwächen haben. Das wird sich auch bis zur Auferstehung der Toten nicht ändern, wenn wir einmal durch Jesus Christus vollkommen gemacht werden. Je früher Sie einsehen, daß jeder, den Sie heiraten können, Schwächen haben wird, auf die Sie sich einstellen müssen, desto eher können Sie mit diesem Anpassungsprozeß beginnen. Wehren Sie sich gegen alle Phantasien und Gedanken, die etwa so anfangen: «Ach, wenn ich doch bloß den und den (die und die) geheiratet hätte ...» Das sind ganz müßige Überlegungen. Warum wollen Sie nicht statt dessen die Schwächen Ihres Partners akzeptieren?

Nach einem Seminar über diese Fragen sagte einmal einer der Teilnehmer aus Scherz: «Ich dachte ja zuerst, ich hätte einen

Engel geheiratet, aber bald nach den Flitterwochen hat sich dann herausgestellt, daß sie doch kein Engel war!» Ein humorbegabter Phlegmatiker stand daneben und entgegnete: «Ach, wissen Sie, ich kann Ihnen drei Gründe nennen, warum Sie eigentlich ganz froh sein sollten, daß Sie nun mal keinen Engel geheiratet haben: Erstens haben die nie etwas Neues anzuziehen, zweitens schweben sie immer irgendwo in den Wolken und verbreiten Harfenklänge, und drittens sind sie geschlechtslos.» Schon der dritte Grund sollte genügen, daß die Männer auch die Schwächen ihrer Frauen anzunehmen lernen!

3. Konzentrieren Sie sich auf die Stärken Ihres Partners und freuen Sie sich darüber.

Ihr Partner hat Stärken, darüber gibt es gar keine Zweifel. Das ist ja schließlich das, was Sie zuerst so anziehend fanden, als Sie ihn kennenlernten. Ihr Problem hat also jetzt zwei Seiten:

a) Sie sind enttäuscht, weil Sie bei Ihrem Partner Schwächen entdeckt haben, von denen Sie vorher nichts wußten.

b) Sie konzentrieren sich nun in unangemessener Weise nur noch auf diese Schwächen.

Wenn Menschen zu mir in die Beratung kommen, dann beklagen sie sich gewöhnlich über alle möglichen Dinge, die ihnen bei ihrem Ehepartner nicht gefallen. Ich höre meistens erst gar nicht darauf, sondern frage gleich: «Gibt es denn auch irgend etwas an Ihrem Mann (Ihrer Frau), was Sie gern mögen?» Nach kurzem Erstaunen sagen die Leute dann fast immer «ja», und sie nennen mir einige Dinge. Ich schreibe diese guten Eigenschaften auf eine Karte, bis wir etwa acht oder zehn zusammen haben, und dann lese ich mit diesem Menschen die Bibelstelle 1. Thess. 5,18:

«Seid dankbar in allen Dingen; denn das ist der Wille Gottes in Jesus Christus an euch.»

Die Aufgabe für die folgende Woche lautet dann, daß er oder sie jeden Morgen und jeden Abend diese Liste Punkt für Punkt durchgehen und Gott dafür danken soll. So wird Gottes ausdrücklicher Wille für dieses Leben erfüllt. Das wird die Haltung dieses Menschen in erstaunlicher Weise verändern. Es ermöglicht nicht nur, daß man sich die Stärken des Partners vor Augen hält, anstatt sich auf die Schwächen zu konzentrieren, sondern hilft auch, für den anderen dankbar zu werden. Ein Mann, dem ich diesen Ratschlag auch gab, weil er sich bei mir beklagt hatte, er könnte keine Liebe mehr zu seiner Frau empfinden, berichtete mir drei Wochen später, daß er wieder richtig verliebt in sie wäre. Ich fragte ihn: «Sind Sie auch immer wieder die Liste mit den Eigenschaften, für die Sie dankbar sein wollten, durchgegangen?» Darauf sagte er: «Ach, die hatte ich schon am dritten Tag auswendig gelernt, aber dann habe ich noch fünfzehn andere Eigenschaften gefunden, die ich auch sehr gern an ihr mag!» Nun zeigen Sie mir mal einen Mann, der Gott zweimal täglich für 25 Eigenschaften seiner Frau dankt. Das muß ein Mann sein, der seine Frau von Herzen liebt. (Zehn Eigenschaften bringen das meist auch schon fertig.)

Jeder Mensch hat das Verlangen danach, glücklich zu sein. Von diesem Grundsatz habe ich bis jetzt noch keine Ausnahme kennengelernt. Aber solange er nicht den Hahn der Dankbarkeit aufdreht, wird er im Tiefsten unglücklich bleiben. Es gibt keinen glücklichen Nörgler oder jemand, der seinen Ehepartner liebt und sich gleichzeitig die ganze Zeit über ihn beklagt. Dankbarkeit ist der Schlüssel zur Annahme, zur Liebe und zum Glück.

4. Beten Sie darum, daß die Schwächen Ihres Partners überwunden werden.

Gott ist der einzige, der Temperamente verändern kann. Durch seinen Heiligen Geist und durch sein Wort kann er die Kraft vermitteln, die Ihr Partner braucht, um mit den Schwächen, die temperamentsbedingt sind, fertigzuwerden. Das wird aber nie geschehen, wenn Sie ihm dauernd deswegen in den Ohren liegen. Wenn diese Schwäche ein konstantes Verhalten hervorruft, z.B. Unpünktlichkeit, Nachlässigkeit in der Kleidung, Rechthaberei, Negativismus oder etwas ähnliches, dann kann es richtig sein, einmal mit dem Partner darüber zu sprechen. Danach aber müssen Sie diese Sache Gott überlassen. Wenn Sie die Rolle des Heiligen Geistes im Gewissen Ihres Mannes oder Ihrer Frau übernehmen wollen, dann wird er oder sie sich niemals ändern. Wenn Sie aber darüber schweigen und Ihren Partner so lieben,wie er ist, dann kann der Heilige Geist ihn auch erreichen.

5. Entschuldigen Sie sich, wenn Sie etwas falsch gemacht haben.

Jeder von uns macht Fehler. Zum Glück müssen Sie nicht vollkommen sein, um ein guter Mensch oder ein guter Ehepartner zu werden. Erinnern Sie sich noch, wie wir zu Beginn dieses Buches eine reife Persönlichkeit definiert haben? Es ist jemand, der seine Stärken und Schwächen kennt und ein Programm entwickelt hat, nach dem er seine Schwächen nach und nach überwindet. Das beinhaltet doch, daß Sie immer Fehler machen werden. Wir müssen also fragen: Sind Sie reif genug, um die Verantwortung für alles zu übernehmen, was Sie getan haben? Wenn Sie im Ärger Ihren Partner mit Worten oder Taten verletzt haben, dann ist es unbedingt notwendig, daß Sie sich entschuldigen. Gott hat uns in seiner Gnade ein großes Beispiel dafür gegeben und auch die Möglichkeiten, Fehler wiedergutzumachen oder Beleidigungen zurückzunehmen. Eine Entschuldigung erreicht immer das Herz des anderen und entfernt dort die Wurzel der Bitterkeit, die sich sonst festsetzt und wächst, bis sie Ihre ganze Beziehung vergiften kann. Das wird in der Bibel so bezeichnet:

«Bekennet einer dem anderen seine Sünden» (Jak. 5,16)

6. Geben Sie Ihrer Liebe zu Ihrem Partner Ausdruck.

Jeder Mensch braucht Liebe, und er wird sich sehr darüber freuen, wenn er hört, daß er geliebt wird. Das gilt besonders für Frauen, ganz gleich, welches Temperament sie haben. Ich habe einmal einen sehr tüchtigen Maschinisten beraten, Vater von fünf Kindern, dessen Frau ihn verlassen hatte und zu einem anderen Mann gegangen war. Das Einkommen dieses neuen Partners machte nur etwa ein Drittel dessen aus, worüber sie vorher verfugen konnte, aber sie wollte trotzdem bei ihm bleiben. Nachdem ich ein paar Fragen gestellt hatte, erfuhr ich, daß der Maschinist im Laufe der letzten zehn Jahre seiner Frau nicht ein einziges Mal gesagt hatte, daß er sie liebte. Und warum nicht? Er glaubte nicht, daß das nötig war. Von der Liebe zueinander zu reden ist aber nicht nur nötig, um ein Ehepaar zusammenzuhalten, sondern bedeutet auch eine Bereicherung für die ganze Beziehung.

Wie wir schon vorher gesehen haben, müssen Männer mehr als Frauen bewußt daran arbeiten, ihre Liebe zu erhalten und zu zeigen. Ein vielbeschäftigter Unternehmer, der oft Arbeit vom Büro mit nach Hause nehmen mußte, beklagte sich einmal bei mir: «Also, da kommt meine Frau in mein Zimmer, wenn ich gerade mitten in einer wichtigen Rechnung stecke, setzt sich auf meinen Schoß und fragt: 'Sag mal, Charlie, hast du mich eigentlich lieb?' Um ehrlich zu sein, in dem Moment empfinde ich überhaupt keine Liebe, da versuche ich nur möglichst schnell mit meiner Arbeit fertigzuwerden. Was soll ich denn nur mit so einer Frau machen?»

«Charlie», sagte ich mit Nachdruck, «Sie sollten Gott für eine solche Frau danken! Die meisten Männer wünschen sich eine Frau, die sich so um sie kümmert. Was ist denn nun wichtiger: Diese Rechnung oder Ihre Ehe?» Natürlich grinste er ein bißchen verschämt, und als ich fragte, ob er auch genauso ärgerlich reagierte, wenn eins von seinen Kindern hereingestürmt käme und ihn umarmen wollte, mußte er das bestätigen. Er fragte mich, was er nun tun sollte. Und die einzige Antwort, die ich ihm geben konnte, war: «Machen Sie schleunigst eine neue Rangordnung für die wichtigen Dinge in Ihrem Leben!» In diesen seltenen Momenten, wenn Ihre Familie die Versicherung braucht, daß Sie sie lieben, dann gibt es einfach nichts, was wichtiger wäre. Die Arbeit kann warten, darauf können Sie später zurückkommen, aber die Gelegenheit, eine Liebesbeziehung weiter aufzubauen und zu vertiefen, kommt selten genug. Nehmen Sie sie wahr, so oft Sie nur können.

Die folgende Geschichte habe ich bis jetzt noch nie erzählt, und ich weiß auch nicht so genau, ob ich es überhaupt tun soll, aber da ich darauf vertraue, daß sie anderen Vätern eine Hilfe sein wird, um wichtige Beziehungen aufzubauen, will ich sie doch erzählen. Als unser Sohn Lee fünf Jahre alt war, steckten wir gerade mitten in einem wichtigen Aufbauprogramm in unserer Gemeinde. Ich war sehr beschäftigt und wußte leider noch überhaupt nichts von einem geistregierten Leben. Ich hatte auch keine Ahnung davon, daß das dritte Kind in einer Familie oft unsicher ist in bezug auf die Liebe seiner Eltern. Bei Lee kam noch hinzu, daß sein Bruder und seine Schwester ihn oft hänselten und daß er versuchte — vielleicht, weil er vermutlich das begabteste Kind unserer Familie war und außerdem recht groß für sein Alter —, immer wieder mit ihnen zu wetteifern, wobei er natürlich meist den kürzeren zog. Sein unbedingter Wille, es den größeren Geschwistern gleichzutun, führte manchmal zu unverständlichen Extremen, und ich war deswegen unnötig streng mit ihm.

Eines Abends, als die Kinder schon schliefen, fiel mir plötzlich auf, daß Lee mir nicht «Gute Nacht» gesagt hatte. Ich legte meine Bücher beiseite und ging leise in sein Zimmer. Ich blickte in sein engelgleiches Gesicht (kleine Jungen sehen immer wie Engel aus, wenn sie schlafen). Die Decke war weggestrampelt wie immer, seine kleine Faust lag unter dem Kopf, und in seinem ruhigen Atem konnte ich gelegentlich noch leises Schluchzen hören. Ich hatte das Gefühl, daß mir ein Messer ins Herz gestoßen würde. Mein Junge hatte sich in den Schlaf geweint, weil er nicht sicher war, ob ich ihn überhaupt noch lieb hatte. Ich kniete neben seinem Bett nieder und strich über seine wirren Locken. Dann rief ich innerlich aus: «Lieber Gott, was mache ich da eigentlich mit meinem Kind? Jedesmal, wenn ich es sehe, schimpfe ich mit ihm. Es macht nie sein Bett richtig, es räumt seine Spielsachen nicht ordentlich auf, es ißt seinen Teller nicht leer. Gestern erst habe ich es angeschrien, weil es mit kleinen Steinen Fußball gespielt hat, hauptsächlich deswegen, weil es in drei Wochen ein Paar Schuhe ruiniert hatte.» Der harte Ton in meiner Stimme kam mir wieder ins Bewußtsein, wie ich zu ihm gesagt hatte: «Das will ich dir sagen, Lee, wenn du die Schuhe selber bezahlen müßtest, dann wärst du vorsichtiger damit!» Und ein paar Tage vorher hatte ich in der Tür unseres Wohnzimmerschranks die Buchstaben «LEE» eingeritzt gefunden. Bevor ich ihn dafür verhaute, hatte ich immerhin gefragt, warum er das getan hätte. Da sagte er: «Ich wollte nur Larry eins auswischen, da habe ich seinen Namen auf die Tür geschrieben.» Leider konnte er mit fünf Jahren aber noch nichts anderes als seinen eigenen Namen schreiben, und so wurde er gleich ertappt. An diesem Abend erkannte ich plötzlich, daß all das seine kindliche Art gewesen war, um meine Aufmerksamkeit auf ihn zu lenken und den Teil meiner Zuwendung zu bekommen, der ihm eigentlich zustand. Ich küßte ihn auf die Wange und sagte dann zu Gott und halb zu ihm:

«Vergib mir bitte meine egoistische Betriebsamkeit! Mit Gottes Hilfe will ich dir von heute an ein besserer Vater sein. Deine kleinen Nöte und Sorgen sollen mir wichtig sein, und du kannst zu mir kommen, wann immer du willst. Ich will irgendwie versuchen, dir zu zeigen, daß ich dich wirklich in meinem Herzen lieb habe. Diese Liebe ist bloß in der letzten Zeit von einer ganzen Menge unwichtiger Sachen verschüttet worden. Bitte gib mir noch eine Chance, mein Junge.»

Zum Glück vergeben kleine Kinder ihren Eltern sehr leicht. Am nächsten Morgen stand ich als erster auf und weckte die beiden Jungen. Bevor ich weg mußte, nahm ich Lee auf den Arm und gab ihm einen herzhaften Kuß. Ich werde nie vergessen, wie er seine Ärmchen ganz fest um meinen Hals schlang. Er winkte mir sogar nach, als ich fortfuhr. Als ich abends wiederkam, legte ich besonderen Wert darauf, mich mit ihm zu unterhalten und zu fragen, was er den Tag über gemacht hätte. Als er nach dem Abendessen ins Wohnzimmer kam, wo ich gerade mit meiner Zeitung saß, auf mich zustürmte und sagte: «Komm, Paps, wir wollen toben!», da wußte ich bestimmt, daß er mir verziehen hatte. Schon einen Moment später kullerten wir auf dem Fußboden und machten einen anständigen Ringkampf.

Ich bin seit diesem Tag bestimmt nicht immer ein vollkommener Vater gewesen, aber mit Gottes Hilfe habe ich heute einen 23jährigen Sohn, der im Augenblick im Studium ist und sich meiner Liebe ganz sicher ist. Ich bin stolz auf ihn, und wir beide sind gute Freunde. Ich danke Gott dafür, daß er mir damals rechtzeitig die Augen geöffnet hat und mir klargemacht hat, was in meinem Leben wirklich wichtig war. Und die damals so wichtigen Dinge, die sich zwischen uns beide gestellt hatten? An die kann ich mich heute nicht einmal mehr erinnern.

Wir Männer müssen daran arbeiten, unsere Liebe zu zeigen, aber das lohnt sich in jedem Fall. Denken Sie daran, daß jeder Mensch Liebe in sichtbarer Form braucht.

7. Akzeptieren Sie das Temperament Ihres Partners und rechnen Sie damit.

Was Ihr Partner auch immer für ein Temperament hat, vergessen Sie bitte nie, daß Sie selbst ihn einmal ausgewählt haben. Ein Mann hat mir einmal ein Blatt gegeben, auf dem stand: «Kritisieren Sie niemals Ihre Frau. Das wirft ein schlechtes Licht auf Ihr Urteilsvermögen!» Solange Sie über das temperamentsbedingte schlechte Verhalten Ihres Partners schimpfen, werden Sie nur

Streit erleben. Eine Frau sagte mir neulich: «Mein Mann und ich gehen uns gegenseitig auf die Nerven!» Und warum? Weil keiner dem anderen zugestehen wollte, er selbst zu sein. Die ähnlichsten Temperamente bei Ehepartnern habe ich bei einem Paar erlebt, das nach eigenen Angaben aus einem sanguinischen Choleriker und einer melancholischen Cholerikerin bestand. Meiner Ansicht nach war sie zwar eine cholerische Melancholikerin, aber ich streite mich nicht mit anderen Leuten über ihre Selbsteinschätzung. Jedenfalls bewunderte sie diesen aktiven, energischen, fleißigen Mann. Nur eins an ihm konnte sie nicht ausstehen: «Er ist sarkastisch und grausam zu jedem, der ihm irgendwie im Weg ist, ganz besonders zu den Kindern.» (Ich habe festgestellt, daß cholerischen Ehemännern besonders oft vorgeworfen wird, daß sie zuviel des Guten tun, wenn es um die Disziplinierung ihrer Kinder geht!) Er seinerseits beklagte sich: «Meine Frau ist kalt und lieblos, wenn ich mich nicht ganz vollkommen verhalten habe. Ich bin es gründlich leid, nur dann geliebt zu werden, wenn ich mich besonders gut benommen habe!» (Nur ein Choleriker kann das wahrscheinlich so ausdrücken ...) Wenn zwei wütende Menschen zusammenleben, dann muß das unweigerlich zum Streit führen. Solche Probleme müssen auf zweierlei Art angegangen werden:

a) Er muß erkennen, daß sein Ärger eine glatte Sünde ist.

b) Sie muß Gott vertrauen, daß er ihren Mann annimmt, ganz gleich, ob er recht behält oder nicht.

Sie könnten sich natürlich auch freundlich begegnen und den Streit schon im voraus vermeiden. Normalerweise fällt es einem gar nicht schwer, einen Streit vom Zaun zu brechen, wenn man das will, aber Jesus hat gesagt:

«Selig sind die Friedfertigen.»

Es ist unumgänglich, daß beide Ehepartner lernen, wie sie miteinander umgehen müssen mit Rücksicht auf ihr jeweiliges Temperament. Zum Glück sind nicht alle Ehepartner so verschieden wie meine Frau und ich. Ganz gleich, um was es sich handelt, wir können schon von vornherein damit rechnen, daß wir verschiedene Vorschläge haben, wie man an diese Sache herangehen muß. Wenn wir einen Ausflug machen, dann meint Beverly, daß wir die nördliche Route fahren müssen, und ich bin entschieden für die südliche.

Sie fährt meiner Meinung nach zu langsam Auto, ich fahre nach ihrer Auffassung zu schnell. Dieses Problem haben wir einfach so gelöst, daß wir als allgemeine Regel festgesetzt haben: Wer am Steuer sitzt, entscheidet, und der andere hält den Mund. Wenn wir einkaufen gehen, verhalten wir uns auch ganz unterschiedlich. Beverly kauft nur das, was wir gerade brauchen, und ich finde es Zeitverschwendung, durch den Laden zu gehen, ohne den Einkaufswagen bis obenhin vollzupacken. Zu Anfang unserer Ehe war sie ärgerlich darüber, wenn ich immer viel mehr mit nach Hause brachte, als auf dem Einkaufszettel stand, aber mittlerweile weiß sie, daß das eben der Preis dafür ist, daß sie nicht selbst einkaufen muß.

Auch die Zeit, bis man eine Entscheidung trifft, ist bei uns verschieden lang. Ich kann mich normalerweise in Bruchteilen von einer Sekunde entscheiden, aber Beverly überdenkt die ganze Sache gern noch einmal, betrachtet sie von allen Seiten und kommt erst dann zu einem Entschluß. In dieser Hinsicht habe ich mit der Zeit gelernt, daß meine augenblicklichen Entschlüsse sich oft auf lange Sicht als falsch erwiesen haben, weil sie nicht immer die beste Art sind, eine Frage zu lösen. Als ich das einmal eingesehen hatte, habe ich sehr viel Achtung vor dem Urteil meiner Frau gewonnen, denn sie denkt die Dinge bis zu Ende. Wenn ich nun mit einer Entscheidung konfrontiert werde, dann schlägt sie gewöhnlich vor: «Wir wollen erst mal darüber nachdenken.» Zuerst hat mich das immer aufgeregt, aber jetzt erkenne ich, daß man mit ihrer Taktik des Aufschiebens manchmal sogar Zeit gewinnt. Auf der anderen Seite habe ich inzwischen gelernt, sie niemals zu einer raschen Entscheidung zu drängen. Das hat sich hinterher immer als falsch erwiesen. Wenn ich im voraus plane und schon rechtzeitig zu ihr sage: «Hör mal, Schatz, ich möchte, daß du über diese Sache schon mal nachdenkst, aber du brauchst mir jetzt noch nicht zu antworten, was du dazu meinst», dann wird sie mit der Zeit entweder auch meiner Meinung sein oder aber eine wertvolle Ergänzung zu meinen Ideen liefern.

Studieren Sie in Ruhe Ihren Ehepartner! Finden Sie seine Vorlieben und Abneigungen, seine Vorurteile und Schwächen heraus! Und dann versuchen Sie ihn in diesen Bereichen nicht zu drängen oder zu gängeln. Ist das denn nicht Liebe? Wie ein neuer Anstrich deckt die Liebe eine Menge Sünden zu. Egoismus will immer mit dem eigenen Kopf durch die Wand, aber gerade dadurch zerstört er jede Beziehung.

8. Erwarten Sie von Gott, daß er Ihren Partner zum Guten hin verändert.

Wir haben in diesem Buch schon öfter über das Problem der Reife gesprochen. Jeder wachsende Mensch reift auch. Wir alle fangen voller Unsicherheit und Angst an, und deshalb sind wir oft dauernd in einer Verteidigungshaltung. Als Christen haben wir aber eine Kraft, von der andere Menschen gar nichts wissen. Der Heilige Geist wirkt in uns und will uns so reifen lassen, daß wir zu dem Menschen werden, den Gott sich vorgestellt hat, als er uns erschuf. Ihr Ehepartner ist heute noch nicht genauso, wie er in einigen Jahren sein wird. Deshalb können Sie es sich leisten, geduldig zu sein.

Einer meiner Freunde kam eines Sonntags mit einem schwarzweißen Abzeichen in die Kirche, auf dem folgende Buchstaben standen: «BSSGGINNFMM». Als ich fragte, was das denn bedeuten sollte, erklärte er mir, daß er gerade auf einer Freizeit gewesen wäre und dort dieses Abzeichen gefunden hätte. Es sollte heißen: «Bitte seien Sie geduldig! Gott ist noch nicht fertig mit mir.» Das ist ein besonders guter Rat für Ehepartner.

Kapitel 10

Der Ärger des Mannes bewirkt die Angst der Frau

Wie wir schon im vorigen Kapitel gesehen haben, ziehen sich Gegensätze in der Ehe immer an. Einer der ernsthaftesten Konflikte tritt aber dann auf, wenn der Mann ärgerlich und wütend wird und die Frau als Reaktion darauf Angst bekommt. So etwas kommt meist in den Flitterwochen noch nicht vor, aber wenn das Ehepaar zum normalen Lebensprozeß zurückgekehrt ist, wird ein solcher Fall früher oder später eintreten. Irgend etwas, das den zur Wut neigenden Ehemann aufregt oder regelrecht auf die Palme bringt, passiert zum wiederholten Mal, und dann explodiert er. (In manchen Fällen neigt auch die Frau zu einem solchen Verhalten, dann wird es ihr Mann unweigerlich mit der Angst zu tun bekommen. Darüber werden wir noch im nächsten Kapitel reden.)

Ein befreundeter Pfarrer aus Nordkalifornien rief mich neulich an und fragte, ob ich vielleicht ein Ehepaar aus seiner Gemeinde beraten könnte, das sich gerade in San Diego aufhielt. Ich sollte ihnen dabei helfen, ihre Eheprobleme zu lösen. Der Mann war ein sanguinischer Choleriker, seine Frau eine phlegmatische Melancholikerin. Sie waren mittlerweile 17 Jahre lang verheiratet und sagten beide, daß sie zwei große Schwierigkeiten in ihrem Zusammenleben sähen: Erstens geben beide an, sie könnten nicht mehr miteinander reden; zweitens fügte die Frau hinzu: «Mein Mann stößt mich sexuell gesehen regelrecht ab. Ich fühle mich ihm gegenüber völlig abgestorben.» Sie erzählte dann ihre Lebensgeschichte. Sie war in der Familie eines deutschen Emigranten großgeworden, hatte vier Geschwister gehabt und war streng erzogen worden. Ihr Vater hatte das Familienzepter mit eiserner Hand hochgehalten. Sie sagte: «Die Mahlzeiten waren immer das Schrecklichste für mich. Wenn sich Vater aufregte, dann schlug er mit der Faust so heftig auf den Tisch, daß die Teller und Bestecke in die Höhe sprangen. Ich habe mir damals immer geschworen, ich wollte niemals einen Mann heiraten, der so wäre wie er.» Als Bill in ihrem Leben auftauchte, erschien er ihr so liebevoll und freundlich, daß sie sich sofort in ihn verliebte, und sie heirateten auch schon recht bald. «Drei Wochen nach unserer Hochzeit passierte es dann», fuhr sie fort. «Irgend etwas versetzte Bill in Wut, und er schlug mit der Faust auf den Tisch, daß die Teller und Bestecke hochsprangen. In dem Moment wußte ich: Ich habe doch einen Mann geheiratet, der genauso ist wie mein Vater!»

Ärger und Angst machen jede Kommunikation unmöglich

Verliebte haben sehr selten Schwierigkeiten, miteinander zu reden. Am Telefon können sie stundenlang miteinander sprechen. Aber um diese vertraute Beziehung zu zerstören, braucht nur einer von ihnen wütend zu werden. Das ruft automatisch die Angstreaktion des anderen hervor. Meist vertragen sich die beiden zwar wieder und sind auch wieder zärtlich miteinander und reden zusammen, aber der Riß ist einmal da. Jeder hat das wahre Gesicht des anderen gesehen. Die Bereitschaft zum ganz freien Austausch wird dadurch behindert. Der Ärger des einen ist schon ein großer Baustein in der Mauer, die die Kommunikation nach und nach unmöglich machen kann. Und die Selbstschutzreaktion, die Angst, hält den anderen davon ab, sich ganz offen zu äußern. Dadurch wird ein weiterer Baustein zu der Mauer hinzugefügt. Nach und nach bilden solche Ausbrüche und die entsprechenden Reaktionen darauf eine undurchdringliche Wand, bis die ehemals Verliebten überhaupt nicht mehr in echter Weise miteinander reden können, weil sie Angst davor haben, daß die Wut des einen entzündet werden könnte und daraufhin die Angst des anderen noch zusätzlichen Schmerz verursachen könnte. Tränen, erbittertes Schweigen und aufgestaute Gefühle tun das ihre dazu, so daß die beiden bald eine Eheberatungsstelle aufsuchen, weil sie sich überhaupt nicht mehr verstehen. Aber die mangelnde Kommunikation ist eigentlich gar nicht das Problem, sondern die Wut und die Angst sind die Schuldigen. Leider sind diese beiden Krankheiten so weit verbreitet, daß wir hier zwei Kapitel brauchen werden, um sie zu untersuchen.

Äußerer Druck ist nicht schuld an Ihrem Verhalten

Der Mann in unserem Beispiel verteidigte sich folgendermaßen: «Sie hat ja gar keine Ahnung, unter welchem Druck ich tagtäglich stehe, und sie nimmt meine gelegentlichen Wutausbrüche einfach zu ernst, weil sie etwas Ähnliches schon zu Hause erlebt hat. Sie will aber nicht einsehen, daß alle Männer schließlich irgendwo Dampf ablassen müssen. Ich meine das ja gar nicht so, wie ich das sage, aber sie will mir auch nicht vergeben, wenn ich um Entschuldigung bitte.» Mit anderen Worten: Bill wollte sich gar nicht ändern. Er erwartete von seiner Frau, daß sie mit einem jähzornigen Mann zusammenleben konnte, so wie ihre Mutter das auch fertigbrachte.

Was er nicht erkannt hatte, ist die Tatsache, daß äußerer Druck nicht für solche Wutanfälle verantwortlich gemacht werden kann. Er bringt die wahre Haltung eines Menschen nur zum Vorschein. Wie ein Mann sich unter äußerem Druck verhält, so ist er wirklich. Wenn Sie in solchen Situationen explodieren, dann geben Sie damit zu, daß Sie hinter der sorgfältig aufgebauten Fassade ein durch und durch wütender Mensch sind. Manche Menschen sind toleranter und können mehr vertragen als andere, aber wenn Sie ein grundlegend wütender Mensch sind, dann wird sich Ihre Schwäche früher oder später doch in der Art, wie Sie reagieren, handeln und denken, zeigen. Und wir alle wissen, daß in der Familie, ähnlich wie in einem Schnellkochtopf, der größte Druck herrscht. Deshalb sind auch Ärger, Wut und alle anderen Formen der Feindseligkeit das größte Problem für das Zusammenleben in der Familie.

Ein sehr feindselig eingestellter Ehemann sagte mir einmal: «Nun ja, ich muß ja schließlich irgendwo eine Ecke haben, wo ich mal ganz so sein kann, wie ich bin.» Eben das tat er, und da lag genau sein Problem: Er selbst, wie er war. Zu Hause zeigt ein Mensch immer seine wahre Natur. Wir können nach außen hin eine schöne Fassade hergerichtet haben, aber unter dem Druck des Familienzusammenlebens zeigt sich das eigentliche Ich. Ich habe dagegen bis jetzt nur ein Heilmittel gefunden: Man muß sein Ich von Gott her verändern lassen, so daß die Stunden, die man zu Hause verlebt, auch erfreulich sein können und sich die, die man liebt, nicht bedroht fühlen müssen.

Wut und Männlichkeit

Männer haben sehr oft die seltsame Vorstellung, daß Ärger und Wut typisch männliche Ausdrucksformen seien. «Jeder Mann wird doch mal wütend», sagen sie dann. Manche gehen sogar soweit, zu behaupten, daß ein Mann, der nicht ab und zu einen echten Zorn bekäme, überhaupt kein wirklicher Mann wäre. Nichts ist von der Wahrheit weiter entfernt. Die natürliche Tendenz des Mannes, ärgerlich oder wütend zu werden, hat vielleicht mehr Kriege angezettelt, mehr Streit verursacht und mehr Familien zerstört als jeder andere Charakterzug. Ärger und Wut scheinen oft das Mittel zu sein, mit dem ein Mann seine Enttäuschung ausdrückt. Es ist aber ein Fehler, anzunehmen, daß das eine wohltuende Reaktion wäre. In Wirklichkeit vermindert Ärger erheblich das überlegte Urteilsvermögen und das Denken überhaupt. Ein 19jähriger junger Mann, der Krach mit seiner Freundin gehabt hatte, knallte ihre Haustüre ins Schloß, fuhr rückwärts aus der Einfahrt und brauste dann mit einem Kavalierstart davon. Nur sieben Minuten später war er tot. Vor Wut war sein sonst gutes Einschätzungsvermögen wie weggeblasen, er trat das Gaspedal durch, verfehlte eine scharfe Kurve auf der Schnellstraße und raste direkt in den Tod. Da schlug der Ärger grausam zu. Norm Evans, ein bekannter Profi-Fußballspieler, hat mir einmal erklärt: «Es ist ganz gefährlich, wenn ein Fußballspieler wütend wird. In solchen Situationen werden die Linienrichter am ehesten beleidigt oder sogar zusammengeschlagen.» Später bat ich ihn noch einmal, das weiter zu beschreiben, und er sagte: «Ärger ist für den Fußball so schädlich, weil es immer so geht, daß das Spiel darunter leidet. Wenn ich z.B. den Stürmer der gegnerischen Mannschaft auf mich wütend machen kann, dann konzentriert er sich nur noch darauf, unseren Stürmer anzugreifen. Und damit erfülle ich ja genau meine Aufgabe: Ich verteidige unseren Stürmer.»

Mike Fuller, ein Spezialist für Fallrückzieher in unserem Fußballverein der «San Diego Chargers», meint genau dasselbe. «Die Verteidiger der anderen versuchen dauernd, uns zu ärgern, wenn wir in ihren Bereich kommen, denn sie wissen genau: Wenn wir uns aufregen, dann können sie es schaffen, in der nächsten Spielphase an uns vorbeizukommen.»

Ein Mensch, der ärgerlich und aufgeregt ist, trifft unüberlegte Entscheidungen, verletzt die, die er doch eigentlich liebt, mit seinen Worten, neigt zu Überreaktionen, straft zu streng und tut am laufenden Band Dinge, die er sich mit kühlem Kopf nie gestatten würde.

Bob Hutchins, ein früherer Judo-Meister in Südkalifornien, der jetzt Missionar in Mexiko ist, hat mir einmal erzählt: «Ich war ja eigentlich nur ein etwas überdurchschnittlicher Judo-Kämpfer, bis ich dann gelernt habe, wie ich meinen Gegner ärgerlich machen konnte. Dann konnte ich sozusagen seine eigene Kraft gegen ihn einsetzen. Nur auf diese Weise habe ich die Meisterschaft gewonnen.» Millionen von Männern geraten genau wie Bobs Gegner in diese Falle und glauben, daß man kein Mann wäre, wenn man nicht wütend werden könnte. In Wahrheit kann alles, was man in der Wut tut, besser gemacht werden, wenn man die Kontrolle über seine Emotionen behält. Das gilt besonders im Familienleben, in der Beziehung zu der Frau und zu den Kindern. Die häufigste Klage einer ängstlichen Ehefrau bezieht sich auf die Methoden, mit denen ihr Mann in seiner Wut die Kinder bestraft. Disziplinarische Maßnahmen und besonders Prügel, die aus einem Wutanfall heraus verabreicht werden, sind fast immer falsch. Dann neigt das Kind dazu, die Haltung der Mutter oder des Vaters zu durchschauen und dann die Strafe als ungerecht zu betrachten, auch wenn es sie eigentlich verdient hat. Sehr viel mehr erreicht man, wenn man einige Minuten wartet, bis man sich gefühlsmäßig wieder unter Kontrolle hat, und dann die Strafe gibt. Auf diese Weise erfährt das Kind auch den Sinn der Strafmaßnahme, weil es dann niemand anders als sich selbst dafür verantwortlich machen kann.

In den Zeitungen haben sich in den letzten Jahren die Meldungen gehäuft, daß die Kindesmißhandlungen enorm zunehmen. Notarztstationen und Wohlfahrtsorganisationen nennen erschrekkende Zahlen. Über 10 000 Kinder sind allein im letzten Jahr in den USA an solchen Mißhandlungen gestorben. Was kann einen Erwachsenen dazu bringen, ein hilfloses Kind derart zu behandeln? Nur Enttäuschung und Wut. Völlig aufgelöste Eltern haben mir schon die Geschichte ihres anormalen Verhaltens erzählt und waren selbst entsetzt, daß sie zu einer solchen Tat überhaupt fähig waren. Sie sind nicht anormal veranlagt, sie hatten nur nie gelernt, ihre Wut unter Kontrolle zu bringen. Wenn eine gewisse Frustrationsschwelle einmal überschritten ist, dann tun sie etwas, was sie unter Umständen ihr Leben lang bereuen können. Solch ein wutgeladenes Verhalten ist wohlgemerkt nicht nur beschränkt auf niedere soziale Schichten, obwohl deren Lebensumstände manchmal Frustration erhöhen können. Ich habe sehr oft recht angesehene Eltern kennengelernt, die ihre Kinder durch Ärger und Wut innerlich völlig zerstört hatten.

Ein Pfarrer bat mich einmal darum, seine Frau zu beraten, weil sie in eine Liebesaffäre mit einem anderen Mann verwickelt war. Ich machte mich darauf gefaßt, eine verführerische Eva in mein Büro schweben zu sehen, und war sehr überrascht, als ich eine freundliche, sanfte Frau von etwa 45 Jahren dort vorfand. Sie erzählte mir folgende Geschichte: Ihr Mann war ein sehr energischer Mensch, beliebt in seiner Gemeinde und von allen bewundert. Aber er hatte eine sehr schlechte Eigenschaft, über die sie nicht hinwegsehen konnte. Er war wütend und feindselig und behandelte die drei Kinder äußerst streng und schlug sie auch häufig. Er konnte dann seinen Jähzorn einfach nicht beherrschen und hatte einmal seinen Sohn sogar bewußtlos geschlagen. Als der Junge 19 Jahre alt war, riß er von zu Hause aus und schloß sich einer Hippie-Gruppe an. Und sie sagte verzweifelt: «Von dem Tag an habe ich den letzten Rest von Liebe zu meinem Mann verloren.»

Eine extreme Situation dieser Art entsteht aber nie von einem Tag auf den andern. Das war jahrelang vorbereitet worden. Es hatte immer wieder Streit zwischen den Ehepartnern über die Bestrafung der Kinder gegeben. Sie hatte zwar gelernt, mit seinen Wutausbrüchen zu leben, aber bei der Mißhandlung der Kinder konnte sie nicht tatenlos zusehen. Sie hatte zwar auch dabei noch zuviel Angst, um ihre Gefühle frei zu äußern, und sah nur zu, wenn ihr enttäuschter und wütender Mann die Kinder auf den Kopf, ins Gesicht oder auf das Hinterteil schlug. In extremen Fällen griff sie aber ein, weil sie, wie sie sagte, jedesmal innerlich ein Stück weit starb, wenn sie bei diesen Prozeduren zusehen mußte. Es stellte sich schon bald heraus, daß die Liebesaffäre dieser Frau keinesfalls eine sexuelle Angelegenheit war, sondern nur eine Art Racheakt, mit dem sie ihren Mann ins Unrecht setzen konnte.

Als ihr Mann dann auch mit zur Beratung kam, machte er einen offensichtlich verzweifelten Eindruck. Ich bin mir allerdings nie darüber klargeworden, ob er seine Frau wirklich liebte und behalten wollte oder ob er nur seine berufliche Stellung nicht gefährden wollte. Ich hielt ihm seine feindseligen Gefühle vor, und er erwiderte prompt: «Na also, wenn man nicht mal zu Hause man selbst sein kann; wo denn sonst?» Ich schwieg lange Zeit, und er saß da und dachte nach. Schließlich meinte er etwas kleinlauter: «Das klingt eigentlich ziemlich nach altem Adam, nicht wahr?» Bevor er an diesem Tag ging, hatte er erkannt, daß sein Ärger genauso schlimm oder sogar noch schlimmer war als ihr Ehebruch. Obwohl es dieser Mann tatsächlich fertigbrachte, seine Ehe zu retten, hat er seinen Sohn, soviel ich weiß, nie wiedergesehen. Wahrscheinlich sind durch Wut und Ärger mehr Söhne von ihren Vätern abgestoßen worden als aufgrund aller möglichen anderen Charakterzüge. Und das Tragische an der Sache ist, daß der enttäuschte Sohn seinen Sohn höchstwahrscheinlich wieder genauso behandeln wird. Denn wütende Väter machen ihre Kinder auch wütend.

Die verheerenden Folgen von Ärger und Wut

Ärger, Feindseligkeit, Zorn oder, wie die Bibel es auch nennt: «des Herzens Härte» oder «Boshaftigkeit» sind so alt wie die Menschheit überhaupt. Sie erinnern sich sicher an den ersten Familienstreit, der uns in der Bibel berichtet wird: «Da ergrimmte Kain sehr und senkte seinen Blick ... Und er erhob sich wider seinen Bruder Abel und schlug ihn tot» (1. Mose 4, 5 + 8).

Seit diesem tragischen Tag haben Millionen von Menschen einen gewaltsamen Tod erleiden müssen, unzählige Ehen sind daran zugrundegegangen. Die Zahl der Kinder, die dem seelischen Druck ausgesetzt sind, der durch den ständigen Ärger der Eltern entsteht, ist geradezu unvorstellbar. Jeder Familienberater wird bestätigen, daß die meisten von seinen psychisch gestörten Patienten die Opfer irgendeines wütenden und ärgerlichen Familienmitglieds sind. Das ist ein universales Problem, das besonders im Bereich der Familie verheerende Folgen hat. Während ich dieses Kapitel gerade schreibe, habe ich heute morgen in der Zeitung gelesen, daß ein Fußballspieler von seiner Frau mit einem Küchenmesser im Schlaf erstochen worden ist. Nur langanhaltender Ärger, der plötzlich in rasende Wut umgeschlagen ist, kann einen Menschen so weit bringen, daß er einem anderen das Leben nimmt. Das einzige Temperament, das keine nennenswerten Schwierigkeiten mit Ärger oder Wut hat, ist der Phlegmatiker. Aber da kein Mensch 100 %ig phlegmatisch ist, wird auch er bis zu einem gewissen Grad mit dieser Schwierigkeit zu kämpfen haben, je nach dem, was sein zweitrangiges Temperament ist. Wie wir schon früher gesehen haben, wird der melancholische Phlegmatiker vielleich am wenigsten Probleme mit dem Ärger haben, aber das hängt natürlich davon ab, wie sein Temperamentsmischungsverhältnis ist. Sanguiniker, das wissen Sie sicher noch, explodieren leicht, vergessen aber auch leicht wieder; Choleriker haben häufig Wutausbrüche und können auch lange Zeit einen Groll gegen jemand anders hegen. Melancholiker brauchen länger, um sich richtig aufzuregen, sie gefallen sich eher in den Gedanken, daß keiner sie richtig versteht und alle ihnen etwas Böses wollen, und sie schmieden dann insgeheim Rachepläne, bis sie plötzlich in geradezu unvernünftige Zornausbrüche geraten.

Das Problem mit dem Ärger und der Wut ist so schwerwiegend, daß es gar nicht genug ernstgenommen werden kann. Von den 439 Ehepaaren, die ich im Laufe meines Pfarrdienstes getraut habe, kann ich zum Glück sagen, daß bis jetzt nur zwei Dutzend von ihnen geschieden sind. Vielleicht liegt das daran, daß ich sie alle gebeten habe, ganz fest zu versprechen, daß sie zu mir kommen würden, bevor sie eine einzige Nacht zerstritten und in Uneinigkeit verbracht hätten. Außer einigen wenigen Ehepaaren, deren Anfangsschwierigkeiten auf sexuelle Probleme zurückzuführen waren, die relativ schnell gelöst werden konnten, war die Schwierigkeit bei allen andern immer wieder Ärger und Wut.

Der Ärger zerstört nicht nur das Familienleben, sondern ruiniert auch die körperliche Gesundheit. Wie wir schon an früherer Stelle erwähnt haben (s.«Vermeidbare Krankheiten» von McMillen, erschienen im Aussaat-Verlag), gibt es allein 51 Krankheiten, die auf den Druck und die Spannung zurückzuführen sind, die nur durch Ärger und Wut entstehen. Darunter sind chronischer Bluthochdruck, Nierensteine, Gallenkoliken und viele andere. Ich habe schon viele Jahre lang Dr. Henry Brandt zitiert, der einmal gesagt hat: «Ungefähr 97 % aller blutenden Magengeschwüre und organischen Ursachen, mit denen ich mich beschäftigt habe, waren auf Ärger zurückzuführen.» Bei einem Seminar in Columbus in Ohio sagte eine Arzt dazu, der sich als Spezialist für Magengeschwüre bezeichnete: «In diesem Punkt muß ich Dr. Brandt widersprechen: Es sind 100 %!» Und bei dem gleichen Seminar sagte mir ein junger Internist: «Gestern nachmittag habe ich fünf Patienten mit ernsten organischen Komplikationen behandelt, und als ich jetzt Ihrem Vortrag zugehört habe, fiel mir plötzlich auf, daß alle fünf sehr ärgerliche und zur Wut neigende Menschen waren.»

Die Ärzte warnen uns schon jahrelang und sagen immer wieder, daß psychische und gefühlsmäßige Störungen für 60 bis 85 % aller organischen Krankheiten heutzutage verantwortlich sind. Daraus geht klar hervor, daß dauernde Anspannung Krankheiten verursacht. Ärger, Angst, Schuldgefühle sind die Hauptursachen für eine solche Anspannung, und sie sind meist auch die Hauptschuldigen für eine schlechte Gesundheit. In diesem Zusammenhang drängen sich einem so viele Beispiele aus dem täglichen Leben auf, daß ich kaum weiß, womit ich anfangen soll. Ich habe erlebt, daß ein 27jähriger, kräftig gebauter Sportler durch Ärger völlig impotent wurde, daß normale Frauen frigide waren, daß eine 24jährige Sportlehrerin völlig unfähig wurde, ihrem Mann auf irgendeine Weise ihre Liebe zu zeigen, daß überhaupt jede normale Liebesreaktion unterbunden wurde. Ich habe schon Hunderte von Leuten im Krankenhaus besucht, die ihr ganzes Leiden hätten vermeiden können, wenn sie sich ganz auf den Heiligen Geist verlassen hätten anstatt sich dauernd aufzuregen. Ich habe auch viele Menschen vor ihrer Zeit beerdigen müssen, weil sie, wie damals Mose, die geheime Sünde des Ärgers und der Wut in ihrem Leben zugelassen hatten.

Meiner Meinung nach ist der körperliche Schaden, der durch Ärger entsteht, nur noch durch den geistlichen Schaden zu überbieten, den er anrichtet. Ärger führt zu einem geistlichen Kurzschluß und macht aus vielen Christen geistliche Pygmäen, mehr als jede andere Sünde. Durch ihn ist mehr Kirchenstreit entstanden und sind mehr junge Christen wieder vom Glauben abgewendet worden als durch irgend etwas anderes. Er betrübt den Heiligen Geist im Leben des gläubigen Menschen (Eph. 4,30 + 31) und hätte auch meine eigene Gesundheit, meine Familie und meinen Dienst als Pfarrer beinahe zerstört.

Ärger und Wut sind Sünde

In zwei von meinen früheren Büchern habe ich ganz bewußt Ärger als Sünde bezeichnet und einen biblisch begründeten Weg beschrieben, davon loszukommen. Dieser Weg hat nicht nur mein eigenes Leben verändert, sondern auch Tausende andere Menschen haben ihn ausprobiert, um ihren Ärger zu überwinden. Seitdem haben mir sehr viele psychologisch beeinflußte Leute geschrieben und mir in diesem Punkt widersprochen. Sie haben immer wieder versucht, Ärger und Wut zu rechtfertigen, indem sie sagten, daß das natürlich sei, überall vorkomme, daß Ärger keine Sünde sei oder, wie einer sagte: «Der Mensch, der niemals bewußt Wut und Ärger empfindet, ist psychisch krank.» Manche psychologischen Berater ereiferten sich außerordentlich in ihren Erwiderungen, um mein angebliches Mißverständnis in der Beurteilung von Wut und Ärger zu korrigieren. Ein Mann war sogar so aufgebracht, daß er seinen Brief mit den Worten enden ließ: «Sie haben unrecht, unrecht, UNRECHT!»

Ich will hier nur drei Gründe nennen, warum mich all diese Zuschriften nicht beeindruckt haben (obwohl ich ernsthaft versucht habe, jeden neuen Beitrag gerecht zu beurteilen):

1. Die Bibel, auf die ich mich zuerst beziehe, ist ganz eindeutig in ihrer Beurteilung von Wut und Ärger.

2. Ich bin mit einem besonders dicken Fell gesegnet.

3. Es ist ganz wesentlich, zu erkennen, daß Wut Sünde ist, damit man wirksam gegen sie angehen kann.

Lesen Sie die folgenden Bibelstellen bitte aufmerksam durch:

«Steh ab von Zorn und laß den Grimm, entrüste dich nicht, damit du nicht unrecht tust» (Ps. 37, 8).

«Sei nicht schnell, dich zu ärgern, denn Ärger ruht im Herzen des Toren» (Prediger 7, 9).

«Besser ein Gericht Kraut mit Liebe als ein gemästeter Ochse mit Haß» (Spr. 15, 17).

«Besser in der Wüste wohnen als bei einem zänkischen und zornigen Weibe» (Spr. 21, 19).

«Ein zorniger Mann richtet Zank an; ein geduldiger aber stillt den Streit» (Spr. 15, 18).

«Ein Mann, der seinen Zorn nicht zurückhalten kann, ist wie eine offene Stadt ohne Mauern» (Spr. 25, 28).

«Geselle dich nicht zum Zornigen und halt dich nicht zu einem wütenden Mann; du könntest auf seinen Weg geraten und dich selbst zu Fall bringen» (Spr. 22, 24 -25).

«Ein Geduldiger ist besser als ein Starker, und wer sich selbst beherrscht, besser als einer, der Städte gewinnt» (Spr. 16, 32).

«Falsche Lippen bergen Haß; und wer verleumdet, ist ein Tor» (Spr. 10, 18).

«Nun aber leget alles ab von euch, Zorn, Grimm, Bosheit, Lästerung, schandbare Worte aus eurem Munde» (Kol. 3, 8).

«Wisset, liebe Brüder, ein jeglicher Mensch sei schnell zum Hören, langsam zum Reden, langsam zum Zorn. Denn des Menschen Zorn tut nicht, was vor Gott recht ist» (Jak. 1, 19 - 20).

Viele andere Verse könnten hier noch zitiert werden und noch weiter untermauern, daß Gott den Zorn und die Wut im menschlichen Herzen verurteilt. Die Aussagen sind so klar und einfach zu verstehen, daß ich der Versuchung widerstehen werde, sie noch weiter zu erläutern. Das Wort Gottes soll hier für sich selbst sprechen.

Sind Ärger und Wut irgendwie zu rechtfertigen?

Meine Freunde und andere Menschen, die mich wegen meiner Behauptung, daß Ärger Sünde ist, angreifen, führen immer wieder drei Argumente ins Feld:

1. Gott ist nach dem Bericht der Bibel selbst oft zornig gewesen.

2. Auch Jesus ist mehrere Male wütend geworden. (Kein Leser des Neuen Testaments kann die Szene vergessen, wie er die Geldwechsler aus dem Tempel treibt.)

3. Ein Vers der Bibel steht in dem Ruf, daß hier Ärger und Zorn vergeben werden: Eph. 4,26. Ich selbst habe diesen Vers früher auch sehr oft angeführt.

Wir wollen hier auf jedes der drei Argumente genauer eingehen:

1. Der Zorn Gottes ist etwas völlig anderes als der des Menschen. Es ist sein heiliger Zorn über die Sünde.

2. Es ist falsch, die Wut unseres Herrn Jesus Christus über die Sünde mit der von uns Menschen zu vergleichen. Denn Jesus hat ja eine göttliche, heilige Natur, die der Mensch von sich aus nicht besitzt. Daher konnte er Zorn empfinden, ohne dabei gleichzeitig Sünde zu tun. Sein größter Zorn war immer ausschließlich berechtigte Entrüstung gegen die Sünde, aber niemals eine Reaktion auf persönliche Zurückweisung, Beleidigung oder Verletzung.

3. Eph. 4,26 lautet folgendermaßen:

«Zürnet ihr, so sündiget nicht. Lasset die Sonne nicht über eurem Zorn untergehen.»

Da das die einzige Bibelstelle ist, die Zorn und Ärger zu entschuldigen oder wenigstens zu tolerieren scheint, wollen wir sie ganz genau untersuchen. Hier sind von vornherein zwei wesentliche Einschränkungen gemacht:

a) «sündiget nicht» und

b) «lasset die Sonne nicht über eurem Zorn untergehen».

Die erste Einschränkung grenzt die Wut schon erheblich ein: Sündiget nicht. Das verbietet jeden sündigen Gedanken oder jeden sündhaften Ausdruck von Ärger und Aufregung. Menschen, die in meine Beratung kommen, haben ihre Schwierigkeiten und psychischen Störungen niemals von einer solchen Wut bekommen, denn berechtigte Entrüstung, wie ich die Wut ohne Sünde hier bezeichnen will, ist nicht am Abbruch von menschlichen Beziehungen schuld. Die zweite Einschränkung verlangt, daß dieser «unschuldige Zorn» nicht länger als bis zum Sonnenuntergang dauern soll. Diejenigen, die ihren Ärger am Abend vergessen können, werden keine psychischen Störungen davon bekommen. Und der Vers 27 gibt ja auch zu verstehen, daß auch berechtigte Entrüstung, wenn sie länger aufrechterhalten wird, «Raum gibt dem Lästerer». Anscheinend besteht ein Konflikt zwischen den 14 Versen in diesem Kapitel, die Ärger und Wut verdammen, und dem Vers 26 aus Eph. 4, der diese Gefühle zu erlauben scheint, aber die Lösung dieses Widerspruches ist ganz einfach:

Die Bibel gesteht uns zwar eine berechtigte Entrüstung zu, aber sie verdammt alle Wut und allen Ärger, der aus dem Egoismus heraus kommt. Sie empfinden z.B. berechtigte Entrüstung, wenn Sie Zeuge eines Unrechts werden, etwa wenn ein kräftiger Mann ein Kind angreift und verprügelt. Dann fühlen Sie eine ganze

Emotionswelle, eben Entrüstung, und werden Partei für das Kind ergreifen.

Dabei sündigen Sie dann nicht, und es fällt Ihnen auch nicht schwer, solchen Ärger, der von außen auf Sie zukam, bis zum Ende dieses Tages zu vergessen. Aber wenn jemand Sie selbst zurückweist, beleidigt, verletzt, dann ist das etwas ganz anderes. Sind Ihre Gefühle dann auch ohne Sünde? Und haben Sie das alles wieder vergessen, sobald es dunkel wird?

Den Ausdruck von Ärger und Wut, den Jesus in seinem Leben auf dieser Erde gezeigt hat, verdeutlicht das noch mehr. Als er die Händler und Geldwechsler aus dem Tempel hinausjagte, da war sein Verhalten nicht auf eine Person gerichtet. Er sagte dazu:

«Es steht geschrieben: Mein Haus soll ein Bethaus heißen. Ihr aber macht eine Räuberhöhle daraus» (Matth. 13, 13).

Seine Wut auf die Pharisäer, von der später berichtet wird, entzündete sich daran, daß sie geistliche Wölfe im Schafspelz waren, die die ihnen anvertrauten Schafe in die Irre leiteten. Es ging gar nicht darum, daß sie Jesus selbst beleidigten. Denn als ihm später nach seiner Gefangennahme die Haare ausgerissen wurden, als er bespuckt und ans Kreuz genagelt wurde, da empfand er überhaupt keinen Ärger und keine Wut. Statt dessen hören wir von ihm:

«Vater, vergib ihnen, denn sie wissen nicht, was sie tun.»

Unser Herr hat niemals die Wut gezeigt, die aus dem verletzten Egoismus heraus entsteht. Das ist eine rein menschliche Gefühlsregung und immer Sünde. Diejenigen, die Eph. 4,26 anführen, um die menschliche Schwäche des Ärgers und der Wut zu rechtfertigen, übersehen einen sehr wichtigen Tatbestand: Nur fünf Verse später im selben Kontext lesen wir:

«Alle Bitterkeit und Grimm und Zorn und Geschrei und Lästerung sei ferne von euch samt aller Bosheit. Seid aber miteinander freundlich, herzlich und vergebet einer dem anderen, gleichwie Gott euch vergeben hat in Christus» (Eph. 4, 31 - 32).

Daraus geht wohl hinreichend klar hervor, daß berechtigte Entrüstung zwar zu vertreten ist, aber daß Ärger, der aus persönlicher Betroffenheit entsteht, immer Sünde ist. Und worin besteht der Unterschied? In der Beteiligung des Egoismus. Ärger, der vom Egoismus herkommt, den wir meistens empfinden und der soviel persönlichen und familiären Schaden anrichtet, ist und bleibt eine furchtbare Sünde. Deshalb sagt die Schrift: «Alle Bitterkeit und aller Grimm und aller Zorn ... sei ferne von euch.»

Wir werden sehen, daß man auch dieses Problem lösen kann, aber nur unter der Bedingung, daß man der Tatsache ins Gesicht sieht, daß Ärger und Wut nun einmal Sünde sind.

Die subtileren Formen: Bitterkeit und Groll

Eine Frau sagte mir einmal: «Ich kann gar nicht wütend werden, ich bin dann höchstens verbittert.» Viele andere würden vielleicht dasselbe von Vorwürfen oder geheimem Groll sagen. Wir müssen aber ganz klar sagen, daß die Bibel alle menschliche Bitterkeit, alle vorwurfsvollen Haltungen und alle Entrüstung, die aus Egoismus entsteht, glatt verurteilt. Das sind alles nur subtile Formen der Wut und des Ärgers.

Vor über sieben Jahren erzählte mir jemand, daß Bill Gothard in einem Vortrag gesagt hätte, daß jedes Ehepaar, das er wegen Eheschwierigkeiten beraten hätte, entweder ohne die Zustimmung der Eltern geheiratet hätte oder im Streit mit einem Elternteil läge, woraus schließlich auch ein Streit untereinander entstanden wäre. Als ich das zum erstenmal hörte, hielt ich die Behauptung für etwas übertrieben. Seitdem aber haben mein Kollege Gene Huntsman und ich es uns zur Gewohnheit gemacht, die Frage nach den Beziehungen des Ehepaares zu Eltern und Schwiegereltern regelmäßig zu stellen. Und ohne Ausnahme haben wir dann festgestellt, daß die These von Bill Gothard zutreffend war. Menschen, die Bitterkeit, geheime Vorwürfe gegen einen Elternteil, einen Bruder oder eine Schwester, den Chef oder andere Menschen in sich nähren, sind leicht geneigt, diese Haltung überfließen zu lassen und auch die Beziehungen zu anderen Menschen zu verderben. Vorwürfe, Groll und Verbitterung, die sich in den Nischen unseres Denkens festsetzen, sind wie Krebs. Sie wachsen und wachsen, bis sie schließlich die ganze Person eingenommen haben. Deshalb sind Menschen, die ihre unglückliche Kindheit, eine besondere Zurückweisung oder Beleidigung nicht vergessen können, ohne Ausnahme sehr unglücklich.

Bei einem Seminar in Kanada kam ein offensichtlich psychisch sehr labiler Mann nach einem meiner Vorträge über dieses Problem der Wut und des Ärgers zu meiner Frau in die Beratung. Mit mir wollte er nicht sprechen, weil ich ihn angeblich zu sehr an seinen Vater erinnerte. Er rechtfertigte seine verbitterte Haltung seinen Eltern gegenüber, da sie ihn schon als Kind immer abgewiesen hätten. Einer der Ortspfarrer stand in der Nähe und erzählte uns später: «Dieser Mann, der übrigens eine sehr nette Frau und vier Kinder hat, bereitet seiner Familie die Hölle auf Erden. Er hat sich schon von jedem Geistlichen in unserer ganzen Stadt beraten lassen und wechselt die Gemeinden wie die Hemden. Er ist der ärgerlichste Mensch, den ich je kennengelernt habe, und ich halte ihn mittlerweile schon für gefährlich.» Statt der Schocktherapie, der Psychopharmaka und der psychiatrischen Behandlung, der er sich bereits ohne jeden Erfolg unterzogen hatte, hätte dieser Mann nur eines gebraucht: Er mußte auf die Knie gehen, seine Verbitterung und seinen eingefleischten Ärger auf seine Eltern bekennen und Gott bitten, daß er ihm statt dessen Liebe schenken möchte. Das hätte nicht nur ihn verändert, sondern auch seine gesamte Familie.

Einer meiner Lieblingsschriftsteller, ein Chirurg, Berater und guter Redner, hat drei Bücher zur Selbsthilfe herausgegeben, die schon Millionen von Menschen eine Hilfe waren. In seinem neuesten Buch erzählt er von zwei Patienten, die angstvolle Gefühle hatten. Der eine, ein Geschäftsmann in mittleren Jahren, litt unter einem Minderwertigkeitskomplex und träumte oft davon, von seiner Mutter erdrosselt zu werden. Der andere war ein junger Vater, der seine Frau sehr liebte, aber wiederholt träumte, daß er seine Hände um ihren Hals legte und so fest zudrückte, daß er selbst davon entsetzt war. Der Autor deutete diese Probleme ganz zutreffend: Der Geschäftsmann haßte seine Mutter, und obwohl er sie schon jahrelang nicht mehr gesehen hatte, kam sie doch dauernd in seinen Gedanken vor. Der junge Ehemann haßte seinen Vater und übertrug diese Gefühle unbewußt auf seine Frau. Diese Fälle erscheinen Ihnen jetzt vielleicht extrem, aber sie sind nicht ungewöhnlich. Sie zeigen die natürliche Auswirkung, wenn man Bitterkeit, Vorwürfe und Ärger im Herzen nährt und sich in Gedanken dauernd damit beschäftigt. Merken Sie sich das eine: Bitterkeit und Liebe können niemals in ein und demselben Herzen wohnen. Wenn Sie Verbitterung in sich zulassen und bestimmte Menschen hassen, dann wird das nach und nach auch Ihre Liebe zu den Menschen, an denen Ihnen am meisten liegt, zerstören.

Einer der dramatischsten Fälle aus meiner Beratung war eine junge Mutter von zwei Kindern, die unter Tränen davon erzählte, daß sie solche Wut auf ihr Kind bekäme, wenn es schrie, daß sie schon manchmal Lust gehabt hätte, es zu erwürgen. Sie fügte hinzu: «Ich habe wirklich Angst, daß ich meinem Kind eines Tages mal etwas antue.» Ich stellte ihr einige Fragen, und wir entdeckten gemeinsam, daß sie von ihrem Vater als Kind immer zurückgewiesen worden war und deswegen noch heute verbittert war. Ihre vorwurfsvolle Haltung fraß sie innerlich auf, obwohl ihr Vater schon vor fünf Jahren gestorben war.

Wie man mit Wut, Bitterkeit und Groll fertigwerden kann

Vor 14 Jahren, als ich schon über dreißig Jahre meines Lebens als ein von Ärger und Wut bestimmter sanguinischer Choleriker verbracht hatte, machte ich eine lebensverändernde Erfahrung mit Gott. Nach und nach wurden meine Wutanfälle seltener, ich explodierte nicht mehr so oft, sondern nur noch gelegentlich, und heute kommt das so selten vor, daß ich einen Frieden empfinden kann, den ich für dieses frühere, von Feindseligkeit geprägte Leben nie mehr eintauschen würde, auch wenn ich damals noch viel jünger und leistungsfähiger war. Seitdem habe ich das im folgenden beschriebene Heilmittel schon Tausenden von Leuten empfohlen, und viele haben erfahren, daß es auch ihr Leben grundlegend verändert hat. Manchen erscheint diese Methode vielleicht nicht wissenschaftlich genug, aber mir ist sie aus zwei Gründen besonders lieb: 1. ist sie biblisch und 2. funktioniert sie.

1. Geben Sie zu, daß Ihr Ärger und Ihre Wut Sünde sind.

Der erste Riesenschritt dahin, Wut zu überwinden, ist die Anerkennung der Tatsache, daß sie Sünde ist. Sobald Sie anfangen zu versuchen, Ihr Verhalten zu rechtfertigen, zu verteidigen, zu erklären oder jemand anders dafür verantwortlich zu machen, sind Sie unheilbar. Ich habe noch nie jemanden erlebt, der ein Problem lösen konnte, wenn er nicht davon überzeugt war, daß sein bisheriges Verhalten falsch gewesen war. Das trifft ganz besonders für den Ärger zu. Wenn Sie noch Zweifel in diesem Punkt haben, dann lesen Sie noch einmal aufmerksam die Schriftstellen, die wir vorhin angeführt haben, und achten Sie auf solche Aufforderungen wie «Steh ab vom Zorn und laß den Grimm» oder «Alle Bitterkeit und Grimm und Zorn und Geschrei und Lästerung sei ferne von euch».

2. Bekennen Sie jeden ärgerlichen Gedanken und jede Tat, die Sie aus Wut heraus begehen, sobald Sie sie erkannt haben.

Das ist der zweite Riesenschritt. Ich verweise hier noch einmal auf die Bibelstelle 1. Joh. 1, 9:

«Wenn wir aber unsere Sünden bekennen, so ist er treu und gerecht, daß er uns unsere Sünden vergibt und reinigt uns von aller Untugend.»

Ich habe innerlich gestöhnt, als ich die Lösung las, die der oben zitierte Chirurg und Autor für die zwei Männer parat hatte, die mit ihren psychischen Problemen zu ihm gekommen waren. Er ermahnte sie im wesentlichen dazu, ihre von Haß und Verbitterung bestimmten Gedanken dadurch zu vertreiben, daß sie sich auf eine erfolgreiche oder glückliche Erfahrung in ihrem Leben konzentrierten. Ich frage mich, was das an der Schuld dieser Menschen ändern kann. Absolut nichts! Nur das Blut Jesu Christi, das allein die Möglichkeit hat, uns von Sünde reinzuwaschen, kann hier etwas ändern, und es ist für alle erreichbar, die sich im Glauben an Gott wenden.

3. Bitten Sie Gott, die wütenden und ärgerlichen Verhaltensweisen aus Ihrem Leben wegzunehmen.

Nach der Bibelstelle 1. Joh. 5, 14 - 15 wird uns versichert, daß er uns, wenn wir etwas nach seinem Willen erbitten, nicht nur hört, sondern unsere Bitten auch erfüllt. Da wir wissen, daß es gegen Gottes Willen ist, wenn wir zornig oder ärgerlich sind, können wir auch sicher sein, daß wir damit fertigwerden, wenn wir Gott bitten, diese Verhaltensweisen von uns zu nehmen. Natürliche Menschen werden immer Sklaven ihrer Gewohnheiten bleiben, aber ein Christ muß das nicht. Sicher werden wir immer wieder einmal Opfer unserer schlechten Gewohnheiten, aber wir müssen nicht an bestimmte Verhaltensmuster gefesselt sein, wenn uns die Kraft des Heiligen Geistes zur Verfügung steht.

4. Vergeben Sie dem Menschen, auf den Sie wütend sind.

Der Vers Eph. 4, 32 ermahnt uns: «Vergebet einer dem anderen, gleichwie Gott uns vergeben hat in Christus.»

Wenn ein Elternteil, ein Bekannter oder irgendein Sachverhalt Ihr Denken sehr beschäftigt, dann legen Sie Wert darauf, diesem Menschen im Gebet vor Gott zu vergeben und das auch laut zu sagen. Und wenn die feindseligen Gedanken wiederkommen, tun Sie das immer wieder. Langsam wird Ihre Vergebung zur unumstößlichen Wirklichkeit werden, und Sie können dann Ihre Gedanken in positivere Bahnen lenken. Ein deutliches Beispiel dafür erlebte ich nach einem Seminar für Missionare in Südamerika. Eine sehr hübsche Missionarin wurde von ihren wütenden Gedanken immer wieder verfolgt, und das machte es ihrer Missionsgesellschaft fast unmöglich, sie weiter einzusetzen. Ein christlicher Psychologe hatte erkannt, daß sie tiefen Haß auf ihren Vater empfand, und forderte sie auf, daß sie ihrem Vater vergeben müßte. Aber sie erwiderte: «Nein, das kann ich nicht!» Darauf sagte er: «Sie meinen wohl, Sie wollen nicht! Wenn Sie es aber jetzt nicht fertigbringen, ihm zu vergeben, wird der Haß Sie nach und nach innerlich zerstören.» Da begann sie zu beten: «Lieber himmlischer Vater, ich will meinem Vater vergeben. Bitte hilf mir dabei!» Sie stellte zwar fest, daß sie dieses Gebet noch mehrere Male sprechen mußte, aber schließlich stellte sich der Sieg ein und damit auch der innere Frieden, den nur Gott schenken kann. Heute ist sie eine ausgeglichene und sehr produktive Frau, weil sie damals vergeben konnte. Gegenüber jemand, dem man einmal vergeben hat, kann man nicht weiter einen Groll hegen.

5. Danken Sie ganz bewußt auch für alles, was Sie ärgert.

Gottes Wille für uns Christen ist: «Seid dankbar in allen Dingen» (1. Thess. 5, 18).

Das Danken ist eine besonders hilfreiche Therapie, besonders beim Bekämpfen der Wut und des Ärgers. Sie können einfach nicht mehr wütend oder depressiv sein, wenn Sie für jede Beleidigung, Zurückweisung und Verletzung danken. Bestimmt ist das machmal sehr schwer, aber es ist doch möglich. Gott hat versprochen, uns niemals mehr Last aufzuerlegen als wir tragen können (1. Kor. 10, 13).

Natürlich wird man manchmal nur aus dem Glauben heraus danken können, aber Gott wird uns den dazu notwendigen Glauben auch geben. Lernen Sie die Kunst des dankbaren Betens!

6. Versuchen Sie, nur gute, positive, aufbauende Gedanken zu denken.

Das menschliche Gehirn erträgt kein Vakuum. Es muß sich immer mit irgend einer Sache beschäftigen. Vergewissern Sie sich, daß Sie sich auf das konzentrieren, was die Heilige Schrift für gut hält, wie es in Phil 4,8 steht: «Was wahrhaftig ist, was ehrbar, was gerecht, was rein, was lieblich, was wohllautet, ist etwa eine Tugend, ist etwa ein Lob, dem denket nach.»

Menschen mit solchen positiven Gedanken werden nicht von Wut, Feindseligkeit oder Zorn verfolgt. Es ist im wesentlichen eine Sache der Auslieferung jedes einzelnen Gedankens an den Gehorsam Jesus Christus gegenüber, wie wir schon in Kapitel 3 gesehen haben. Ärger ist eine Angewohnheit, vom Temperament bestimmt und Sünde. Er enzündet sich an unerfreulichen Erfahrungen und Situationen, und diese Angewohnheit kann einen Menschen schließlich so hartnäckig beherrschen wie Heroin oder Kokain. Sie bringt ihn dann dazu, daß er innerlich und äußerlich in egoistischer und sündiger Weise reagiert. Wenn Sie es nicht zulassen, daß die Kraft Gottes Ihr ganzes Denkmuster verändert, dann wird Ihre innerliche Haltung nach und nach Ihre Gesundheit, Ihr Denken, Ihren Beruf, Ihre Familie und auch Ihre geistliche Reife zerstören. Außerdem betrübt das den Heiligen Geist (Eph. 4, 30) und schneidet Sie von dem Leben ab, das Jesus Christus Ihnen im Überfluß geben will.

7. Wiederholen Sie die oben genannten Schritte immer wieder, sooft Sie ärgerlich werden.

Von den Hunderten, die mir erzählt haben, daß ihnen dieses einfache Rezept geholfen hat, hat keiner gesagt, daß das über Nacht geschehen wäre. In meinem persönlichen Fall hatte ich immerhin über dreißig Jahre Übung in ärgerlichen und wütenden Gedanken, obwohl es zum Glück nicht ebenso lange dauerte, um damit fertigzuwerden. Am ersten Tag mußte ich diese Prozedur an die hundertmal durchgehen. Am zweiten ging es schon besser, da kam es nur 95mal vor. Auch heute noch sucht mein alter Adam, gelegentlich die Kontrolle über mich wiederzugewinnen, aber ich habe gelernt, daß ich das nur dann überwinden kann, wenn ich sofort den Ärger als Sünde identifiziere, ihn bekenne und Gott um neue Liebe bitte. Wenn Ärger und Wut Ihr ganz besonderes persönliches Problem sind, dann versuchen Sie, diese Art des Vorgehens etwa zwei Monate lang durchzuhalten. Sie werden nach und nach sehen, wie Gott einen anderen Menschen aus Ihnen macht, und Sie werden Ihr neues Ich sehr liebgewinnen.

Kapitel 11

Die Angst des Mannes entsteht aus dem Ärger der Frau

Das erste negative Gefühl, von dem in der Bibel nach dem Sündenfall berichtet wird, ist die Furcht. Als Gott rief, versteckte sich Adam vor ihm und erklärte: «Ich fürchtete mich.» Ob Sie das nun gerne hören oder nicht, seitdem kennt jeder Mann Angst oder Furcht.

Ich hoffe ja, daß die Auffassung, daß ein wirklich männlicher Mann keine Angst kennt, mittlerweile endgültig widerlegt ist. Alle Männer kennen das Gefühl der Furcht, und manche Temperamente werden davon mehr geplagt als andere. Zeitweise können diese Gefühle sogar solch krankhafte Formen annehmen, daß viele normale Denkfunktionen völlig lahmgelegt werden. Es stimmt sogar, daß die meisten besonders begabten Menschen nur in seltenen Fällen alle ihre Fähigkeiten entfalten können, weil sie in irgendeiner Form immer von Angst bestimmt sind. Zur Klarstellung der Begriffe möchte ich hier Angst und Furcht unterscheiden:

1. Angst ist ein gottgegebenes Alarmsystem für den Notfall, das wie ein Verteidigungsmechanismus wirkt. Aufgrund unseres Selbsterhaltungstriebs setzen Unglücke und Notfälle einen emotionalen Impuls in uns frei, der auf unsere Nebennieren wirkt und größere Mengen Adrenalin in unser Blut pumpt. Das ermöglicht uns im Moment größere Kraft, Schnelligkeit und auch eine besondere Klarheit der Gedanken. Später gleicht dann unser normales Stoffwechselsystem die Nebenwirkungen dieser Überdosis an Adrenalin wieder aus. In solchen Momenten kann man übermenschliche Kraft und ungewöhnlichen Mut entwickeln. Als Beispiel kann ich hier den Fall eines Oberschülers nennen, der diese Überdosis an Kraft brauchte, als er seinem Vater bei einer Autoreparatur half und der aufgebockte Wagen plötzlich umkippte und den Vater unter sich begrub. Der Junge hob das Auto in die Höhe, so daß der Vater darunter hervorkriechen konnte. Am nächsten

Tag war es ihm bezeichnenderweise unmöglich, das Auto auch nur ein Stückchen von der Stelle zu bewegen. Das war eine echte Begegnung mit der Angst.

2. Die Furcht ist dagegen die gefühlsmäßige Reaktion auf negatives, ängstliches, besorgtes Denken, und ganz gleich, wie entschlossen ein Mann auch nach außen hin aussieht, der Auslöser für die Alarmanlage Angst steht dann dauernd in Bereitschaft. Dieses Problem ist universell vorhanden, deshalb stehen schon in der Bibel häufig solche Sätze wie: «Füchtet euch nicht», «Sorget nichts», «Seid nicht betrübt».

Wir haben schon im letzten Kapitel erkannt, daß sich Temperamentsgegensätze in der Ehe anziehen. So ist es durchaus nicht ungewöhnlich, wenn ein Mann mit vorherrschenden Furchttendenzen eine Frau heiratet, die eher zu Ärger und Wut neigt. Aus dieser Kombination ist zu erklären, wieso eine Frau, die vielleicht nur 110 Pfund wiegt, einen Zwei-Zentner-Mann total unter dem Pantoffel haben kann. Vor kurzem waren wir bei einer befreundeten Familie eingeladen und konnten dort beobachten, wie eine kleine 3jährige Cholerikerin (die bestimmt nicht mehr als 30 Pfund wog) ihren 5jährigen phlegmatisch-melancholischen Bruder herumkommandierte, obwohl er fast doppelt so groß war wie sie. Sie hatte seine natürliche Neigung zur Furcht entdeckt und nutzte sie schamlos aus. Diese kleine Göre verhielt sich noch sehr direkt in der Beherrschung ihres Bruders, und Ehefrauen gehen da meist diplomatischer und subtiler vor, aber das Prinzip bleibt dasselbe. Ein Mann verkriecht sich vielleicht nicht buchstäblich in eine Ecke und weint, wenn er von seiner Frau angegriffen wird, aber er schweigt, schmollt und sucht sich möglichst schnell einen Ort, wo er ungestört ist, um jeden weiteren Konflikt zu vermeiden. Jeder ihrer Wutausbrüche wird seine Fluchtreaktion nur noch vergrößern, und die undurchdringliche Wand des Konflikts wird die Kommunikation zwischen den beiden mehr und mehr lahmlegen. Mit der Zeit werden sie sich auseinanderleben, sie werden sich verschiedene Interessengebiete suchen und nur noch zusehen, wie ihre Liebe füreinander langsam stirbt. Wenn sie zusammenbleiben, so schafft doch der dauernde Streit eine ganz miserable Atmosphäre für die Erziehung der Kinder.

Männer äußern ihre Furcht meistens im Rückzug. Sie vermeiden dann jeden Streit, jeden Wettbewerb, Herausforderungen und Risiken und verweigern auch günstige Gelegenheiten. Frauen scheinen im allgemeinen mit der Furcht besser fertigzuwerden als Männer, vielleicht weil in unserer Gesellschaft Sorgen, Ängstlichkeit, Unsicherheit und Zögern (all das sind Formen der Furcht) bei Frauen eher akzeptiert werden. Wenn das schwache Geschlecht den emotionalen Siedepunkt erreicht, dann wird es wahrscheinlich Tränen geben oder man sucht eine Freundin auf, die einen trösten kann. Von einem Mann wird wieder allgemein erwartet, daß er niemals weint oder nach außen hin unbewegt bleibt, nicht nur vor anderen sondern möglichst auch vor sich selbst. Und auch wenn er einen guten Freund hat, auf den er sich verlassen kann, wird er sich meist weigern, vor ihm seine eigene Schwäche einzugestehen. Die kalte, nackte Furcht greift vielleicht nach seinem Herzen, aber er fühlt sich immer noch verpflichtet, seine Verzweiflung zu vertuschen und nach außen hin Gelassenheit an den Tag zu legen.

Da Furcht eine reale Größe ist, kann sie wie Krebs wirken, bis sie schließlich jede Entscheidung in einem Leben beeinflußt. In extremen Fällen wird der Mensch schließlich neurotisch und muß die Hilfe eines Arztes in Anspruch nehmen. Männer, die ihre Furcht nicht besiegen können und innerlich dauernd versuchen, irgendwie mit ihr fertigzuwerden, werden beruflich, geistlich, körperlich, finanziell und schließlich auch sexuell eingeschränkt. Der Mann weigert sich, seine natürlichen und vom Temperament bestimmten Ängste anzuerkennen, und macht statt dessen lieber Vogel-Strauß-Politik. Er tut einfach so, als ob die Furcht schon irgendwie von allein verschwinden würde, und erkennt nicht, daß sie, wie ein Gelegenheitsdieb, der langsam zu einem hartgesottenen Kriminellen werden kann, einen Menschen zu Anfang nur leicht bedrückt, ihm aber schließlich alle gottgegebene Kreativität und alle sonstigen Fähigkeiten rauben kann.

Wie kann man nun zwischen den Ängsten unterscheiden, die vom Temperament bestimmt werden, und einer natürlichen Furcht? Da besteht wenig Unterschied. Alle Männer haben von Natur aus bestimmte Befürchtungen, und manche Temperamente leiden mehr darunter als andere. Die Bibel sagt uns, daß wir nichts erleben werden, was mehr als eine «menschliche Versuchung» ist (1. Kor. 10,13), und das gilt auch für die Furcht. Psychologische

Berater haben schon unzählige Male Menschen dadurch geholfen, daß sie sie dazu brachten, ihre Befürchtungen auszusprechen, sie ans Tageslicht zu bringen und zu beschreiben; denn im Geheimen und Verborgenen wird die Furcht nur noch größer. In diesem Kapitel wollen wir die häufigsten Befürchtungen von Männern im Bereich der Familie aufzählen und sie dadurch auf ihre tatsächliche Größe reduzieren. Zugleich sollen auch Vorschläge gemacht werden, wie man mit diesen Ängsten fertigwerden kann. Wenn sie ehrlich sind, so werden alle Männer zugeben, daß sie mit den folgenden Befürchtungen schon mehr oder weniger zu tun gehabt haben. Man kann sie aber nicht in irgendeine Rangfolge bringen, denn das Temperament und alle Lebensumstände eines Mannes entscheiden darüber, welche Bedeutung er ihnen beimißt.

Die wichtigsten Ängste des Mannes

Mein Sohn Larry, inzwischen 25 Jahre alt, hat zwei Söhne und ist glücklich verheiratet. Er hilft uns u.a. regelmäßig durch den Verkauf der Tonbänder und Kassetten, auf denen die Familienseminare aufgezeichnet sind. Als wir uns kürzlich über dieses Buch unterhielten, wollte ich auch seine Meinung hören und fragte ihn: «Was glaubst du denn eigentlich, wovor sich Männer am meisten fürchten?» Er erwiderte ohne Zögern: «Vor Mißerfolg.» Als ich daraufhin meine Liste mit den Befürchtungen des Mannes noch einmal durchging, erkannte ich bald, daß sie alle mit Mißerfolg und Versagen zu tun haben.

1. Furcht vor beruflichem Mißerfolg

Eins der zehn Charakteristika der Männlichkeit, die wir zu Anfang dieses Buches gründlich betrachtet haben, war die Produktivität. Jeder Mann hat ein Bedürfnis, etwas zu leisten, nicht nur weil seine Kultur das von ihm verlangt, sondern weil er einen inneren Antrieb dazu hat. Wenn er erwachsen wird, scheint sich dieser Charakterzug noch zu verstärken. Er weiß, daß das finanzielle Schicksal seiner Familie und auch sein Selbstbewußtsein und Selbstwertgefühl von seiner Produktivität abhängen. Und dementsprechend entwickelt er eine Furcht vor beruflichem Mißerfolg. Diese Furcht beeinträchtigt jede sonst vielleich sorgenfreie

Jugend und macht einen Mann ruhelos, bis er schließlich eine befriedigende Beschäftigung gefunden hat. Wir haben oft festgestellt, daß ein Student, der noch keine endgültigen Ziele für sein Leben hat, meist nicht so viel leistet wie er eigentlich könnte und oft mehr Aufruhr verursacht als andere. Wenn er sich selbst aber gefunden hat, dann wird er viel zielstrebiger, lernt besser und entwickelt ein beständigeres Selbstbild und Selbstwertgefühl. Der Mann, der es nicht fertigbringt, seinen eigentlichen Platz zu finden, wird mehr und mehr von der Furcht bestimmt. Diese Sorge, die richtige Rolle im Leben zu finden, bestimmt einen großen Teil des männlichen Denkens. Das Gewicht der Verantwortung in der Ehe vergrößert die Befürchtungen in bezug auf den Beruf nur noch. (Die Last solcher Verantwortung ist manchmal für junge Männer sogar ein Grund, unverheiratet zu bleiben, besonders da in unserer hochtechnisierten Gesellschaft eine sorgfältige Ausbildung und Spezialisierung immer notwendiger für die Leistungsfähigkeit wird.) Die Ehefrau kann diese Unruhe in bezug auf das berufliche Leben, die ihren Mann oft bedrückt, vielleicht gar nicht verstehen, denn ihrem natürlichen Instinkt nach vertraut sie ihrem Mann, daß er für die Familie sorgen wird. Wenn der unsichere Mann fragt: «Was soll ich bloß tun, wenn ich meine Arbeitsstelle verliere?», dann erwidert die Frau einfach: «Na, dann suchst du dir anderswo Arbeit!» Aber der von Furcht geplagte Mann hat sehr viel weniger Vertrauen in seine Fähigkeiten als seine Frau und wird gleich zu bedenken geben: «Ja, aber wo denn?» Wenn wir die Gedanken eines Mannes und seiner Frau lesen könnten, dann würden wir feststellen, daß sich die Frau hauptsächlich mit der Familie und den Kindern und dem ganzen häuslichen Bereich beschäftigt, während der Mann viel mehr über seinen Beruf nachdenkt. Diese Gedanken nehmen den größten Teil seiner Zeit ein, etwa 2000 Stunden im Jahr, und das 35 bis 50 Jahre lang. Deshalb braucht man dazu schon ein genaues Achten auf den Willen Gottes im Gebet und muß vielleicht auch das Opfer bringen, um eine gute berufliche Leistung durch eine entsprechende Ausbildung vorzubereiten. Ich freue mich, daß ich viele Familien kenne, die in diesen Lehrjahren viele Schwierigkeiten auf sich genommen haben, damit der Mann ein Ausbildungsprogramm abschließen, sein Studium verdienen oder eine wichtige Prüfung machen konnte, um seinen Berufswunsch zu erfüllen. Harte Anstrengungen für eine Berufsausbildung verringern nicht nur die eine zentrale Furcht des Mannes, sondern bewirken auch eine vertiefte Partnerschaft in der Ehe, wenn beide später die Früchte ihrer gemeinsamen Anstrengungen genießen können.

2. Die Furcht vor sexuellem Versagen

Sigmund Freud hat gesagt, daß alle Männer und Jungen unter der geheimen Kastrationsangst leiden. Das ist vielleicht eine extreme Behauptung, aber welcher Mann hat nicht schon gelegentlich diesen beängstigenden Gedanken gehabt? Obwohl wenige Männer in unserer Gesellschaft die Erfahrung der körperlichen Kastration machen müssen, bewirkt der Sexualtrieb eine gedankliche Beschäftigung mit diesem Thema, so daß die Möglichkeit des sexuellen Versagens und die Angst davor fast jeden Mann schon geplagt hat. In manchen Fällen kann allein diese Angst einen Mann gedanklich und auch physisch impotent machen. In meinem Buch «Die Ehe» habe ich mich sehr ausführlich mit dem immer dringlicher werdenden Problem der Impotenz befaßt und dabei auch die Geschichte eines 48jährigen Mannes erzählt, der einmal im Alter von 40 Jahren nicht zur sexuellen Erfüllung gekommen war und seitdem nicht den Mut gehabt hatte, es noch einmal zu versuchen, und das acht Jahre lang! Aller Wahrscheinlichkeit nach war sein Problem nicht körperlich bedingt, sondern rein psychisch.

Unsere heutzutage überall sichtbare Beschäftigung mit der Sexualität macht das Problem nur noch größer, denn da eine Frau von vornherein befriedigende sexuelle Erfahrungen mit ihrem Mann erwartet, übt sie mehr Druck auf ihn aus, daß er auch auf diesem Gebiet etwas leistet. Junge Ehemänner haben oft Schwierigkeiten mit einer vorzeitigen Ejakulation und sind so nicht dazu fähig, ihre Frau wirklich zu befriedigen. In späteren Jahren können kürzere Perioden von Impotenz einem Mann den falschen Eindruck verschaffen, daß er sexuell nichts mehr wert wäre. Beide Schwierigkeiten werden durch die Angst vor möglichen Wiederholungen noch sehr vergrößert, aber in fast allen Fällen können sie behoben werden.

Die immer noch herrschende Unwissenheit über geschlechtliche

Dinge unter den Männern heutzutage ist geradezu erschreckend. Es gibt wahrscheinlich kein anderes wichtiges Gebiet im Leben eines Mannes, an das er mit so wenig Informationen und Ausbildung herangeht wie gerade die Sexualität. Oft ist er auch völlig falsch unterrichtet. Viele Männer halten es einfach für natürlich, daß sie jederzeit potent sind. Sie wissen aber gar nichts davon, daß die sexuelle Befriedigung für die Frau etwas sehr viel Komplexeres ist als für den Mann. Sie braucht viel längere Zeit, um dahin gebracht zu werden, und es ist für den Mann eine regelrechte Kunst, die er erst erlernen muß. Ein Ehemann ist manchmal auch sehr erstaunt, wenn er nach der Hochzeit feststellt, daß der sexuelle Verkehr für ihn zwar befriedigend ist, aber daß er das Gefühl nicht los wird, daß er in den Augen seiner Frau kein guter Liebhaber ist. Wieder schlägt dann die Furcht zu und ruiniert völlig, was sonst ein aufregendes Erlebnis und eine Erfahrung höchster Erfüllung sein könnte. Ein kluger Bräutigam oder Ehemann gibt ganz ehrlich zu, daß Männer nicht alles über Sexualität wissen, nur weil sie eben Männer sind. Er sollte vielmehr einige gute christliche Bücher zu diesem Thema lesen, um die Kunst zu erlernen, wie er seine Frau glücklich machen kann; nicht nur, um seine Furcht zu vertreiben, sondern auch, um seine Liebe in sinnvoller Weise ausdrücken zu können.

Eine liebevolle Frau muß ihren Mann auch wissen lassen, wie groß ihr Vergnügen an ihren sexuellen Beziehungen ist. Viele falsch belehrte Ehefrauen fühlen sich aus irgendeinem Grund dazu verpflichtet, ihre Freude am Geschlechtlichen möglichst zu verheimlichen und nach außen hin einen fast verlogenen Anschein der Bescheidenheit und Keuschheit zu erwecken. Sicher stimmt es, daß das Gespräch über diese Vorgänge nur auf die zwei Liebenden beschränkt bleiben sollte, aber der Mann muß merken, daß seine Frau echte Befriedigung und Freude erlebt. Ein Gespräch darüber macht nicht nur den Mann zu einem besseren Liebespartner, sondern vertreibt auch eine mögliche und bedrohliche Furcht.

3. Die Furcht, eine Führerrolle nicht gut zu erfüllen, besonders im familiären Bereich

Ein verheirateter Mann erwartet, daß er in seiner Familie Führungsaufgaben übertragen bekommt. Wenn das nicht so ist, dann wird er mit der Zeit enttäuscht und unsicher. Ein wütend veranlagter Mann explodiert dann vielleicht und beansprucht seine Herrscherrolle in der Familie, und damit richtet er todsicher großen Schaden an. Die passiveren Temperamente werden ihrem Ärger nicht so schnell Luft machen, aber ihre Enttäuschungen doch innerlich behalten, auch wenn sie nichts dazu sagen. Haben Sie sich mal gefragt, wovor wohl die meisten Menschen in irgendwelchen leitenden Positionen Angst haben? Vor Kritik, sei es von den Kollegen, von ihren Nachfolgern oder von der Geschichte. Dr. Paul Tournier hat in seinem Buch «Verständnis füreinander» berichtet, daß ein Ehemann sich vor allem davor fürchtet, von seiner Frau verurteilt und kritisiert zu werden. Dieses Problem bleibt zwar das ganze Leben hindurch bestehen, spielt aber eine besondere Rolle bei einem jungen Ehemann.

Jeder junge Mann muß erst in seine Führungsrolle hineinwachsen, indem er sie übernimmt und ausprobiert. Das bedeutet, daß er ganz sicher Fehler machen wird. Gelegentlich wird er zuviel Geld ausgeben, falsche Dinge kaufen oder falsche Entscheidungen treffen. Aber er wird aus diesen Erfahrugen hoffentlich lernen, aber selbst wenn er das noch nicht tut, kann er in jedem Fall sehr gut ohne die Kritik seiner Frau auskommen, besonders dann, wenn sie schon von Natur aus eine scharfe Zunge hat. Am nächsten Morgen ist man immer schlauer, aber die guten Ratschläge sind dann ohne Bedeutung und helfen nicht mehr. Rückschau auf das, was nun einmal passiert ist, kann manchmal zukünftige Fehler vermeiden helfen, aber wenn man nur vergangene Entscheidungen beklagt, bringt einen das auch nicht weiter. Wenn der Ehemann einen Fehler gemacht hat, dann kann seine Frau, wenn sie ihn liebhat, am besten die Harmonie in der Ehe erhalten, wenn sie ihm gegenüber freundlich bleibt und ihre Kritik für sich behält. Er sollte die Gelegenheit haben, in aller Ruhe aus seinen Fehlern zu lernen, ohne daß sie meint, ihm dabei helfen zu müssen.

Der Grund für ernste Verständigungsprobleme bei einem Ehepaar, das einmal in meine Beratung kam, wurde mir langsam klar, als die Frau sich beklagte: «Er erzählt mir einfach nie etwas. Ich erfahre von seinen Plänen und Gedanken nur etwas, wenn wir mit anderen Leuten zusammen sind und er anfängt zu reden.» Er erwiderte darauf: «Ja, wenn ich dir wirklich einmal erzähle, was ich vorhabe, dann findest du alles völlig falsch oder zumindest unrealistisch.» Kein Wunder, daß er seiner Frau nichts mehr sagte. Choleriker wie er verabscheuen Kritik, aber das gilt auch für jedes andere Temperament. Und so benutzte er die Sicherheit einer größeren Gruppe dazu, überhaupt von seinen Plänen zu erzählen.

Heute erlebt dieses Paar, wie die Partnerschaft zwischen ihnen langsam wächst, weil die Frau allmählich gelernt hat, ihre verletzende Kritik für sich zu behalten.

Paul Tournier meint, daß auch eine andere Furcht das Gespräch der Ehepartner miteinander unterbinden kann, nämlich die Angst vor ungebetenen Ratschlägen. Er erzählt dazu ein Beispiel von einer Ehefrau, die sich abends bei ihrem Mann erkundigt, was er tagsüber in seinem Büro erlebt hat. Er gibt ihr daraufhin einen Bericht von den verschiedenen Schwierigkeiten, die ihm an diesem Tag begegnet sind, und sie erwidert darauf ganz hitzig: «Also, diesen unfähigen Kollegen mußt du unbedingt an die Luft setzen! Zeig doch endlich mal, wer du bist, sonst wird er womöglich noch über deine Leiche gehen!» Die Frau hatte dabei völlig außer acht gelassen, daß es in einem solchen Fall persönliche Beziehungen, Lebensalter, Erfahrungen, Personalpolitik und viele andere Faktoren gibt. Und so wurde ihr gutgemeinter Ratschlag (aus einer allwissenden Haltung heraus) durchaus nicht als erwünscht oder willkommen betrachtet. Die Ehefrauen sollten sich daran halten: Wenn sie nicht ausdrücklich darum gebeten werden, sollten sie nicht immer ihre Kritik oder ihre Ratschläge anbieten. Zeigen Sie Ihrem Mann vielmehr Ihre Liebe und lassen Sie ihn in aller Ruhe seine berufliche Situation ausbauen. Denken Sie daran: Das jetzige Problem ist nur eine zeitweise wichtige Sache, die bald vergessen sein wird; Sie aber bauen eine Beziehung für Ihr ganzes Leben auf, und zwar mit einem Mann, der gerade erst dabei ist, seine Führerrolle zu übernehmen. Die Bibel sagt dazu:

«Wisset, liebe Brüder, ein jeglicher Mensch sei schnell zum Hören, langsam zum Reden, langsam zum Zorn» (Jak. 1,19).

Lassen Sie Ihren Mann mit Ihnen reden, seine Gedanken mit Ihnen austauschen, denn nur so kann er seine Ideen entwickeln und verbessern. Aber machen Sie aus solchen Gesprächen nicht gleich eine Gerichtsverhandlung, sobald er nur zur Tür hereinkommt.

Vor allem müssen Sie Interesse und Verständnis für seine Sorgen zeigen und auch Achtung vor seinen Entscheidungen haben, sonst wird er seine Gedanken schon bald für sich behalten.

Ein besonderes Wort an die Ehemänner zum Thema der Führungsrolle in der Familie

Eine große christliche Mitarbeiterin am Reich Gottes, Dr. Henrietta Mears, hat immer gesagt: «Führernaturen werden nicht geboren, sie müssen erst entwickelt werden.» Ich bin überzeugt davon, daß jeder Mann genug Möglichkeiten und Fähigkeiten hat, um eine Führerrolle zu übernehmen, und die meisten können mehr solcher Fähigkeiten entwickeln, als sie tatsächlich ausüben. Die folgenden recht einfachen Vorschläge können einem Mann in der Familie und auch im Beruf bei der Übernahme dieser schwierigen Rolle helfen:

1. Ein Mann in leitender Stellung muß wissen, was er will. Lesen Sie regelmäßig im Wort Gottes, um das Wesentliche für Ihr Leben zu erkennen. Gott wird Ihnen mit der Zeit Ziele und Aufgaben für Sie und Ihre Familie stellen.

2. Ein Familien- oder sonstiger Leiter muß wissen, wie er diese Ziele erreichen kann. Die Bibel sagt, daß der Mann, der dem Wort Gottes nachsinnt, auch Erfolg haben wird in allem, was er tut (Ps. 1, 1 - 3). Gott wird Ihre Pläne lenken und Ihre Gedanken durch sein Wort bestimmen.

3. Ein Leiter muß Vertrauen haben. Diese Haltung entwickelt sich allmählich, während Sie mit Gott leben und sich immer mehr seiner Führung anvertrauen. Sein Wort und seine Stimme geben Ihnen Selbstvertrauen, und dann werden sich auch andere auf Ihre Sicherheit verlassen.

4. Planen Sie im voraus.

5. Setzen Sie sich genau umrissene Ziele und Maßstäbe.

Bitten Sie Gott, Ihnen die besten christlichen Mitarbeiter, Angestellten oder Ratgeber zu schenken, aber seien Sie zunächst immer vorsichtig bei Ratschlägen von Nicht-Christen. «Wohl dem, der nicht wandelt im Rat der Gottlosen ...» (Ps. 1, 1).

6. Sagen Sie Ihren Mitarbeitern (ich mag das Wort Untergebener überhaupt nicht, denn wir alle sind Mitarbeiter für Christus) ganz genau, was Sie von ihnen erwarten, aber geben Sie ihnen

auch die Freiheit, innerhalb der vereinbarten Richtlinien selbständig zu arbeiten und dabei auch Fehler zu machen.

7. Kontrollieren Sie die Arbeit Ihrer Mitarbeiter von Zeit zu Zeit, damit Sie sicher sein können, daß die Richtlinien eingehalten werden. Wenn das nicht der Fall ist, so ist es Ihre Aufgabe als Führer, sie mit ihrem Versagen zu konfrontieren (manche Leiter beurteilen jede Einzelheit im Prozeß der Arbeit, andere kümmern sich um das Ergebnis; das hängt wesentlich von ihrem Temperament ab).

8. Rechnen Sie immer mit Erfolg. Eine solch positive Haltung wird sich auf die anderen übertragen.

Den besten Ratschlag für Leute in leitenden Positionen, besonders für die, die von Natur aus eher ängstlich sind, findet man im Buch Josua, wo Gott Josua Mut zuspricht, als er der Führer von Israel wird. Diese Worte sind so treffend, daß ich sie hier im Zusammenhang zitieren will:

«Sei getrost und unverzagt, denn du sollst diesem Volk das Land austeilen, das ich ihnen zum Erbe geben will, wie ich ihren Vätern geschworen habe. Sei nur getrost und ganz unverzagt, daß du hältst und tust in allen Dingen nach dem Gesetz, das dir Mose, mein Knecht, geboten hat. Weiche nicht davon, weder zur Rechten noch zur Linken, damit du es recht ausrichten kannst, wohin du auch gehst. Und laß das Buch dieses Gesetzes nicht von deinem Munde kommen, sondern betrachte es Tag und Nacht, daß du hältst und tust in allen Dingen nach dem, was darin geschrieben steht. Dann wird es dir auf deinen Wegen gelingen, und du wirst es recht ausrichten. Siehe, ich habe dir geboten, daß du getrost und unverzagt seist. Laß dir nicht grauen und entsetze dich nicht, denn der Herr, dein Gott, ist mit dir in allem, was du tun wirst» (Josua 1, 6 - 9).

Wie Ihnen sicher aufgefallen ist, sagt Gott hier dreimal: «Sei getrost und unverzagt». Eine solche Haltung entsteht aber nur, wenn man regelmäßig im Wort Gottes liest und darüber nachdenkt.

Meine schlimmste Erfahrung mit einer Führerrolle habe ich vor 13 Jahren gemacht. Mehrere Pfarrer in unserer Stadt vertraten die Auffassung, daß San Diego eine christliche Oberschule brauchte. Unser Ältestenrat stimmte nach zwei ziemlich stürmischen Sitzungen schließlich mit einer Zwei-Drittel-Mehrheit für dieses Projekt. Einige Gemeindeglieder griffen den Plan heftig an, aber schließlich war die ganze Gemeinde dafür. Zehn Tage, bevor die Schule ihre Arbeit aufnehmen sollte, als schon 32 Schüler angemeldet waren, trat der Schulleiter zurück. Wir suchten verzweifelt nach einem anderen und «beteten ohne Unterlaß». An einem Mittwochabend nach unserer regelmäßigen Gebetsstunde traf sich der Ausschuß für die neue Schule, um zu beraten, was jetzt zu tun sei. Wir beteten sehr lange an diesem Abend. Schließlich stellte der Vorsitzende die Frage, die für alle im Raum stand: «Herr Pfarrer, sind Sie denn wirklich ganz sicher, daß Gott will, daß wir in diesem Jahr mit dem Schulbetrieb anfangen?!» Die folgende Minute war eine der längsten in meinem Leben. Ich blickte in neun Augenpaare, die zögernd und unentschlossen aussahen. Dieser Moment mußte über die Gründung der Schule entscheiden. Ich betete inständig: «O Gott, was soll ich denn nur sagen?!» Und da bestärkte er mich mit den Worten: «Sei getrost und unverzagt. Habe ich dich nicht bisher immer geführt?» Und dann hörte ich mich selbst sagen: «Ich weiß zwar auch noch nicht, wie, aber Gott wird bestimmt dafür sorgen, daß wir einen neuen Schulleiter bekommen.» Und das tat er auch. Am Sonntagabend um halb elf Uhr klärte sich die Sache, und die Schule konnte am nächsten Morgen ihren Betrieb aufnehmen. Diese Schule ist heute das größte christliche Gymnasium in ganz Kalifornien, und wenn der diesjährige Abschlußjahrgang mit 112 Schülern entlassen wird, dann haben wir schon 513 junge Leute, die eine christliche Oberschulerziehung bei uns bekommen haben. Und die Schule wird noch ständig erweitert und ausgebaut, weil Gott treu zu seinem Wort steht.

Jeder Familienvater, Geschäftsleiter, Schulleiter oder Führer irgendeiner anderen Organisation sollte sich tagtäglich lange genug Zeit nehmen, um im Wort Gottes zu lesen und darüber nachzudenken. Das ist ganz und gar kein Zeitverlust, denn diese Gewohnheit wird aus ihm einen besseren Führer machen.

4. Die Furcht des Mannes, die Achtung seiner Frau, seiner Kinder oder Mitarbeiter zu verlieren

Je mehr man jemanden liebt, desto mehr ist man von seiner Achtung abhängig. Aber gleichzeitig gilt: Je mehr man jemanden kennt, desto schwerer ist es, die Achtung vor ihm aufrechtzuerhalten, weil man seine Schwächen so vollständig und gut kennt. Deswegen muß sich das christliche Leben gerade in der Familie bewähren, denn was man zu Hause ist, das ist man wirklich. Die Familie ist eine ganz enge Einheit. Wenn der Vater sein Leben vor Gott demütig und vertrauensvoll führt, dann wird er die Achtung seiner Familie gewinnen und erhalten. Er muß durchaus nicht perfekt sein und braucht keine Goldmedaille für außergewöhnliche Leistungen als Ehemann und Vater vorzuweisen. Wir alle wissen, daß das christliche Leben eine Erfahrung des Wachsens ist. Im Verlauf dieses Prozesses fallen wir oft hin, stehen wieder auf und gehen weiter und lassen uns dabei immer mehr vom Geist führen. Obwohl eine vom Heiligen Geist regierte Frau und ihre Kinder Gott darum bitten können, ihnen wachsende Achtung vor ihrem Mann bzw. Vater zu schenken, wenn sie versuchen wollen, ihm zu gehorchen, so bleibt doch die Furcht vor dem Verlust dieser Achtung etwas, das der Mann selbst überwinden muß, indem er eine lebendige persönliche Beziehung zu Gott aufrechterhält. Nur auf diese Weise kann er in den Augen seiner Familie und seiner Mitarbeiter wirklich konsequent leben.

5. Die Furcht, seine Familie nicht gut genug beschützen zu können

In diesem Jahr, in dem ich durch die ganze Welt gereist bin, habe ich sehr deutlich erfahren, wie unsicher das Leben ist, wenn man Jesus Christus nicht kennt. Fast jede primitive und auch zivilisierte Kultur hat kriminelle Elemente, die sich nicht scheuen, das Leben und Eigentum anderer Menschen zu zerstören. Wenn ich vom Flugzeug aus eine winzige Hütte erkenne, vielleicht weit weg von der Zivilisation, dann ist das für mich ein Symbol unserer menschlichen Geschichte. Dort kauern die Frau und die Kinder zusammen und vertrauen darauf, daß der Mann sie beschützen wird. Welcher Mann hat sich nicht schon vor dem Einschlafen einmal gefragt: «Was würde ich wohl tun, wenn in dieser Nacht plötzlich ein gewalttätiger Einbrecher vor mir stände?» In den Pionierzeiten der USA war das sicher oft der Fall. Danach war unsere Nation lange Zeit ein Ort, wo man sicher leben konnte. Aber jetzt, dank unserer humanistischen Gesellschaftsplaner, die Gott nicht mehr kennen, müssen wir wieder von Selbstschutz, Judo und Karate, von Sicherheitssystemen u.ä. reden, um uns selbst und unsere Familien in unseren ehemals sicheren Städten zu schützen.

Es ist schon wahr, alle Bereiche unseres Lebens scheinen heute gefährdet. Betrunkene Autofahrer sind eine ständige Bedrohung auf der Straße, die Luftfahrt hat ihre eigenen Gefahren, und auch ganz alltägliche Ereignisse können plötzlich gefährlich werden. Ein Beispiel ist der Astronaut, der in der Dusche ausrutschte und sich einen Schädelbruch zuzog. Ich glaube, daß die Helden unserer heutigen Gesellschaft meist die Polizisten sind, die sich oft von Minute zu Minute Gott anvertrauen müssen. Mir fällt ein Beispiel für Gottes vielfältige Möglichkeiten ein, für uns zu sorgen: Es ist ein Polizeibeamter, Vater von vier Kindern, dessen ganze Familie erst letzte Woche in unserer Gemeinde getauft worden ist.

Gestern abend erfuhr ich, daß er bei dem Versuch, einen bewaffneten Einbrecher festzunehmen, der gerade aus einem Haus herauskam, fünfmal angeschossen wurde. Nach dem Bericht des Arztes hatten die Kugeln nicht ein einziges inneres Organ beschädigt, er brauchte nicht einmal operiert zu werden. Ein Scharfschütze, der sechsmal auf diesen Mann schoß, ihn dabei fünfmal hätte töten können und ihm doch keine ernsthafte Verletzung beibrachte, ist entweder der unzuverlässigste Schütze, den man sich denken kann, oder aber dieser Polizist wurde von übernatürlichen Kräften bewahrt.

Es ist schon eine Tatsache, ein Mann muß heute wie nie zuvor seine persönliche Sicherheit und die seiner Familie in Gottes Hände legen. Unsere Zeit steht in seiner Hand. Der Prophet hat es schon so ausgedrückt:

«Wer festen Herzens ist, dem bewahrst du Frieden, denn er verläßt sich auf dich» (Jesaja 26,3).

Väter, die sich Gedanken machen, um ihre Familie zu schützen, sollten auch die Bedrohung nicht unterschätzen, die vom Fernsehen, von pornographischer Literatur und Filmen in dieser Richtung, von manchen schulischen Einflüssen, von Drogenmißbrauch und anderen Dingen ausgehen, die zu den Grundsätzen Gottes im Widerspruch stehen. Die bibelgläubige Gemeinde, die auch unterrichtet, und die Familie, beides Institutionen, die Gott gegründet hat, haben heutzutage eine ungeheure Wichtigkeit. Sie gehen nicht unbedingt die Wege aller Menschen, und sie müssen in ihren Bemühungen eng zusammenarbeiten. Als Vater bin ich Gott dankbar, daß meine vier Kinder in einer lebendigen Gemeinde großwerden konnten, die ihnen ein vielfältiges Programm für junge Leute bieten konnte. Ihr Leben ist dadurch in erstaunlicher Weise bereichert worden.

6. Andere Ängste

Es ist unmöglich, hier alle Befürchtungen aufzuzählen, die ein Mann haben kann. Die Furcht, die Erwartungen der Eltern nicht zu erfüllen, die Furcht vor Krankheit und Tod, die Furcht vor Zurückweisung, die Furcht vor dem Alter, vor dem Verlust der männlichen Kraft, die Furcht vor Diskriminierung und vielem anderem können eine Rolle spielen. Doch alle Befürchtungen des Mannes können grundsätzlich auf dieselbe Art gelöst werden, indem sie der einen berechtigten Furcht weichen, die in der Bibel genannt ist: «Die Furcht des Herrn ist der Anfang der Erkenntnis» (Spr. 1, 7).

Diese Furcht ist eine Ehrfurcht Gott gegenüber, die es einem Mann möglich macht, ihn in all sein Denken, Planen, Arbeiten, Leben, in alle Gebiete seiner Existenz einzubeziehen. Wenn sich diese Ehrfurcht vor Gott ausweitet, und wenn sie durch regelmäßiges Bibellesen bereichert wird, dann verringern sich alle anderen Ängste und werden mikroskopisch klein. Jesus Christus hat gesagt:

«Darum sage ich euch: Sorget nicht um euer Leben, was ihr essen und trinken werdet, auch nicht um euren Leib, was ihr anziehen werdet. Ist nicht das Leben mehr als die Speise und der Leib mehr als die Kleidung? ... Nach solchem allem trachten die Heiden. Denn euer himmlischer Vater weiß, daß ihr alles bedürfet. Trachtet am ersten nach dem Reich Gottes und nach seiner Gerechtigkeit, so wird euch solches alles zufallen. Darum sorget nicht für den anderen Morgen, denn der morgende Tag wird für das Seine sorgen. Es ist genug, daß ein jeglicher Tag seine eigene Plage habe» (Matth. 6, 25.32 - 34).

Kapitel 12

Ein besonderes Wort an die Männer

Der Kulturschock, der sich in der ganzen westlichen Welt bemerkbar macht, hat seine schlimmsten Auswirkungen in der Familie. Die Befreiungsbewegung der Frauen, die zwar diese Situation nicht hervorgerufen hat, hat immerhin alles noch beschleunigt. Leider sind sich die meisten Männer über diese Entwicklung überhaupt nicht im klaren.

Ein vor kurzem erschienener Bericht über Südkalifornien, der sich mit der Situation der Familie beschäftigt, hat erstaunliche Zahlen zutage gebracht: Vor zehn Jahren kamen auf eine Frau, die ihren Mann verlassen hatte, 500 Männer, die ihre Familien im Stich gelassen hatten. Heute hat sich das Verhältnis so verschoben, daß zwei Frauen auf jeden Mann kommen, der von zu Hause wegläuft. Wie ist es zu dieser erstaunlichen Entwicklung gekommen? Finanzielle Unabhängigkeit enorm vieler Frauen, die berufstätig wurden, Scheckkarten (wenn eine Frau unglücklich ist, ist sie nicht länger ans Haus gebunden, sie kann jederzeit und überall auf die Familienscheckkarte hin Geld bekommen), schlechte Fernsehfilme, die Ehebruch eine Affäre und Unzucht freie Liebe nennen, und die allgemeine Auffassung, daß jeder für sich selbst verantwortlich ist, all das spielt dabei eine Rolle. Das sind natürlich nur einige Gründe für diese gesamte Entwicklung. Ich sehe hier auch keine mögliche Änderung, es sei denn eine neue geistliche Erweckung in unserem ganzen Volk.

«Die Familie bricht heutzutage schneller zusammen als jemals in unserer Geschichte.» Das erklärte Bill Gothard. 1976 wurden über 1 026 000 Scheidungen in den USA registriert. Die Soziologen schätzen, daß zwischen 25 und 30 Millionen Kinder von nur einem Elternteil erzogen werden, weil die Eltern geschieden sind. Dieses kulturelle Phänomen übt noch weiteren Druck auf Ehepaare aus, sich scheiden zu lassen, sobald Schwierigkeiten auftreten, und es wird bald einen einfachen Mechanismus für die Scheidung geben, wenn es die ersten Probleme gibt. Eine Krankenschwester erzählte mir neulich, daß sie drei Kinder habe und sie ohne Vater erziehe, und daß jedes dieser Kinder einen anderen Vater habe. Sie war etwa ein Jahr lang mit einem «Nichtsnutz», wie sie sagt, verheiratet, verließ ihn dann und entschloß sich einige Zeit später, daß sie gerne Kinder haben wollte. Natürlich fiel es ihr nicht schwer, schwanger zu werden. Eine Fernsehdokumentation berichtete in den letzten Wochen, daß das ein immer häufiger zu beobachtender Trend ist. Wenn wir auf diese Art weitermachen, dann werden wir die Institution Familie sehr rasch auf das Niveau einiger primitiver Kulturen heruntergeschraubt haben, wo nur etwa 30 % der Bevölkerung verheiratet sind und die Frauen durchschnittlich von fünf oder sechs verschiedenen Männern Kinder haben.

Auf den Mann kommt es an

Inmitten dieses Eheschocks, der so viele Familien zerstört, habe ich doch etwas Interessantes beobachten können: Die christlichen Familien sind robuster denn je. Wenn Sie mir eine Familie nennen können, wo der Vater seine Rolle als geistlicher Führer wirklich erfüllt, seine Kinder und seine Frau liebt und seine Familie so führt, wie die Bibel es uns lehrt, dann können Sie darauf gehen, daß das eine glückliche Familie ist.

Weil christliche Väter genauer in der Bibel Bescheid wissen, entwickeln sie auch immer mehr Selbstvertrauen, um ihre Familie auf den Weg des Herrn zu führen. Es kommt nur sehr selten vor, daß ich Mitglieder aus solchen Familien beraten muß, wenn der Vater tägliche Andachten liest und die Familie eine aktive Rolle in einer gläubigen Gemeinde spielt.

Aufgrund des aufbauenden Einflusses der Gemeinde und auch wegen der vielen ausgezeichneten Bücher, die praktische Hilfen und Richtlinien für den Aufbau einer christlichen Familie bieten; aufgrund zahlreicher, von den Gemeinden organisierten Seminare und Arbeitsgruppen, die sich mit den Problemen der Familie beschäftigen, sind die jungen Christen heutzutage besser darauf vorbereitet, gute Ehepartner und Eltern zu werden, als je zuvor. Es stimmt zwar, daß sie Versuchungen und äußerem Druck ausgesetzt sind, die in früheren Generationen nicht herrschten, aber sie haben auch viel mehr Möglichkeiten als früher, um damit fertigzuwerden. Wenn das alles mehr bekannt wäre, würden bestimmt noch sehr viel mehr Väter ihre Familie im Lesen des Wortes Gottes (in einer Übersetzung, die sie verstehen) anleiten, vielleicht mehr als je in der Geschichte der Christenheit.

So erstaunlich Ihnen das auch erscheinen mag, ich habe große Hoffnungen in bezug auf die Zukunft der christlichen Familie, auch in der Atmosphäre verfallender Moral, wie sie heutzutage herrrscht. Und warum? Weil so viele christliche Männer ihre Rolle in der Familie ernst nehmen und sich für ihre Frau und ihre Kinder verantwortlich fühlen. Und wenn wir ehrlich sind, ist es ja genau das, worauf es in der Familie ankommt: Liebe und Leitung. Ein aufrichtiger Mann wird nicht ohne weiteres behaupten, daß er Frauen verstehen kann, und da mache ich auch keine Ausnahme. Aber da ich schon lange Zeit meines Lebens auch Frauen beraten habe, habe ich doch manche Einblicke bekommen, die dem normalen Mann nicht zugänglich sind. Die wichtigste Beobachtung, die ich in dieser Zeit gemacht habe, ist, daß der Mann die entscheidende Rolle in der komplexen Beziehung von Vater, Mutter und Kindern spielt. Die Frauen können natürlich auch große Schwierigkeiten hervorrufen, aber ich habe bis jetzt noch keine christliche Frau kennengelernt, die nicht positiv auf ihren Mann reagiert hätte, wenn er sie und die Kinder in rechter Weise behandelt. Nur zwei Ausnahmen habe ich erlebt: Erstens Frauen, die jahrelang kritischer und brutaler Behandlung ausgesetzt waren, sich schließlich von jemand anders angezogen fühlten und nun diesen anderen Mann nicht aufgeben wollten; und zweitens Frauen, die völlig verzweifelt waren und alle Hoffnung auf ein neues Glück aufgegeben hatten. Aber auch manche von diesen haben noch positiv reagiert.

Der Mann spielt die entscheidende Rolle für ein glückliches Familienleben, weil die Frau ihrer Natur nach ein auf Reaktion angelegtes Wesen ist. Manche Temperamente reagieren natürlich schneller als andere, aber alle normalen Frauen sind so veranlagt. Das ist eine der Nebenbedeutungen des Wortes «untertan sein» in der Bibel. Gott hätte der Frau nicht befohlen, sich ihrem Mann unterzuordnen, wenn er sie nicht auch seelisch so geschaffen hätte, daß sie das am wohltuendsten empfindet.

Der Schlüssel zu einer allgemeinen positiven Reaktion der Frau hat zwei Seiten: Liebe und Leitung. Ich habe noch keine Frau getroffen, die sich ihrem Mann nicht positiv zugewendet hätte, wenn er ihr mit Liebe und Leitung begegnete. Tief in jeder Frau liegt die Fähigkeit zur Reaktion, die sie für diese Kombination von Verhaltensweisen besonders empfänglich macht. Das ist eine so starke Veranlagung, daß viele auch schon positiv reagieren, wenn ihr Mann ihnen nur Liebe zeigt. (Das ist weniger wahrscheinlich, wenn der Mann sich nur in seiner Rolle als Familienleiter zeigt.) Der Verbindung von Liebe und Leitung ist aber unschlagbar.

Ein interessanter Aspekt dieser Erkenntnis ist, daß die meisten Männer bewußt an der einen oder anderen Seite arbeiten müssen. Die Temperamente, die schon von Natur aus Liebe ausstrahlen, müssen eine bewußte Anstrengung unternehmen, um auch konsequente Leitung und Führung zu üben; andererseits muß der Mann, der große Führerqualitäten hat, sich darauf konzentrieren, auch seine Liebe deutlich und regelmäßig zu zeigen.

Ein Ehemann, der cholerischer Melancholiker ist, nahm Jesus Christus an, als er schon zum zweitenmal verheiratet war. Er wuchs in geistlicher Hinsicht und wurde ein fähiger Leiter seiner Familie, aber das Ehepaar war dennoch nicht glücklich miteinander. Seine Frau beklagte sich weinend, daß ihr Mann sie so scharf kritisierte. Er nannte sie zu dick, schlampig, unordentlich, laut und geschwätzig. Er hatte ihr damit so sehr alle Selbstachtung genommen, daß sie zu einer richtigen Unperson geworden war. Als wir gemeinsam darüber sprachen, gab er zu, diese geringschätzigen Bemerkungen gemacht zu haben, aber er rechtfertigte sich auch gleich. Ich las mit den beiden Kol. 3, 19:

«Ihr Männer, liebet eure Frauen und seid nicht bitter gegen sie.»

Und ich sagte dann: «Sehen Sie, wenn eine Frau in ihrer Selbstannahme von ihrem Mann bestätigt wird, dann wirkt Ihre Bitterkeit gegen Ihre Frau zerstörerisch auf ihre Selbstachtung. Also werden ihre Fehler unter den gegenwärtigen Umständen nie beseitigt werden können.»

Der Mann dachte nach und fragte schließlich: «Was schlagen Sie denn vor? Was soll ich tun?» Und diese Frage war ein Zeichen seiner Bereitschaft, dem Willen Gottes aufrichtig zu gehorchen.

Ich kehrte zu dieser Ermahnung der Schrift zurück, daß er seine Frau lieben und nicht bitter gegen sie sein sollte.

Offensichtlich war es bei ihnen jeden Abend so, daß der Mann gleich, wenn er nach Hause kam, so deutlich mit der Unordentlichkeit und Sorglosigkeit seiner Frau, einer phlegmatischen Sanguinikerin, konfrontiert wurde, daß er sein Mißfallen entweder mit Worten oder zumindest durch Körpersprache äußerte. Sie reagierte dann natürlich beleidigt oder wütend, und der Rest des Abends war dann eine Katastrophe. Wir machten nun zusammen einen Plan, und der Mann erzählte später, wie das Ergebnis gewesen war. An einem der nächsten Abende, nachdem er auf dem Heimweg schon dafür gebetet hatte, kam er ins Haus, nahm seine Frau in den Arm und sagte: «Joy, ich habe dich sehr lieb. Gott hat mir gezeigt, daß ich dich in der letzten Zeit ganz furchtbar schlecht behandelt habe. Ich bin dabei, durch meine verbitterte und kritische Haltung unsere Ehe und Familie zu zerstören. Verzeih mir bitte!» Es erübrigt sich wohl zu sagen, daß seine sehr sensible Frau daraufhin in Tränen ausbrach. Schon eine Woche später entdeckte er deutliche Veränderungen im Haus. Ohne daß er mit ihr darüber gesprochen hätte, ging sie zu einem Spezialisten für Übergewichtige und begann, mehr auf ihr Äußeres zu achten. Nach und nach wurde sie zu einem neuen Menschen. Wahrscheinlich wird sie nie rank und schlank wie eine Tanne werden, aber sie hat immerhin nur noch 15 Pfund Übergewicht, und die beiden haben jetzt eine der glücklichsten Liebesbeziehungen, die ich überhaupt kenne.

Einige Zeit später, als zwei Verwandte aus seiner Familie Schwierigkeiten bekamen, luden die beiden sie für einige Zeit in ihr Haus ein, damit sie ihnen durch ihre Nöte hindurchhelfen könnten. Die neu begründete Beziehung hielt sogar die Belastung aus, die dadurch hervorgerufen wurde, daß eine andere Familie mit eigenen Problemen längere Zeit bei ihnen wohnte, und ich glaube, daß das ein ganz wichtiger Test für die beiden war. In den Sprüchen steht dazu: «Die Liebe deckt alle Übertretungen zu» (Spr. 10, 12).

Das Bedürfnis der Frau nach Liebe, die sie von ihrem Mann erwartet, kann gar nicht genug betont werden. Die Heilige Schrift ermahnt die Männer allein viermal, ihre Frauen zu lieben. Und warum? Weil genau das der Schlüssel zu einem glücklichen Familienleben ist. Eine Frau wird all ihre natürlichen Begabungen entfalten, wenn sie Liebe erfährt. Sie ist einfach so geschaffen.

Test für Ehemänner

Viele Männer werden jetzt vielleicht protestieren: «Ja, aber ich liebe meine Frau doch!» Wenn ich dann aber ihre Frauen frage, heißt es oft: «Na, dann hat er aber eine komische Art, diese Liebe zu zeigen!» Frauen meinen immer, daß Liebe auch irgendwie geäußert werden muß, und darin haben sie ganz recht. Liebe ist ein Gefühl, das zu Taten drängt. Sie ist keine Tat in sich, sondern nur der Anfang von konkreten Verhaltensweisen. Ich würde Sie gern einmal dazu bringen, zu überlegen, wie Sie Ihre Frau im Verlauf der letzten zwei Wochen behandelt haben. Danach sollten Sie Ihre Liebe anhand der neun Charakteristika, die wir in 1. Kor. 13, 4 - 8 finden, überprüfen. Geben Sie sich bei jedem Punkt der folgenden Liste 0 bis 11 Punkte, und versuchen Sie, so objektiv wie möglich zu sein:

Geduld
Freundlichkeit
Großzügigkeit
Demut
Höflichkeit
Selbstlosigkeit
Gutmütigkeit
Vertrauen
Ehrlichkeit
Insgesamt:

Nun addieren Sie die Punkte und geben Sie noch einen dazu, um im Höchstfall 100 zu erreichen. Was ist nun Ihr Ergebnis? Wenn Sie 90 oder noch mehr Punkte erreicht haben, dann sind Sie sehr gut daran. Bleiben Sie so! Von 80 bis 89 müssen Sie noch bewußter daran arbeiten, ein liebevolles Verhalten zu zeigen. Zwischen 70 und 79 Punkten bedeutet, daß Sie Schwierigkeiten haben und daß Ihre Beziehung zueinander langsam schlechter wird. Bei einem Stand zwischen 60 und 69 Punkten ist Ihre Frau mit Sicherheit unglücklich, und Sie auch.

Die Liebe eines Mannes zu seiner Frau hängt ganz eng mit der geistlichen Beziehung dieses Mannes zu Gott zusammen. In der Bibel steht:

«Wer nicht liebhat, der kennt Gott nicht, denn Gott ist Liebe» (1. Joh. 4, 8).

Und sie warnt an anderer Stelle:

«So jemand spricht: Ich liebe Gott, und haßt seinen Bruder, der ist ein Lügner. Denn wer seinen Bruder nicht liebt, den er sieht, wie kann er Gott lieben, den er nicht sieht?» (1. Joh. 4, 20).

Wir könnten hier mit allem Recht die Frage verändern und so stellen: Wenn jemand seine Frau nicht liebt, die er sieht ... Die Bibel sagt und ganz klar, daß unsere Liebe zu Gott, die er in unsere Herzen durch seinen Heiligen Geist ausgießt, sich auch auf andere auswirken wird. Der Mann, der sich bemüht, ein guter Christ zu sein und der doch seine Frau nicht liebt, der betrügt sich selbst.

Viermal ermahnt Gott in der Bibel die Männer, ihre Frauen zu lieben. Und einmal fügt er, wie wir schon gesehen haben, noch hinzu: « ... und seid nicht bitter gegen sie.» Das menschliche Herz kann nicht gleichzeitig Liebe und Bitterkeit hervorbringen, denn eins wird das andere auslöschen. Gott verbietet uns bitter zu sein und ermahnt uns statt dessen, zu lieben.

Von den neun Charakteristika der Liebe, die oben aufgeführt sind, ist eins ganz besonders wichtig und erfreut und entzückt jede Frau. Das ist die Freundlichkeit. Ich habe einmal längere Zeit einen ganz durchschnittlichen Mann beobachtet, der sehr wenig mit irdischen Gütern gesegnet war und der sich doch ganz der Liebe seiner Frau erfreuen konnte, weil er freundlich zu ihr war. Oft war das alles, was er ihr überhaupt geben konnte, aber es war ihr genug. Eine Frau scheint auf Freundlichkeit mehr zu reagieren als auf alles andere. Ich habe noch nie eine Frau gesehen, die ihren Mann verlassen hat, wenn er freundlich zu ihr war. Andererseits habe ich aber schon Frauen erlebt, die ihre Männer verlassen haben, obwohl sie Pelzmäntel, Diamanten und Autos geschenkt bekamen. Sie bekamen aber eben das eine nicht, wonach sie sich am meisten sehnten, Liebe, die sich in Freundlichkeit äußert. Was ist nun Freundlichkeit? Es ist eine selbstlose Haltung, die sich in Gedanken mit dem anderen beschäftigt, die die Nöte und Wünsche des anderen vorausahnt. Eine liebevolle Freundlichkeit bringt einen Mann beispielsweise dazu, die Betten zu machen oder das Geschirr abzuwaschen, um seiner Frau zu helfen oder weil sie gerade müde ist oder sehr viel zu tun hat. Aus Freundlichkeit bringt er auch ohne einen besonderen Anlaß einen schönen Blumenstrauß mit, lädt seine Frau an einem ganz gewöhnlichen Tag zum Essen ein oder wickelt das Baby, bevor sie ihn noch darum bittet. Jedes Verhalten dieser Art drückt ohne Worte aus: «Ich habe dich lieb, und ich bin froh, daß du mich geheiratet hast.» Diese liebevolle Freundlichkeit sucht immer nach Möglichkeiten, dem anderen das Leben leicht zu machen. Ein Ehemann, der freundlich zu seiner Frau ist, wird sich niemals darüber beklagen müssen, daß sie ihn nicht genug liebt.

Die Kehrseite der Unterordnung

Haben Sie sich schon einmal vorgestellt, was es wohl für Sie bedeuten würde, einem anderen Menschen untertan zu sein? Und das 24 Stunden am Tag, 365 Tage im Jahr, ein ganzes Leben lang? Das ist genau das, was Gott von Ihrer Frau verlangt. Offenbar betrachten Männer das Problem der Unterordnung sehr selten aus dem Blickwinkel der Frau, sonst würden sie sie nicht mehr wie Menschen zweiter Klasse behandeln. Ich kann zwar verstehen, wenn ein Eingeborener im Dschungel, dessen jahrhundertealte Kultur, von Satan beeinflußt, die Frau zu einem Wesen gemacht hat, das gerade etwas mehr wert ist als das Tier, seine Frau wie eine Sklavin behandelt; aber ich kann nicht verstehen, wie ein egoistischer Mann, der sich seiner eigenen Rolle nicht einmal sicher ist, seine Frau in ebensolcher Weise behandeln kann und sich dann auch noch Christ nennt.

Unterordnung bedeutet ganz und gar nicht Sklaverei. Es bedeutet nicht, daß die Frau weniger wert ist als der Mann oder völlig unbedeutend. Ein kluger und liebevoller Ehemann wird erkennen, daß seine Frau das wichtigste Wesen in seinem Leben überhaupt ist. Sie ist sein Partner, sein Berater, sein Gefährte, seine Geliebte, seine Freundin. Wenn sie so geachtet wird, dann fällt es ihr leicht, ihrem Mann untertan zu sein, und das in allen Dingen.

Unterordnung bedeutet auch nicht, daß die Frau unfähig wäre, eine eigene Meinung, einen ausgeprägten Geschmack oder ein gutes Urteilsvermögen zu haben. Ich habe z.B. immer festgestellt, daß meine Frau über Farben besser Bescheid weiß, einen besseren Geschmack in bezug auf Kleider, Möbel, Musik und noch manche andere Bereiche des Lebens hat, und ohne Frage eine bessere Autorität ist, wenn es um unsere Kinder geht. Obwohl ich in den meisten Situationen gelernt habe, meiner Beurteilung zu vertrauen, habe ich doch die Erfahrung gemacht, daß gemeinsame Entscheidungen von meiner Frau und mir sehr viel besser sind als einzelne. Wir alle werden anerkennen, daß zwei Köpfe findiger sind als einer. Heute wünschte ich, daß ich, als wir noch jünger waren, schon reif genug gewesen wären, das zu verstehen. Aber in meiner Unsicherheit habe ich damals oft auf meiner Meinung beharrt und so eine besser durchdachte gemeinsame Entscheidung verpaßt, ganz abgesehen davon, daß meine Frau von meiner Haltung oft verletzt wurde. Der junge Mann, der seine Frau wirklich liebt, wie Jesus die Gemeinde geliebt hat, wird die Kehrseite der Unterordnung anerkennen. Er wird seine Familie mit liebevoller Freundlichkeit leiten, ähnlich wie der Chef ein großes Unternehmen.

Wenn es gilt, Entscheidungen zu treffen, dann wird der Chef bzw. Ehemann als letzte Autorität bestehen bleiben, aber er wird die Ansichten und Meinungen aller Vizepräsidenten und beratenden Mitarbeiter hören und beachten, bevor er endgültig entscheidet.

Ein kluger Mann wird auf seine Frau und auch auf seine heranwachsenden Kinder hören, wichtige Angelegenheiten mit seiner Familie besprechen und darauf hoffen, daß man eine Lösung findet, die alle akzeptieren können. Der Vater, der darauf besteht, nur eine lange Serie einseitiger Verordnungen herauszugeben, wird bald zu Hause auf heftigen Widerstand stoßen. Seine Frau und seine Kinder werden es dagegen viel einfacher finden, den «Befehlen des Generals» zu gehorchen, wenn sie vorher auch zu Wort gekommen sind. Eine Sache, auf die die Befreiungsbewegung der Frauen hingewiesen hat, ist ein dringendes Bedürfnis im Herzen der meisten Frauen, angehört und geachtet zu werden. Wenn Sie es ablehnen, Ihre Frau überhaupt nur anzuhören, dann wird sie bald denken: «Er achtet mich ja noch nicht mal als Person!» Wenn Sie ihr aber klarmachen können, daß Sie ihre Intelligenz und ihr Urteilsvermögen anerkennen, dann wird es mit der Unterordnung in Ihrer Familie gar keine Probleme geben. Die Liebe und die Leitung durch die Männer bleibt der Schlüssel zu einem guten Familienleben. Gott hat Ihnen die Macht gegeben, Ihre Familie auf den Wegen des Herrn zu leiten, sie mit Liebe zu umgeben, so wie sie es von Ihnen erwartet, und Gott ermahnt Sie auch, Ihre Verantwortung zu tragen. Und bei alledem denken Sie immer daran: Gott verlangt nie etwas, wozu er nicht auch die nötige Kraft gibt.

«So sollen auch die Männer ihre Frauen lieben wir ihren eigenen Leib. Wer seine Frau liebt, der liebt sich selbst. Denn niemand hat jemals sein eigenes Fleisch gehaßt, sondern er nährt es und pflegt es, gleichwie auch Christus die Gemeinde» (Eph. 5, 28 - 29).

Kapitel 13

Erfolg heißt nicht Vollkommenheit

Jeder Mann möchte im Leben erfolgreich sein. Aber die Voraussetzung für Erfolg ist niemals Vollkommenheit. Ein Fußballspieler, der von 1000 Schüssen 333 ins gegnerische Tor bringt, ist hervorragend. Wenige Leute denken darüber nach, daß ein solcher Durchschnitt bedeutet, daß er 667mal verfehlt. In den meisten Berufen hat man nicht so große Freiheiten für Fehlschläge, aber ich kenne wenige, in denen absolute Vollkommenheit gefordert ist.

Ganz gleich, was für einen Beruf Sie haben, Sie wollen gern erfolgreich sein. Das ist natürlich und lobenswert. Wie wir schon gesehen haben, weist uns die Bibel einen Weg zum Erfolg. Aber dieser schmale Pfad ist oft voller Umwege, und der weiteste ist dabei oft ein unausgewogenes Leben. Viele Männer, auch viele Christen, sind in ihrem Beruf sehr erfolgreich, aber versagen im Zusammenleben mit ihrer Frau und den Kindern. Ich bin überzeugt, daß diese Männer sehr viel mehr erreichen würden und die gesamten Aufgaben ihres Lebens bewältigen könnten, wenn sie die Rangfolge der Dinge in ihrem Leben nach den Grundsätzen Gottes ausrichten würden. Sehen Sie sich einmal die Grundsätze der Bibel für die persönlichen Beziehungen und den Stellenwert der Dinge in einem Leben an.

Die wichtigsten Dinge im Leben eines Mannes

1. Ihre Beziehung zu Gott

«Trachtet am ersten nach dem Reich Gottes und nach seiner Gerechtigkeit, so wird euch solches alles zufallen» (Matth. 6, 33).

«Du sollst lieben Gott, deinen Herrn, von ganzem Herzen, von ganzer Seele und von ganzem Gemüte» (Matth. 22, 37).

Es ist absolut notwendig, eine regelmäßige Stille Zeit zu halten, dem Wort Gottes nachzudenken und mit dem Herrn zu reden, damit diese liebevolle Beziehung zu Gott die wichtigste Sache in Ihrem Leben bleibt. Wenn Sie das nicht tun, dann werden alle Dinge dieser Welt und aller mögliche Druck langsam aber sicher Ihre Liebe zu Gott schwächen.

2. Ihre Liebesbeziehung zu Ihrer Frau

«Ihr Männer, liebet eure Frauen, gleichwie Christus geliebt hat die Gemeinde und hat sich selbst für sie gegeben» (Eph. 5, 25).

Auch diese Liebe muß kultiviert werden, wie wir im letzten Kapitel schon gesagt haben. Manche Eltern fürchten sich davor, daß die Kinder eifersüchtig werden könnten, wenn eine enge Liebesbeziehung zwischen den Eltern besteht. Aber es ist eher das Gegenteil der Fall. Dr. James Kilgore hat in seinem Buch «Der Mann in der Welt der Frau» ausgeführt, daß

« ... die Kinder in der Therapie Fortschritte machten, wenn sie anfingen zu erkennen, daß die Beziehung zwischen Vater und Mutter enger war als die zwischen einem von ihnen zu den Kindern. Mutter und Vater sollten am innigsten aufeinander bezogen sein. Und die Kinder sollten das auch merken in einer seelisch gesunden Familie.»

Die beste Sexualerziehung, die Eltern ihren Kindern vermitteln können, ist eine gesunde und sich vertiefende Liebesbeziehung zwischen ihnen.

3. Ihre Beziehung zu Ihren Kindern

«Und ihr Väter, reizet eure Kinder nicht zum Zorn, sondern ziehet sie auf in der Zucht und Vermahnung zum Herrn» (Eph. 6,4).

Es kann nicht die Absicht dieses Buches sein, die wichtige Beziehung zwischen einem Mann und seinen Kindern darzustellen. Darüber würde ich gerne später einmal ein ganzes Buch schreiben. Denn die Bibel ist sehr klar in der Aussage, daß der Mann hauptsächlich für die Erziehung der Kinder verantwortlich ist. Und wenn diese Aufgabe eben nicht mehr die drittwichtigste in seinem Leben ist, dann leiden sowohl er als auch seine Kinder darunter. Das größte und zugleich schwierigste Geschenk, das ein Mann seinen Kindern machen kann, ist Zeit. Ich habe schon davon erzählt, welche Fehler ich bei der Erziehung unserer Kinder in den ersten Jahren gemacht habe. Das ist eine Sache, die ich ganz bestimmt anders machen würde, wenn ich diese Jahre noch einmal leben könnte. Zum Glück hat der Herr mir diese falsche Einstellung rechtzeitig gezeigt, bevor es bei den Kindern schlimme Folgen haben konnte.

Noch wichtiger als die Zeit eines Vaters ist aber das Eingehen auf das Liebesbedürfnis seiner Kinder. Die psychisch am meisten gestörten jungen Leute kommen aus Elternhäusern, wo sie regelrecht nach der Liebe ihrer Eltern hungern mußten. Nicht-Christen versuchen vielleicht, aufgrund ihres Temperaments oder des ganzen sozialen Hintergrunds diesen Mangel an Liebe zu rechtfertigen, aber ein Christ kann sich in dieser Hinsicht wirklich nicht entschuldigen.

Die verheerenden Auswirkungen einer Familie ohne Vater wurden mir neulich schlagartig klar, als ich an einem Abend aus einem Flugzeug in San Diego ausstieg. Vor mir ging ein junger Mann von vielleicht 24 Jahren, der plötzlich anfing, nervös zu zucken und sich ruckartig zu bewegen, und das aus einem unerklärlichen Grund. Zuerst dachte ich, er hätte einen Anfall, aber dann sah ich einen etwa 8jährigen Jungen am Fuß der Gangway stehen, der seinen großen Bruder (wie ich annahm) abholen wollte. Wie bei allen kleinen Jungen konnte man an seinen Augen förmlich ablesen, wie sehr er sich nach einem konkreten Ausdruck der Liebe und Zuwendung durch seinen Bruder sehnte. Aber je näher der Große dem Kleinen kam, desto mehr zuckte er hin und her, und schließlich erkannte ich darin, daß er einfach unfähig war, seiner Wiedersehensfreude und Zuneigung einen angemessenen Ausdruck zu geben. Als er schließlich den kleinen Jungen begrüßte, brachte er es gerade noch fertig, ihm zaghaft auf die Schulter zu klopfen. Ich konnte den Kleinen von oben gut sehen und erkannte, wie enttäuscht und verletzt er war. Zuerst dachte ich: «Wie egoistisch von dem Älteren, daß er auf das Bedürfnis nach Zuneigung bei dem Kleinen nicht eingeht!» Aber dann dachte ich darüber nach, und ich konnte mir nachträglich nur vorstellen, daß der Grund für dieses anormale Verhalten eine Abweisung gewesen sein mußte, die dieser junge Mann in seinen ersten Kindheitsjahren erfahren hatte und die ihn vielleicht für sein Leben gefühlsmäßig verkrüppelt hatte. Ein Vater in der Familie, der seine Liebe und Zuneigung deutlich zeigt, hätte eine solch tragische Entwicklung vermeiden können.

4. Ihr Beruf

«Wenn aber jemand die Seinen, sonderlich seine Hausgenossen, nicht versorgt, der hat den Glauben verleugnet und ist ärger als ein Heide» (1. Tim. 5, 8).

Der Geist Gottes ist der beste Arbeitsvermittler, den ich kenne. Er setzt niemanden an eine Stelle, für die er nicht geeignet ist. Wenn man sich auf seine Führung verläßt, dann wird man auch dahin geführt, daß man seine naturgegebenen Stärken und Talente gebrauchen kann, sofern man dem Heiligen Geist auch das Berufsleben ganz überläßt. Er ist nicht nur daran interessiert, welche Arbeit Sie tun, sondern auch wo Sie sie tun.

5. Ihre Verantwortung den Eltern gegenüber

«Ehre Vater und Mutter, das ist das erste Gebot, das eine Verheißung hat» (Eph. 6, 2).

Dieses Gebot gilt das ganze Leben hindurch. Viele Christen fallen heute in das falsche Denken, daß sie die Verantwortung für ihre Eltern dem Staat überlassen und sie im Alter sträflich vernachlässigen. Eine gute Beziehung zu Ihren Eltern wird aber auch Ihre Beziehung zueinander verbessern und Ihren Kindern zeigen, wie sie Sie einmal behandeln sollen, wenn Sie selbst alt sind.

6. Ihre Beziehung zur Gemeinde

Die Gemeinde ist ein Ort, wo Sie nicht nur das Wort Gottes hören sollen, sondern auch für den Dienst vorbereitet werden sollen, und sie verdient einen wesentlichen Platz in Ihrem Familienleben.

7. Ihre Beziehung zu Ihrem Nächsten und zu sich selbst

« ... Du sollst deinen Nächsten lieben wie dich selbst» (Römer 13, 9).

Jeder Mann hat die Verantwortung, auch seinen Mitmenschen die Auswirkungen eines christlichen Lebens zu zeigen. Im Laufe der Jahre haben sich unsere Gemeindeglieder als die besten und wirkungsvollsten Evangelisten erwiesen, indem sie ihre Nachbarn zu Gott führten.

Folgen Sie der Führung Gottes!

Wenn Sie diese Rangfolge sorgfältig durchgelesen haben, dann meinen Sie sicher, daß zu manchen Zeiten einige Punkte dabei wichtiger werden als andere. Das ist auch verständlich. Der Herr wird Sie in der Anwendung dieser Grundsätze auch bestimmt ganz besonders leiten. Nur machen Sie bitte nicht den Fehler, Ihren Beruf an die erste Stelle zu setzen. Der Preis, den Männer für diesen Irrtum bezahlen, ist zu hoch. Wenn Sie diese bestimmte Rangordnung immer im Hinterkopf behalten, dann wird Gott auch für Ihren Beruf sorgen und Ihnen die Erfüllung geben, nach der sich jeder Mann sehnt: Ein erfolgreiches und glückliches Familienleben zu haben. Sie müssen durchaus nicht vollkommen sein, um diese Erfüllung zu erleben. Aber Sie müssen auf die richtige Rangfolge achten.

Kurz nach meinem 50. Gebutstag, als ich auf dem Rückflug nach San Diego war nach einem meiner Familienseminare, hielt ich eine sehr ehrliche und offene Rückschau auf mein ganzes bisheriges Leben. Es waren recht ernüchternde Einsichten, die ich da machte! Wenn Sie versprechen, niemandem etwas davon weiterzuerzählen,was Sie gleich hören werden, dann werde ich Sie einmal in diese Gedanken einweihen.

Das erste, was ich entdeckte, war, daß ich eigentlich ein sehr gewöhnlicher Mensch bin. Meine Noten in der Schule waren nur mittelmäßig, aber das Examen machte ich doch eher «magna cum glück» als «magna cum laude». (337 von 517 Studenten hatten damals bestanden.) Mit 18 Jahren gab ich den Gedanken auf, Pilot zu werden, und ging zur Infanterie.

Als Sportler machte ich nie einen besonders guten Eindruck auf die Profis. Ich trat zwar mit 19 Jahren in den Fußballverein der Air Force ein, aber sogar der Trainer mußte lachen, als ich das erstemal auf den Platz kam. Kein Wunder, denn kein Verein legt

Wert auf einen Verteidiger, der nur 1,65 m groß ist und nur 75 Kilo wiegt. Beim Basketball, das ja eigentlich ein Spiel für Riesen ist, erkannte ich auch bald, daß mein Sportsgeist Körpergröße und Talent nicht ersetzen konnte. Wenn ich nicht der Pfarrer der Gemeinde gewesen wäre, der die Sporthalle gehörte, dann hätte man mich bestimmt nicht spielen lassen. Aber auch so wurde ich immer erst als Letzter in eine Mannschaft gewählt. Ich spielte zwar ganz gerne Baseball, aber habe nie gelernt, genau zu zielen. Meine größten Erfolge beim Golfspielen lagen bei 85 Punkten, aber auch das lag nur daran, daß plötzlich ein Gewitter aufkam und wir beim 17. Loch aufhören mußten. Der Kegelclub in unserer Gemeinde hat mir zwar viel Spaß gemacht, aber in 75 % aller Fälle mußte ich mit der erniedrigenden Erkenntnis nach Hause gehen, daß meine Frau 10 bis 25 Punkte mehr hatte als ich.

Der einzige Sport, in dem ich es zu einigem Geschick gebracht habe, ist Wasserski, aber es wird nicht mehr lange dauern, bis meine Enkel mich dabei überflügeln werden; ihre Eltern tun das jetzt schon. Hervortun kann ich mich eigentlich nur in einem Sport: Als Zuschauer beim Fußball. Ganz gleich, ob sie gewinnen oder verlieren, die «San Diego Chargers» sind ganz sicher, daß ich ihr bester Fan bin!

Nach langer Zeit habe ich endlich gelernt, mein Motorrad so sicher zu fahren, daß ich Ausflüge von etwa 100 km wagen kann, ohne Gefahr zu laufen, mir den Hals zu brechen, aber das liegt auch nur an der Geduld und stetigen Ermutigung meines Freundes Skeeter Hollenbeck, der professionell Motorradrennen fährt. Ich fliege zwar meine zweimotorige Maschine ganz ordentlich, aber das ist schließlich auch eine Frage des Überlebens, und ich muß zugeben, daß ich, wenn ich nicht 50 % mehr Flugstunden genommen hätte als üblich, ein ernsthaftes Sicherheitsrisiko wäre.

Auf die Gefahr hin, daß Sie jetzt noch mehr von mir enttäuscht werden, muß ich Ihnen doch sagen, daß ich handwerklich völlig unbegabt bin. Meine Familie und ich haben schon vor längerer Zeit erkannt, daß es immer billiger ist, mein Auto gleich in eine Werkstatt zu bringen, denn jedesmal, wenn ich die Motorhaube öffne, mache ich unweigerlich etwas kaputt. Als Zimmermann bin ich Spezialist im Bretterverschandeln. Ich kann einfach keine zwei gleich langen Bretter sägen, und wenn mein Leben davon abhinge.

Auch meine Frau weiß mittlerweile, daß sie mir nicht mehr sagen darf, wenn der Wasserhahn tropft. Wenn ich nämlich mit meiner Reparatur fertig bin, dann sieht die Küche nicht nur aus wie ein Schlachtschiff, sondern wir haben dann auch schon den Haupthahn abgedreht und warten nur noch auf den Klempner. Auch mit der Gartenarbeit kann ich keine besondere Ehre einlegen, denn ich schaffe es mühelos, jede Pflanzenart innerhalb eines Vierteljahres zum Absterben zu bringen. Aus diesem Grund haben wir zu Hause einen sehr gepflegten Rasen aus Beton.

Beruflich habe ich es zu etwas mehr gebracht, aber wenn ich ganz ehrlich bin (denken Sie bitte daran: Sie haben versprochen, alle Informationen vertraulich zu behandeln!), dann bin ich auch als Prediger nicht unbedingt Weltklasse. Wenn Sie mir den Tageslichtprojektor wegnehmen, dann bin ich so etwas wie Samson nach dem Haareschneiden, schwach wie jeder andere Mensch auch. Und es hat mich auch niemand je bezichtigt, ein hervorragender Seelsorger zu sein. Wenn ich nicht so großartige Mitarbeiter gehabt hätte, die mir Gott an die Seite gestellt hat, dann wäre ich vielleicht schon vor vielen Jahren von der Gemeinde entlassen worden. Es ist zwar richtig, mit sechs Bestsellern auf dem Buchmarkt habe ich als Schriftsteller einigen Erfolg gehabt, aber so sehr es mich auch schmerzt, das zuzugeben, wenn Dr. Jim De Saegher als Herausgeber meine noch sehr ungehobelten Entwürfe nicht erheblich verändert hätte, dann würden die Leute heute fragen: «Tim LaHaye, wie bitte?»

Vielleicht denken Sie, ich mache jetzt nur Spaß, aber wenn Sie mich wirklich kennen würden, dann würden Sie zugeben, daß ich eigentlich ein sehr durchschnittlicher Mensch bin. Das alles erkannte ich also, als ich auf der Flugreise nach Hause war. Aber als ich dann aus dem Flugzeug stieg, stellte ich fest, daß da meine ganze Familie zum Flughafen gekommen war, um mich abzuholen, und daß sie sich alle auf ein besonders gutes Abendessen zur Feier meines Geburtstages freuten. Meine Frau war da und unsere zwei verheirateten Kinder, und auch die 3½ Enkel, und dann Lee und Lori, die noch unverheiratet sind. Und plötzlich war ich Gott sehr dankbar. «Tim», sagte ich zu mir selbst, «du bist ein reicher Mann! Wer könnte mehr vom Leben erwarten als die Liebe und Gemeinschaft mit einer großartigen Frau und die Zuneigung und

Freundschaft seiner eigenen Kinder?» Nichts anderes ist im Leben wirklich wichtig, mir wenigstens nicht. Und ich habe gemerkt, daß Gott uns in diesem Punkt alle ziemlich ähnlich geschaffen hat. Ein Mann, der mit seiner Familie zufrieden ist, der ist auch in allen anderen Lebensbereichen zufrieden. Nichts anderes kann man an die Stelle der Familienzusammengehörigkeit setzen. Deswegen hat Gott sie für uns bereitgestellt.

Als ich an diesem Abend die Gangway hinunterging und meine Familie mich stürmisch begrüßte, kam mir auch noch ein anderer Gedanke: Wie dankbar ich Gott für allen seinen Segen bin. Meine Gedanken gingen zurück zu dem Erlebnis, als ich 21 Jahre alt war und endlich Jesus Christus mein Leben rückhaltlos übergab. Ich wollte damals Anwalt werden, aber Gott wollte, daß ich Pfarrer würde.

Das ist ohne Zweifel der beste Tauschhandel, den ich je in meinem Leben gemacht habe. Gott hat dadurch mein ganzes Leben bereichert, und ich bin überzeugt, daß er das im Leben jedes Menschen tun will. Ich kann Sie voller Vertrauen dazu ermutigen, nicht nur aufgrund meiner eigenen persönlichen Erfahrung, sondern auch aus der Autorität der Bibel heraus: Wenn Sie Gott alles, was Sie sind und haben, ausliefern und ihm in allen Dingen, so gut Sie es können, gehorsam sind, dann wird er Ihr Leben in den Bereichen, auf die es wirklich ankommt, unendlich reich machen und Ihnen Erfüllung schenken. Das hängt ganz von Ihnen ab. Gott hat gesagt:

«Mein Sohn, vergiß meine Weisung nicht, und dein Herz behalte meine Gebote, denn sie werden dir langes Leben bringen und gute Jahre und Frieden» (Spr. 3, 1 - 2).

Ganz sicher werden Sie in Ihrem Leben auch vielen Problemen begegnen, aber als Kind Gottes sind Sie niemals damit alleingelassen, denn Ihr himmlischer Vater sagt Ihnen göttliche Hilfe und Leitung zu. Er hat versprochen:

«Er ruft mich an, darum will ich ihn erhören; ich bin bei ihm in der Not; ich will ihn herausreißen und zu Ehren bringen; ich will ihn sättigen mit langem Leben und will ihm zeigen mein Heil» (Ps. 91, 15 + 16).

In der TELOS-Paperbackreihe erschienen folgende Titel

1004 Wilder Smith
Ist d. ein Gott d. Liebe?

1005 Fritz Hubmer
Im Horizont leuchtet ...

1011 Otto Riecker
Herausforderung an ...

1012 Watchman Nee
Freiheit für den Geist

1013 Anny Wienbruch
Der Leibarzt des Zaren

1016 Norbert Fehringer
Thema: Frömmigkeit

1017 Fritz May
Der verfälschte Jesus

1021 Ruth Frey
Arbeit unter Kindern

1023 Oswald Smith
Ausrüstung mit Kraft

1024 Erich Schnepel
Das Werk Jesu in uns ...

1026 Anny Wienbruch
Im Schatten der Zaren

1027 Watchman Nee
Zwölf Körbe voll, Bd. 2

1029 Werner Krause
Freuet euch allewege

1030 Hel. Good Brenneman
Und doch nicht vergess.

1031 Anny Wienbruch
Unt. d. rot. Sonnensch.

1032 Helmut Ludwig
Die Welt horcht auf

1035 G. R. Brinke
Jenseitiges u. Zukünft.

1036 Elli Kühne
Da bewegte s. d. Stätte

1039 Alfred Christlieb
Ich freue mich ü. d. Wort

1041 Lon Woddrum
Liebe hofft immer alles

1042 Horst Marquardt
Die Sprache der Gräber

1043 Werner Krause
M. Brüder – d. Indianer

1045 Otto Riecker
Bildung u. Heiliger Geist

1046 Joyce Landorf
Seine beharrliche Liebe

1048 Anny Wienbruch
Ein Leb. f. Gustav Adolf

1049 Werner Krause
Keinen Raum ...

1050 Georg R. Brinke
Die Symbolik d. Stiftsh.

1051 Alfred Kuen
Gem. n. Gottes Bauplan

1053 Jill Renich
Den Ehemann verstehen

1054 Alfred Christlieb
Ich suche, Herr ...

1055 Wilfried Reuter
... und bis ans Ende ...

1056 H. und G. Taylor
D. geistl. Geheimnis ...

1057 Ulrich Affeld
Unter der Treue Gottes

1058 John F. u. E. Walvoord
Harmagedon, Öl ...

1059 Heinrich Jochums
Was haben wir an Jesus

1060 Erich Beyreuther
Der junge Zinzendorf

1061 Herbert Masuch
Handbuch ...

1062 Anny Wienbruch
Die fröhliche Familie

1064 Anny Wienbruch
Das sonnige Haus

1065 Anny Wienbruch
Sie waren mir anvertraut

1070 C. H. Spurgeon
Ratschläge für ...

1071 Elsbeth Walch
Tante Lydia w. schon ...

1072 Elsbeth Walch
Zum Glück gibt's ...

1073 Richard Kriese
Okkultismus

1074 Alfred Christlieb
Der Apostel Paulus

1075 H. E. Nissen
... und der Geist schrie

1076 Eduard Ostermann
Zukunft ohne Hoffnung?

1078 James M. Boice
Die letzte und die zukünftige Welt

1079 L. A. T. Van Dooren
Menschen fischen – persönl. Engagement

1080 Anny Wienbruch
Ein König wird frei

1082 Watchman Nee
Der geistliche Christ I

1083 Watchman Nee
Der geistliche Christ II

1084 Watchman Nee
Der geistliche Christ III

1085 Alfred Christlieb
Vollmacht von oben

1087 Kurt Scherer
Mit Streß leben

1088 Gien Karssen
Frau, Mensch und Mutter in der Bibel

1092 Billy Graham
Engel – Gottes Geheimagenten

1095 F. F. Bruce
Die Glaubwürdigkeit der Schriften des N. T.

1097 Heinrich Jochums
In Jesus haben wir alles

1098 Michael Bourdeaux
... und die Ketten ...

1099 A. W. Tozer
Gott liebt keine ...

1100 Watchman Nee
In Hingabe leben

1101 Watchman Nee
Das Bekenntnis

1102 Watchman Nee
Das Zusammenkommen

1103 Watchman Nee
Christus unser Leben

1104 Watchman Nee
Zur Ehre Gottes leben

1105 Watchman Nee
Gemeinschaft der Liebe

1106 A. E. Stückelberger
Bibel, Kind und wir

1107 Michael Griffiths
Mit beiden Beinen auf der Erde

1108 William Sanford LaSor
Menschen, die Christus kannten

1109 Charles W. Colson
Watergate wie es noch keiner sah

1110 Rich. W. Haan
Die Wahrheit über Gott

1111 Ernst Modersohn
Durch den Glauben

1112 E. M. u. D. A. Blaiklok
Warum hat mir das keiner gesagt?

1113 Tim Timmons
Ehe nach Gottes Plan

1114 Jakob Kroeker
Es gibt ein Volk ...

1116 Volkmann/Woyke
D. Anruf d. Evangeliums

1117 Neil R. Lightfoot
Die Bibel – Entstehung u. Überlieferung

1118 Martin Schacke
Die Abschiedsreden ...

1119 Dwight L. Carlson
Leben und nicht müde werden

1122 George W. Peters
Evangelisation: total ...

1124 Dr. Dr. G. Huntemann
Am Anfang die Wahrheit

1126 Winrich Scheffbuch
Wer Jesus hat ...

1128 Eduard Ostermann
Unsere Erde – ein junger Planet

1129 Billy Graham
Wiedergeburt – wie geschieht das?

1130 Fritz May
So wird das Leben schöner

1131 George Sweeting
Handbuch der Liebe

1132 James Kennedy
Dynamische Evangelisation

1133 Jeanette Lockerbie
Die zweite Lebenshälfte

1134 Joyce Landorf
Sein unermesslicher Reichtum

1135 Willi Buchwald
Israel und die Zukunft der Welt

1139 C. Schulte-Übbing
Bibl. Sachkonk. zu Fragen der Endzeit

1140 Lienhard Pflaum
Kampf, Anbetung, Überwindung

1142 Dwight L. Carlson
So erkenne ich den Willen Gottes

1143 Kurt Scherer
Mein Gott, mein Gott ...

1145 Patrick J. St. G. Jonstone
Gebet für die Welt

1146 Gerhard Bergmann
Christentum und Sozialismus

1147 Armin Mauerhofer
Jesus, der Zugang zu allem

1148 Armin Mauerhofer
Jesus, meine Kraft ...

1150 Frances Hunter
Abnehmen – Mit Gottes Hilfe

1151 Spiros Zodhiates
Leben nach dem Tode

1152 Leroy Koopman
Deine Augen sollen leuchten

1153 Robert E. Coleman
Des Meisters Plan der Evangelisation

1154 Klaus M. Pülz
Brennpunkt Israel